D1688820

© 2012 KYNOS VERLAG Dr. Dieter Fleig GmbH
www.kynos-verlag.de

Grafik & Layout: Kynos Verlag
Gedruckt in Lettland

ISBN 978-3-942335-22-5

Bildnachweis: fotolia: S.152, 156, 164, 201; istockphoto: S.168, 172, 180, 184, 192; Viviane Theby: S.146; Iris Franken: S.149; Ann-Sophie Lindström: S.150; www.hundebetreuungmitherz.de: S.152 u. S.155; Josef Haag: S.159; Kirsten Häusler: S.160; Britta Hengesbach: S.163; Carl Behling: S.167; Sandra Hoffmann: S.171; Heinz Marx: S.175 oben; Robin Labonde: S.175 unten; Claudia Pick: S.176 u. S.179; La Lavande: S.183; Dieter Kaye: S.188; Jörg Kiefer: S.191; Corinna Bernsdorff: S.195; Kynos Stiftung Hunde helfen Menschen: S.196; Kohl/Strommel: S.200; Frank Wehmeier: S.202; www.pferdografen.de: S.205; Claudia Koller: S.206; Kugel/Gerlach: S.209

Mit dem Kauf dieses Buches unterstützen Sie die Kynos Stiftung Hunde helfen Menschen
www.kynos-stiftung.de

Das Werk einschließlich aller seiner Teile ist urheberrechtlich geschützt. Jede Verwertung außerhalb der engen Grenzen des Urheberrechtsgesetzes ist ohne schriftliche Zustimmung des Verlages unzulässig und strafbar. Das gilt insbesondere für Vervielfältigungen, Übersetzungen, Mikroverfilmungen und die Einspeicherung und Verarbeitung in elektronischen Systemen.

Haftungsausschluss: Die Benutzung dieses Buches und die Umsetzung der darin enthaltenen Informationen erfolgt ausdrücklich auf eigenes Risiko. Der Verlag und auch der Autoren können für etwaige Unfälle und Schäden jeder Art, die sich bei der Umsetzung von im Buch beschriebenen Vorgehensweisen ergeben, aus keinem Rechtsgrund eine Haftung übernehmen. Rechts- und Schadenersatzansprüche sind ausgeschlossen. Das Werk inklusive aller Inhalte wurde unter größter Sorgfalt erarbeitet. Dennoch können Druckfehler und Falschinformationen nicht vollständig ausgeschlossen werden. Der Verlag und auch der Autor übernehmen keine Haftung für die Aktualität, Richtigkeit und Vollständigkeit der Inhalte des Buches, ebenso nicht für Druckfehler. Es kann keine juristische Verantwortung sowie Haftung in irgendeiner Form für fehlerhafte Angaben und daraus entstandenen Folgen vom Verlag bzw. Autor übernommen werden. Für die Inhalte von den in diesem Buch abgedruckten Internetseiten sind ausschließlich die Betreiber der jeweiligen Internetseiten verantwortlich.

Susanne Pilz
Martina Schöps

Das Unternehmen Hund

Ein Leitfaden für Existenzgründer

Inhaltsverzeichnis

Vorwort	**8**
Planung	**10**
Selbständigkeit – Voraussetzungen zur Unternehmensgründung	11
Checkliste – Selbständigkeit und Voraussetzungen	16
Haftung und Versicherungen	17
Allgemeine Geschäftsbedingungen – AGB	21
Gründungsfinanzierung und Fördermöglichkeiten	22
Welche Unternehmensform eignet sich?	27
Buchführung und Steuern	**32**
Warum Buchhaltung so wichtig ist?	33
Gewinnermittlungsart und Einkommensteuer	37
Die Umsatzsteuer	39
Die Gewerbesteuer	42
Die EÜR – Einnahme-Überschuss-Rechnung	42
Betriebswirtschaftliche Auswertung – BWA	49
Den Zahlungsüberblick behalten	50
Büroorganisation – Belegablage	51
Sozialversicherung und Arbeitnehmer	53
Businessplan	**56**
Von der Idee zur Planung Ihres Unternehmenskonzepts	57
Der Businessplan	57
Übersicht: Businessplan	63
Wirtschaftlichkeitsberechnung	**64**
Bestandteile der Finanzplanung	65
Auswertung der Finanzplanung	66
Die Wirtschaftlichkeitsberechnung anhand des Beispiels »Gründung einer Hundetagesstätte«	67
Übersicht: Wirtschaftlichkeitsberechnung	89
Marketing	**90**
Marktforschung	92
Bewertung der Produkte / Dienstleistungen	97
Unternehmensziele / Marketingziele	99

Die Marketing-Strategie	101
Marketing-Mix	104
Marke, Logo und Slogan	104
Preisbildung	111
Kommunikationsmittel: Maßnahmen und Durchführung	111
Marketingplanung und Budget	127
Kontrolle	128
Customer Relationship Management – Kundenbindung	129
Marketingkreislauf	135
Checkliste: Marketing – Analyse – Strategie – Kontrolle	136

Das Tierschutzgesetz und der Sachkundenachweis	**138**
Checkliste zur Unternehmensgründung	**142**

Praxisteil — 145

Hundeschule / Hundetrainer/-in	**146**
Hundebetreuung / Gassiservice	**152**
Tierheilpraktiker/-in	**156**
Hundephysiotherapeut/-in	**160**
Ernährungsberater/-in für Hunde	**164**
Futter- und Zubehörshop	**168**
Heimlieferservice für Futtermittel	**172**
Hundekeksbäcker/-in	**176**
Luxusartikelhersteller/-in	**180**
Hundefriseur/-in (Groomer)	**184**
Hundefotograf/-in	**188**
Filmtiertrainer/-in	**192**
Blindenführhundeausbilder/-in	**196**
Reisebüro / Reiseveranstalter/-in	**202**
Tierbestatter/-in	**206**

Serviceteil	**210**
Über die Autorinnen	**220**

Vorwort

Etwa fünf Millionen Hunde leben in Deutschland, und rund fünf Milliarden Euro Umsatz erwirtschaftet Deutschlands Hundehaltung Jahr pro Jahr.[1] Mit der Hundehaltung sind rund 100.000 Arbeitsplätze verbunden, wobei 50-60 Hunde einen Arbeitsplatz »finanzieren«.[2] Der Hund ist also ein erheblicher Wirtschaftsfaktor. Und natürlich liegt da bei so manchem Hundefreund der Gedanke nah, ob man nicht selbst auch ein wenig von diesem großen Kuchen abhaben könnte, indem man das liebste Hobby zum Beruf macht und seinen Lebensunterhalt auf die ein oder andere Weise mit Hunden bestreitet...

Geht das? Natürlich geht das, wie die Zahl der Unternehmen rund um den Hund eindrucksvoll belegt. Und dazu muss man nicht einmal industrieller Großproduzent von Hundefutter sein. Gute Hundetrainer werden mehr denn je gebraucht, gut geführte Hundepensionen und -tagesstätten haben regen Zulauf, die Besitzer geben viel Geld für schönes und individuelles Zubehör vom handgefertigten Halsband bis hin zum orthopädischen Liegebett aus. Dienstleistungen rund um den Hund erfreuen sich umso höherer Nachfrage, je weniger Zeit die Besitzer selbst haben und je mehr ihnen der Hund als Familienmitglied bedeutet. Beides Trends, deren Kurve deutlich nach oben zeigt. Das Schöne dabei: Mit einer guten Geschäftsidee kann man vielleicht nicht nur Geld verdienen, sondern auch den Hunden etwas Gutes tun. Und so kann die eigene Selbständigkeit wirklich zu großer persönlicher Zufriedenheit führen!

Damit das »Unternehmen Hund« aber erfolgreich sein kann, ist vor allem eins wichtig: Qualität. Sie beginnt in der durchdachten Planung, geht über die eigene Qualifikation hin zur Umsetzung und immer wieder Kontrolle des eigenen Tuns.

Mit diesem Buch möchten wir allen Hilfestellung leisten, die über den Schritt in Richtung Selbständigkeit als »Hundeunternehmer« nachdenken: Im ersten Teil erfahren Sie alle wichtigen betriebswirtschaftlichen Grundlagen zu Planung, Erstellung von Finanzplan, Marketing oder Buchhaltung für Ihr neu gegründetes oder geplantes Unternehmen. Auch wer schon selbständig ist, wird hier noch so manchen hilfreichen Tipp finden.

---

[1] Ohr, Prof. Dr. Renate und Zeddies, Götz: Ökonomische Gesamtbetrachtung der Hundehaltung in Deutschland. Göttingen, 2006.
[2] Ebd.

Im zweiten Teil stellen wir Ihnen einige typische unternehmerische Tätigkeiten aus dem Hundebereich konkret vor. Was braucht man, um Hundetrainer, Hundefriseur, Physiotherapeut, Betreiber eines Zubehör-Shops oder Hundefotograf zu werden? Welche Ideen und Möglichkeiten gibt es, und welche Erfahrungen haben andere schon in diesem Bereich gemacht?

Wir hoffen, damit so manch einer guten Gründungsidee in Sachen Hund Starthilfe geben zu können und freuen uns natürlich auch riesig über Rückmeldungen, ob und wie es geklappt hat mit dem eigenen »Unternehmen Hund«!

Kynos Verlag Dr. Dieter Fleig GmbH
Gisela Rau, Geschäftsführerin

Kapitel 1
Planung

Selbständigkeit – Voraussetzungen zur Unternehmensgründung

Wir freuen uns, dass Sie den Entschluss gefasst haben, ein Unternehmen Hund zu gründen! Der Wirtschaftsteil dieses Buches soll Ihnen helfen, aus Ihrer Gründungsidee ein erfolgreich funktionierendes Unternehmen zu machen und Ihre Ziele zu verwirklichen.

Eine Unternehmensgründung ist in jeder Branche eine sehr komplexe Angelegenheit. Sie brauchen eine Idee, daraus werden Ziele. Um die Ziele zu verwirklichen, benötigen Sie eine Strategie. Sie müssen den Markt kennen und wissen, wie Sie potenzielle Kunden erreichen können. Außerdem gehört es zum unternehmerischen Know-how, die wirtschaftliche Situation zu planen und darstellen zu können. Grundbegriffe aus der Betriebswirtschaftslehre gehören also genauso dazu, wie das Wissen um behördliche Voraussetzungen oder mögliche Fördermittel. Und Sie müssen auch wissen, wofür Sie haften und wie Sie sich absichern können. Damit Sie sich in diesem Gründungsdschungel zurechtfinden, leiten wir Sie Kapitel für Kapitel durch den Businessplan, die Buchführung, die Wirtschaftlichkeitsberechnung, die Gründungsvoraussetzungen und das Marketing.

Für und Wider der Selbständigkeit

Zunächst sollten Sie einmal feststellen, warum Sie sich selbständig machen wollen. Selbständigkeit ist eine Riesenchance, die gleichzeitig auch Risiken birgt. Zu gründen, nur weil es Förderung von der Arbeitsagentur gibt oder weil es als einziger Ausweg aus der Arbeitslosigkeit gesehen wird, sind sicher keine guten Voraussetzungen für den unternehmerischen Erfolg.

Vielmehr sollten es die vielen Möglichkeiten sein, die Ihnen eine Gründung bietet. Die meisten haben einen Traum oder eine Idee, die sie verwirklichen wollen. Haben Sie eine Innovation, die Sie selbst vermarkten wollen? Richtig so, denn warum sollen sich andere Unternehmen mit Ihren Federn schmücken? Es ist Ihr Erfolg, den Sie nicht teilen müssen. Oder sind Sie eher ein Mensch, der am liebsten eigenverantwortlich handelt und den starre Strukturen in großen Unternehmen stören? Die unternehmerische Freiheit und die Flexibilität sind Faktoren, die ganz wesentlich zu Motivation und Leistungsfähigkeit beitragen. Sie sind nicht mehr fremdbestimmt durch einen vielleicht nicht immer gerechten Chef. Viele Selbständige sind einfach zufriedener mit ihrer Arbeit. Und natürlich winkt Ihnen nicht zuletzt ein ganz einträgliches Einkommen als Inhaber eines erfolgreichen Betriebes. Dafür sind Sie bestimmt bereit mehr zu leisten, denn Sie tun es für sich und für den Erfolg Ihres eigenen Unternehmens. Der Betrieb kann Ihre Zukunft und Ihre Altersvorsorge sein, um die Sie sich in der heutigen Zeit ohnehin selbst kümmern müssen.

Natürlich besteht immer die Gefahr, dass sich der Erfolg nicht einstellt. Es ist Ihre eigene finanzielle Verantwortung, von der Sie als Selbständiger niemand entbindet. Es gibt Rückschläge, die vielleicht nicht jeder gut verkraften kann. Viele Entscheidungen müssen Sie selbst treffen, weil Sie als Einzelunternehmer keinen Partner haben, mit dem Sie sich beratschlagen können. Als Einzelkämpfer ist man auch oft lange allein und abgeschottet, was nicht jeder gut vertragen kann. Wo für die einen die Flexibilität im Vordergrund steht, sind für die anderen Stress und lange Arbeitstage nicht mit der persönlichen Einstellung vereinbar. Wer gerne pünktlich Feierabend macht, wird als Selbständiger nicht glücklich werden.

Die Entscheidung zur Selbständigkeit hat also eine enorme Tragweite. Sie sind für Ihre eigene finanzielle und soziale Sicherung verantwortlich, vielleicht haben Sie Familie, die auch noch von Ihrem Einkommen abhängig ist. Vielleicht tragen Sie auch schon recht bald Verantwortung für Mitarbeiter. Können und wollen Sie diese Verantwortungen tragen? Überlegen Sie in Ruhe, besprechen Sie sich mit Ihren Familienangehörigen oder mit Freunden. Wie schätzen diese Ihre Fähigkeiten und Ihre Belastbarkeit ein?

Was macht den guten Gründer aus?

Voraussetzungen
Was macht also den guten Gründer aus, der erfolgreich den Weg in die Selbständigkeit beschreitet?

Persönliche Eignung:
Sind Sie ein positiver Mensch oder sehen Sie die meisten Dinge aussichtslos?

Fühlen Sie sich für Ihren persönlichen Erfolg selbst verantwortlich oder sind andere Schuld, wenn etwas nicht gelingt?

Machen Ihnen neue Situationen oder Herausforderungen Spaß oder haben Sie davor Angst?

Können Sie sich selbst organisieren oder verzetteln Sie sich häufig?

Bringen Sie Ihre Aufgaben zu Ende oder beginnen Sie Tausend neue Dinge?

Haben Sie genügend Selbstvertrauen oder eher Angst, dass Sie scheitern?

Soziale Kompetenz:
Wie gehen Sie mit anderen Menschen um?

Knüpfen Sie schnell Kontakte oder fällt es Ihnen schwer, auf andere zu zugehen?

Können Sie Ziele verfolgen, ohne dabei Ihr Umfeld nicht außer Acht zu lassen?

Können Sie andere Menschen (Mitarbeiter) motivieren?

Belastbarkeit:
Wie leistungsfähig sind Sie?

Können Sie hohes Arbeitsaufkommen strukturiert bewältigen oder sind Sie dann völlig gestresst?

Können Sie in stressigen Situationen noch gute Arbeit leisten?

Familie / Freunde:
Was sagen Ihre Familie und Ihre Freunde zu Ihrem Vorhaben? Finden Sie in ihnen Unterstützung? Wären Familienmitglieder bereit Ihnen zu helfen, wenn es nötig wird? Haben sie ein offenes Ohr für Ihre Sorgen und Gedanken? Wenn Sie Kinder haben: Können Sie ungestört arbeiten? Wichtig ist nämlich, dass Ihre Familienmitglieder akzeptieren, dass Ihr Arbeitsplatz eine Tabu-Zone ist. Ihr Schreibtisch ist nicht der Basteltisch Ihrer Kleinsten!

Qualifikationen:
Neben Ihren persönlichen Eigenschaften, den sogenannten Soft Skills, ist Ihre Qualifikation ein ganz wesentlicher Bestandteil Ihres Erfolgs. Welche besonderen Qualifikationen haben Sie, die Sie befähigen, im Hundebereich erfolgreich zu sein? Gerade gegenüber Ihren Kunden sind sie ein wichtiges Aushängeschild, denn es gibt heutzutage viele selbsternannte Experten. Ihre Kunden werden Sie immer wieder nach Nachweisen fragen. Im Praxisteil des Buchs werden Sie Hinweise dazu finden, welche Qualifikationsmöglichkeiten es für die einzelnen Bereiche gibt. Neben Weiterbildungen und Abschlusszertifikaten, die Sie als Person absolvieren, besteht auch die Möglichkeit, das Unternehmen nach DIN-ISO zertifizieren zu lassen. Bedenken Sie aber, dass eine solche Zertifizierung sehr teuer sein kann und einen hohen Verwaltungsaufwand mit sich bringt. Dem gegenüber steht natürlich das Zertifizierungssiegel als Aushängeschild des Qualitätsmanagements Ihres Unternehmens. Wägen Sie gut ab und finden Sie heraus, welche Nachweise Ihren Kunden besonders wichtig sind.

Behördliche Genehmigungen:
Bevor Sie Ihr Gewerbe beim Gewerbeamt anmelden, sollten Sie sich erkundigen, ob für Ihren Betrieb besondere Genehmigungen erteilt werden müssen und mit welchen Voraussetzungen diese verknüpft sind. Ihre erste Anlaufstelle für diese Informationen ist das Gewerbeamt der Stadt oder Gemeinde, in der Sie Ihr Unternehmen gründen. Einige Anforderungen und Genehmigungen erläutert Ihnen bereits dieses Kapitel.

Behörden möchten bei bestimmten Gründungsvorhaben Nachweise sehen, die auch für Ihre Kunden von Interesse sind. So ist es gerade im Hundebereich wichtig, sachkundig im Sinne des § 11 TierSchG (Tierschutzgesetz) zu sein: TierSchG § 11 Abs. 3 »Wer gewerbsmäßig Wirbeltiere,..., züchten oder halten, ... bedarf der Erlaubnis der zuständigen Behörde... Dem Antrag sind Nachweise über die Sachkunde ... beizufügen...« Wenn Sie ein Unternehmen im Hundebereich gründen, dessen Tätigkeit unter § 11 TierSchG fällt (z. B. Hundepension, Hundetagesstätte, Züchter, ggf. Hundetrainer, auch Tierschutzorganisation, wenn Tiere aufgenommen werden etc.), müssen Sie bei der für Sie zuständigen Behörde (Veterinäramt) einen Antrag auf Erteilung einer Erlaubnis gemäß § 11 des Tierschutzgesetzes stellen. Vor der Erteilung der Erlaubnis wird der zuständige Amtsveterinär Ihre Betriebsstätte besichtigen und ein persönliches Gespräch mit Ihnen führen, um Ihre Eignung und Zuverlässigkeit festzustellen. Weitere Informationen hierzu finden Sie auch in Kapitel 6.

Wer im Einzelhandelsbereich tätig werden will, muss beachten, dass für den Verkauf von freiverkäuflichen Arzneimitteln (z. B. Flohhalsbänder, bestimmte Kräutermischungen), die außerhalb von Apotheken verkauft werden dürfen, ebenfalls ein Sachkundenachweis erbracht werden muss. In § 44 AMG (Arzneimittelgesetz) sind die freiverkäuflichen Arzneimittel definiert. Der Sachkundenachweis freiverkäufliche Arzneimittel bescheinigt, dass Grundkenntnisse über die Inhaltsstoffe, die richtige Lagerung und über die Texte der Packungsbeilagen vorhanden sind. Die Sachkundebescheinigungen stellen die Industrie- und Handelskammern nach bestandener Prüfung aus.

Neben den zu erbringenden Sachkundenachweisen gibt es eine Reihe von erlaubnispflichtigen Gewerben (z. B. Bewachung, Gaststätten, Reiseverkehr). Je nachdem, in welche Kategorie Ihr Unternehmen fällt, sollten Sie sich darüber informieren. Auskunft über solche Erlaubnispflichten erhalten Sie bei Ihrer Gemeinde (Gewerbeamt) oder bei den Industrie- und Handelskammern.

Da je nach Art des Gewerbes beim normalen Geschäftsbetrieb auch Einwirkungen auf die Umwelt und die Menschen zu erwarten sind, müssen Sie bestimmte Vorschriften zum Immissionsschutz einhalten. Luft-, Boden- und Gewässerverschmutzung sollen vermieden werden, ebenso schädliche Belastungen der Menschen durch diese Verschmutzungen. Dazu zählt beispielsweise auch Lärm. Umweltschutz und Immissionsschutz sind immer im Zusammenhang zu sehen. Nach Bundes-Immissionsschutzgesetz unterliegt die Errichtung bestimmter Anlagen einem Genehmigungsverfahren. Wenn Sie Gründer einer Hundepension oder Hundetagesstätte sind oder aber auch eine Trainingsanlage betreiben wollen, sollten Sie sich über eine solche notwendige Genehmigung informieren. Denn wenn Sie die Genehmigung einmal haben, bietet sie Ihnen auch eine gewisse Rechtssicherheit, da nachbarrechtliche Ansprüche auf Beseitigung oder Unterlassung von Immissionen eingeschränkt sind. Für die Betriebe im Hundebereich ist dies wichtig im Hinblick auf die Lärm- oder Geruchsbelästigung.

Weitere wichtige Behörden, bei denen Sie eventuell Anträge stellen müssen, sind das Bauamt und die Unteren Landschaftsbehörden. Wollen Sie bauliche Veränderungen vornehmen, müssen diese genehmigt werden. Die untere Landschaftsbehörde ist zuständig für den Erhalt und die Entwicklung der Natur und der Landschaft. Ihre Umbaupläne dürfen also nicht unvereinbar mit Natur- und Landschaftsschutz sein. Beim Bauamt können Sie Voranfragen stellen, um zu erfahren, ob Ihre Pläne genehmigt werden können. Nicht jedes Objekt ist für jeden Zweck geeignet. Wollen Sie beispielsweise in einen alten Bauernhof, der aber derzeit nur privaten Wohnzwecken dient, Ihre gewerbliche Hundeschule mit Seminarraum errichten, müssen Sie eine Nutzungsänderung zu gewerblichen Zwecken beantragen. Je nach Baugebiet ist nicht jede Art der Umnutzung durchsetzbar. Das bedeutet, in reinen Wohngebieten ist eine gewerbliche Nutzung nicht immer möglich.

Checkliste – Selbständigkeit und Voraussetzungen

Die Checkliste ist eine Hilfestellung zur Bewertung, ob die Selbständigkeit die geeignete Beschäftigungsform ist und ob Sie sich diesen Schritt tatsächlich zutrauen. Beantworten Sie die Fragen realistisch und objektiv und besprechen Sie diese anschließend mit Ihrer Familie oder einem guten Freund. Tragen Sie zusammen, ob Sie die Voraussetzungen erfüllen und welche Genehmigungen notwendig sind.

Warum Selbständigkeit?	
Warum will ich gründen? (Innovation, Selbstverwirklichung, monetäre Interessen etc.)	
Was bietet mir die Selbständigkeit? (Flexibilität, Erfolg, Eigenverantwortung etc.)	
Welche Nachteile empfinde ich? (wenig Freizeit, Rückschläge, finanzielles Risiko etc.)	
Unterstützen mich meine Angehörigen und Freunde bei meinem Vorhaben?	

Voraussetzungen			
Persönliche Eignung	Stärken	Schwächen	
Soziale Kompetenz	Stärken	Schwächen	
Belastbarkeit	Stärken	Schwächen	
Welche Qualifikationen werden benötigt? (Sachkunde, Trainerschein, kaufmännische Kenntnisse etc.)	Vorhanden	Nicht vorhanden	Wird nachgeholt / Termin
Behördliche Genehmigungen müssen eingeholt werden? (Erlaubnis nach §11 TierSchG, Bauantrag etc.)	Vorhanden	Nicht vorhanden	Wird nachgeholt / Termin

Haftung und Versicherungen

Als Unternehmer im Hundereich sollten Sie wissen, für welche Schadensereignisse Sie die Haftung übernehmen müssen und wie Sie sich dafür absichern können. Durch Ihre betriebliche Tätigkeit können Schäden entstehen, für die Sie haftbar gemacht werden können. Außerdem verdient die Gefahr, die im Umgang mit den Hunden entsteht, eine besondere Beachtung.

Wenn andere geschädigt werden, ist der Verursacher zu Schadensersatz verpflichtet. Das Bürgerliche Gesetzbuch ist die Grundlage für die deutsche Rechtsprechung für die verschiedenen Haftungstatbestände. Gegen das entstehende Risiko der Haftung (Haftpflicht) können Sie sich mit einer Haftpflichtversicherung versichern. In schweren Schadensfällen, deren Summe in die Hunderttausende gehen, können Sie damit Ihre Existenz und Ihr Vermögen sichern.

Haftung

Verschuldenshaftung
Der § 823 des BGB (Bürgerliches Gesetzbuch) regelt die Schadensersatzpflicht:
»Wer vorsätzlich oder fahrlässig das Leben, den Körper, die Gesundheit, die Freiheit, das Eigentum oder ein sonstiges Recht eines anderen widerrechtlich verletzt, ist dem anderen zum Ersatz des daraus entstehenden Schadens verpflichtet.«

Gefährdungshaftung
Für Schäden, die aus einer erlaubten Gefahr entstehen können, haften Sie auch, wenn der Schaden nicht durch Ihr Verschulden entstanden ist. Es gibt Dinge in unserem Leben, die erlaubt sind, obwohl von ihnen eine gewisse Gefahr ausgeht. Das sind beispielsweise die Teilnahme am Straßenverkehr, das Halten von Haustieren, der Betrieb gefährlicher Anlagen, die die Umwelt schädigen könnten etc. Die Haltung eines Hundes ist also gegebenenfalls gefährlich, deshalb sollen Sie auch für die entstehenden Schäden haften.

Dazu gibt es im BGB den § 833, der die Haftung des Tierhalters regelt:
»Wird durch ein Tier ein Mensch getötet oder der Körper oder die Gesundheit eines Menschen verletzt oder eine Sache beschädigt, so ist derjenige, welcher das Tier hält, verpflichtet, dem Verletzten den daraus entstehenden Schaden zu ersetzen. Die Ersatzpflicht tritt nicht ein, wenn der Schaden durch ein Haustier verursacht wird, das dem Beruf, der Erwerbstätigkeit oder dem Unterhalt des Tierhalters zu dienen bestimmt ist, und entweder der Tierhalter bei der Beaufsichtigung des Tieres die im Verkehr erforderliche Sorgfalt beobachtet oder der Schaden auch bei Anwendung dieser Sorgfalt entstanden sein würde.«

Weiter regelt im BGB der § 834, die Haftung des Tieraufsehers:
>>*Wer für denjenigen, welcher ein Tier hält, die Führung der Aufsicht über das Tier durch Vertrag übernimmt, ist für den Schaden verantwortlich, den das Tier einem Dritten in der im § 833 bezeichneten Weise zufügt. Die Verantwortlichkeit tritt nicht ein, wenn er bei der Führung der Aufsicht die im Verkehr erforderliche Sorgfalt beobachtet oder wenn der Schaden auch bei Anwendung dieser Sorgfalt entstanden sein würde.*<<

Aus den §§ 833 und 834 können Sie bereits ableiten, für welche Gefahren Sie Versicherungen haben sollten, die Ihnen hier näher erläutert werden.

Private Tierhalterhaftpflichtversicherung

Für Ihren eigenen Hund sollten Sie auf jeden Fall eine Tierhalterhaftpflichtversicherung haben. Auch Ihren Kunden sollten Sie erklären können, warum diese Versicherung notwendig und sinnvoll ist und warum Sie darauf bestehen müssen. Denn wenn Sie Ihrer Sorgfaltspflicht nachkommen und ein Schaden entsteht, den Sie trotz der Anwendung der Sorgfalt nicht abwenden können, haften Sie nach § 834 BGB **nicht**. Für den entstandenen Schaden tritt der Tierhalter ein und deshalb sollte dieser haftpflichtversichert sein. Nach gängiger Rechtsprechung ist ein Tierhalter derjenige, der die Bestimmungsmacht über das Tier hat, aus eigenem Interesse für die Kosten des Tieres aufkommt, den allgemeinen Wert und Nutzen des Tieres für sich in Anspruch nimmt und das Risiko seines Verlustes trägt.

In einigen Bundesländern ist die Hundehalterhaftpflichtversicherung bereits vorgeschrieben (ähnlich der Kfz-Haftpflicht). Bei der Haftung für private Tiere, also Hunde, Katzen, private Reitpferde etc. (sie gelten als Luxustiere) kommt es auf ein Verschulden des Tierhalters nicht an. Dazu zählen auch die Tiere eines gemeinnützigen Vereins (Tierschutz, Therapie). Die Versicherung tritt für Schäden an Dritten ein, die der Hund an Personen (z.B. Verkehrsunfall, Biss), anderen Tieren (z.B. fremder Hund wird gebissen, ungewollter Deckakt), anderen Sachen (z.B. zerbissene Taschen oder Hosen) und an gemieteten Räumen (zerkratzte Türen, Wände, Teppiche) verursacht.

Achtung!

Es handelt sich hier nur um Schäden an Dritten. Betrauen Sie einen Bekannten oder Verwandten mit der Beaufsichtigung Ihres Hundes, tut er das freiwillig. Schädigt Ihr Hund die betreuende Person (Biss, zerfetzte Hose, bepinkelter Teppich) müssen Sie für dessen Schäden nicht haften, denn die Person rückt in dem Moment an Ihre Stelle als Versicherungsnehmer. Das gleiche gilt natürlich für Schäden an Ihrer eigenen Person. Die Versicherung übernimmt hier keine Haftung!

Fremdhüterrisiko:
Prüfen Sie in den Versicherungsbedingungen, ob ein Fremdhüterrisiko mit eingeschlossen ist. Das bedeutet, dass zwischendurch auch andere Personen wie Familienmitglieder, Freunde, Bekannte und Nachbarn den Hund beaufsichtigen dürfen.

Betriebshaftpflichtversicherung
Jeder macht einmal Fehler. Sollten durch Ihre Tätigkeit oder die Arbeit Ihrer Mitarbeiter Personen zu Schaden kommen oder Sachen beschädigt oder zerstört werden, haften Sie dafür und sind zu Schadensersatz verpflichtet. Im schlimmsten Fall haften Sie dafür mit Ihrem Privatvermögen und das kann Ihre eigene Existenz gefährden. Um sich davor zu schützen, sollten Sie eine Betriebshaftpflichtversicherung abschließen.

Schadensersatzzahlungen dienen dazu, dass den Geschädigten kein Nachteil entsteht. Bei manchen Unfällen sind aber die Gesundheit und das Leben des Menschen dauerhaft beeinträchtigt, z. B. durch eine Behinderung. Hier dient der Schadensersatz dazu, dass dem Geschädigten das Leben mit der Behinderung ermöglicht wird. Hieraus lässt sich erahnen, welche Geldbeträge unter Umständen gezahlt werden müssten. Ob und inwieweit Sie für bestimmte Ereignisse haften, kann oft nicht ohne weiteres geklärt werden und es müssen Fachleute wie Sachverständige oder Juristen zu Rate gezogen werden. Die Versicherungen prüfen in solchen Fällen auf eigene Kosten, ob solche Schadensersatzforderungen berechtigt sind. Sollten unberechtigte Ansprüche gegen Sie erhoben werden oder Sie zweifeln die Schadensersatzforderung an, wird die Versicherung sich darum kümmern und die Ansprüche gegebenenfalls abwehren. Dazu ist man als Laie allein oft kaum in der Lage, da man mit dem Gebiet nicht vertraut ist und auch nicht das Geld und die Zeit aufbringen kann. Achten Sie also bei Ihrer Versicherung darauf, dass die Prüfung und Abwehr unberechtigter Ansprüche Bestandteil des Versicherungsvertrags sind.

Betriebshaftpflichtversicherungen gibt es für verschiedene Branchen. Trotzdem ist ein solcher Standardvertrag meistens nicht genau passend für das zu versichernde Unternehmen. Gerade die Tätigkeit im Hundebereich ist so individuell, dass Sie oft noch nicht einmal einen passenden Branchenvertrag finden. Wichtig sind deshalb eine gute Definition des Unternehmenszwecks und eine genaue Risikobeschreibung. Erklären Sie Ihrem Versicherungsmakler ganz genau, welche Risiken bei Ihrer Tätigkeit entstehen, ob Sie Mitarbeiter beschäftigen, ob Sie mit gefährlichen Hunden arbeiten usw. Ihr Berater sollte auf Grundlage Ihres Unternehmenszwecks (Hundeschule, Trainer, Pension, Einzelhandel, Hundefrisör) einen passenden Grundstock wählen und dann in Ihre Betriebshaftpflichtversicherung je nach Tätigkeitsbereich einschließen: Tierhüterhaftpflicht, Anlagenhaftpflicht, Pensionshundehaftpflicht, Hundetrainerhaftpflicht, Veranstaltungshaftpflicht, Mitarbeiter-Haftpflicht etc. Exemplarisch stellen wir Ihnen die Bausteine Tierhüterhaftpflicht und Hundetrainer-Haftpflicht vor:

Tierhüterhaftpflicht

Wichtig für Unternehmer, die Hunde betreuen: sichern Sie das Tierhüterrisiko mit ab (siehe § 834 BGB Haftung des Tieraufsehers). In dem Moment, in dem Ihnen Ihr Kunde sein Tier anvertraut und nicht mehr anwesend ist, werden Sie zum Tieraufseher. Auch als Hundefrisör müssen Sie dafür Sorge tragen, dass der Hund nicht auf die Straße laufen oder einen Dritten belästigen kann. Trotz aller Sorgfalt: es kann immer passieren, dass Ihnen ein Hund durch eine nicht richtig geschlossene Tür wegläuft und einen Unfall verursacht. Als Tierhüter müssten Sie laut § 834 BGB für diesen Schaden haften. Sind Sie versichert, übernimmt die Tierhüter-Haftpflichtversicherung den Schaden.

Hundetrainer-Haftpflicht

Bilden Sie fremde Hunde und deren Besitzer aus, können durch Ihre Anweisungen ebenfalls Schäden entstehen. Oder Sie verletzten Ihre Sorgfalt und die Teilnehmer kommen zu Schaden. Ein Beispiel wäre: Sie lassen auf dem Trainingsplatz die Hunde nach der Übung frei laufen. Die Besitzer stehen in der Mitte und plaudern und Sie versäumen, sie darauf hinzuweisen, dass sie am Rand des Platzes stehen sollen. Ein Teilnehmer wird durch die spielenden Hunde umgerannt und verletzt sich. Durch Ihr Versäumnis, den Hinweis zu geben, haften Sie für den Schaden. Sind Sie versichert, tritt die Hundetrainer-Haftpflichtversicherung als Bestandteil Ihrer Betriebshaftpflichtversicherung für den Schaden ein.

Empfehlung

Lassen Sie sich durch einen unabhängigen Versicherungsmakler beraten, der sich auf Betriebe mit Tierhaltung spezialisiert hat. Im Internet werden Sie nicht ausreichend beraten und finden nur vorgefertigte Branchenverträge. Hier ist meist nur ein Preisvergleich möglich, viel wichtiger ist aber der genaue Vergleich von Versicherungsleistungen und Qualität der Anbieter. Sie benötigen deshalb einen guten Berater, der Ihnen genau zuhört, sich in Ihr Unternehmen hineindenkt und Ihnen so ein breites Leistungsspektrum anbieten kann. Ein solcher Makler kann aus den verschiedenen Versicherern den besten Anbieter für Sie finden. Mit ihm können Sie alle möglichen Risiken besprechen und er wird wertvolle Tipps für Sie bereithalten. Jemand, der die Branche nicht kennt, wird möglicherweise nicht genau verstehen, welche Gefahren entstehen können und Ihren Betrieb im ungünstigen Fall nicht ausreichend oder zu teuer versichern. Deshalb ist auch eine Versicherung, die Ihnen über Ihre Hausbank mit angeboten wird, oft nicht empfehlenswert.

Achten Sie auf ausreichend hohe Deckungssummen! Wenn Kunden zu Schaden kommen, sollten Sie auf eine schnelle und saubere Abwicklung der Angelegenheit Wert legen. Sie wollen den Kunden behalten und sollten deshalb seine möglichen Forderungen begleichen. Eine gute Versicherung wird Ihre Serviceorientierung verstehen und den Fall schnell regeln. Auch danach fragen Sie Ihren Versicherungsvermittler. Es gibt verschiedene Rankings der Versicherer, aus denen auch die Handhabung der Schadensregulierung ablesbar ist.

Wenn sich Ihr Unternehmen im Laufe der Zeit verändert (Mitarbeiter, Leistungen, Größe) versäumen Sie bitte nicht, dies Ihrer Versicherung mitzuteilen. Der Versicherungsschutz muss entsprechend angepasst werden. Tun Sie dies nicht, verlieren Sie unter Umständen Ansprüche aus Ihrer Versicherung. Gute Beratung finden Sie bei **www.gs-capital.de**

Haftungsausschluss und Haftungsbeschränkung

Es können immer Dinge passieren, für deren Schäden Sie nicht haften wollen oder die zu versichern viel zu teuer wäre. Deshalb sollten Sie sich überlegen, welche Risiken Sie vertraglich ausschließen wollen. Nicht jedes Risiko lässt sich jedoch durch einen Haftungsausschluss ausschließen. Besprechen Sie diese möglichen Risiken im Einzelfall mit einem Rechtsanwalt.

So könnten Sie im Unterbringungsvertrag regeln, dass Sie z. B. die Haftung für Schäden am Hund ausschließen wollen. Ausgenommen davon sind grob fahrlässige oder vorsätzliche Handlungen des Personals. Ebenfalls ausschließen könnten Sie die Haftung für eine ungewollte Bedeckung einer betreuten Hündin durch einen Rüden. Sinnvoll wäre sicherlich auch für den Fall, dass die Betriebshaftpflichtversicherung nicht eintritt, wenn Sie Ihre Hundepension gegenüber den Ansprüchen Dritter freistellen. Haben Sie eine gewerbliche Hundezucht und sollten fremde trächtige Hündinnen in Ihrer Obhut sein, sollten Sie die Haftung im Falle von Geburtsschäden oder im Falle von Schäden am Wurf ausschließen.

Solche Dinge lassen sich auch grundsätzlich im Betreuungsvertrag oder in den AGB (Allgemeinen Geschäftsbedingungen) regeln.

Allgemeine Geschäftsbedingungen - AGB

Damit Sie nicht mit jedem Kunden und für jede neue Leistung einen Vertrag abschließen müssen, sollten Sie Allgemeine Geschäftsbedingungen ausarbeiten. In den AGB können Sie, wie oben erwähnt, Haftungsfragen regeln. Zahlungsbedingungen, Lieferkonditionen, Bindungsfristen für Angebote, Eigentumsvorbehalte und Gerichtsstände finden sich in den AGB ebenso wieder. Der Vorteil ist, dass Sie durch die für Ihr Unternehmen ausformulierten Geschäftsbedingungen, eine bessere rechtliche Position beziehen. Gibt es keine ausformulierten Bedingungen, gilt das Bürgerliche Gesetzbuch (BGB) bzw. das Handelsgesetzbuch (HGB) im Geschäftsverkehr mit Unternehmen.

Wenn Sie schriftliche Angebote machen oder Verträge abschließen, können Sie die AGB auf die Rückseite Ihres Briefpapiers drucken. Wichtig ist, dass Sie ausdrücklich auf die AGB hinweisen und Ihr Geschäftspartner diese anerkennt. Haben Sie ein Geschäft mit Publikumsverkehr, bei dem schriftliche Verträge unüblich sind (z. B. Ladengeschäfte), sollten Sie die AGB an einem gut sichtbaren Platz aushängen. Haben Sie ein Internet-Geschäft (z. B. online-Handel) müssen Sie sich die Kenntnisnahme der AGB durch den Käufer bestätigen lassen. Sie müssen Ihrem Geschäftspartner die AGB zum Download und Ausdrucken zur Verfügung stellen.

Seit 2010 gilt für alle Dienstleister (Gewerbetreibende und auch Freiberufler) die Dienstleistungs-Informationspflichten-Verordnung (DL-InfoV). Danach müssen Dienstleister vor Erbringung der Dienstleistung alle notwendigen Informationen dem Käufer zur Verfügung stellen. Das sind nicht nur die AGB, sondern auch Name und Anschrift des Unternehmens, die Steuernummer, Vertragsklauseln und Gerichtsstand etc.

Da der Inhalt von Allgemeinen Geschäftsbedingungen den Regelungen des BGB unterliegt, sollten Sie sich über Ihre individuellen AGB mit einem Rechtsanwalt beraten und diese von ihm ausarbeiten lassen. Denn wenn selbst formulierte AGB gegen gesetzliche Vorschriften verstoßen, drohen Ihnen Abmahnungen und damit verbundene erhebliche Kosten.

Gründungsfinanzierung und Fördermöglichkeiten

Als Existenzgründer investieren Sie viel Geld und können gerade in der Anfangsphase noch nicht damit rechnen, dass Sie von den Gewinnen Ihres Unternehmens leben können. Umso wichtiger sind Zuschüsse und Fördermöglichkeiten für Gründer. Es gibt einige Maßnahmen und Programme, vergünstigte Kredite oder die Möglichkeit, Investoren zu finden. Einige dieser Unterstützungsmaßnahmen werden hier vorgestellt. Vorab gilt aber der Hinweis, dass gerade Förderprogramme und zinsgünstige Kreditprogramme laufenden Änderungen unterliegen. Sie sollten deshalb nicht fest mit den Zuschüssen rechnen, sondern sich jeweils genau bei den zuständigen Institutionen informieren.

Gründungszuschuss
Eines der erfolgreichsten Arbeitsmarktinstrumente ist der Gründungszuschuss. Die Agentur für Arbeit fördert Kunden, die sich aus der Arbeitslosigkeit heraus selbständig machen wollen. Bisher hatten die Gründer für die Dauer von neun Monaten Anspruch auf den Gründungszuschuss in Höhe ihres Arbeitslosengeldes plus eines Zuschusses zur Sozialversicherung in Höhe von 300 €. Voraussetzung war, dass man mindestens einen Tag als arbeitslos gemeldet war und

ein Restanspruch von mindestens 90 Tagen auf das Arbeitslosengeld bestand. Die selbständige Tätigkeit muss für mehr als 15 Wochenstunden ausgeübt werden.

Die Leistungen gliederten sich in zwei Phasen:

Phase 1: Es erfolgt eine Zahlung in Höhe des Arbeitslosengeldes (bis max. 2.300 €) und zusätzlich eine Zahlung von 300 € als Zuschuss zur Sozialversicherung für neun Monate.

Phase 2: Auf Antrag kann der Zuschuss in Höhe von 300 € für weitere 6 Monate gewährt werden.

Den Gründungszuschuss beantragen Sie, indem Sie Ihrem Fallmanager mitteilen, dass Sie sich selbständig machen wollen. Beachten Sie bitte, dass Sie Ihr Gewerbe nicht vor der Antragsstellung anmelden dürfen. Sie verlieren sonst Ihre Ansprüche! Sie füllen ein entsprechendes Antragsformular aus.

Diesem werden noch hinzugefügt: Ihr Businessplan mit der Rentabilitätsvorschau, Investitions- und Finanzierungsplanung. Im Businessplan beschreiben Sie Ihr Unternehmen und Ihre eigene persönliche Eignung. Zusätzlich benötigen Sie eine Tragfähigkeitsprüfung durch eine unabhängige Stelle (IHK, Gründungscoach etc.). Diese Überprüfung wird auf dem Formular »Stellungnahme der fachkundigen Stelle zur Tragfähigkeit der Existenzgründung« bescheinigt. Als dritte Unterlage reichen Sie schließlich die Gewerbeanmeldung ein. **www.arbeitsagentur.de**

Die Bundesregierung plant zum April 2012 eine Änderung des Gründungszuschusses.

Die Änderungen haben empfindliche Einschnitte zur Folge, (falls die geplanten Änderungen so inkraft treten):

- Der Restanspruch auf das Arbeitslosengeld muss zukünftig 180 Tage betragen, das heißt, Sie müssen sechs Monate vor Ablauf Ihres Arbeitslosengeldes den Gründungszuschuss beantragen. Sie haben also drei Monate weniger Zeit, sich für die Selbständigkeit zu entscheiden und diese vorzubereiten.

- Die Phase 1 der Förderung wird von neun auf sechs Monate verkürzt. Sie erhalten also drei Monate weniger den Zuschuss in Höhe Ihres Arbeitslosengeldes, was bedeutet, dass Sie ab dann von Ihren Ersparnissen leben müssen oder Ihr Unternehmen schon innerhalb von sechs Monaten ausreichend Gewinn erwirtschaften muss.

- Die Phase 2 der Förderung wird von sechs auf neun Monate verlängert. Das bedeutet, dass Sie wenigstens den Zuschuss zur Sozialversicherung bis zum 15. Monat nach der Gründung erhalten.

Aus dem bisherigen Rechtsanspruch soll eine Ermessungsleistung werden. Umso wichtiger sind ein gut durchdachter Businessplan und eine realistische Wirtschaftlichkeitsberechnung, die Ihnen in diesem Buch vorgestellt werden.

Einstiegsgeld:

Auch das Einstiegsgeld ist eine Förderung für Menschen, die sich aus der Arbeitslosigkeit heraus selbständig machen wollen. Sie ist nicht gleichzusetzen mit dem Gründungszuschuss sondern dient vielmehr zur beruflichen Wiedereingliederung durch die angestrebte Tätigkeit. Als eine Kann-Leistung der Arbeitsagentur liegt die Bewilligung im Ermessen des jeweils zuständigen Sachbearbeiters. Es ist eine Leistung für die Bezieher von Arbeitslosengeld II (Hartz IV), wenn sie sich selbständig machen wollen und die Selbständigkeit hauptberuflichen Charakter hat oder wenn sie eine sozialversicherungspflichtige Beschäftigung aufnehmen, die nur gering bezahlt wird und mindestens 15 Stunden wöchentlich umfasst. Das Einstiegsgeld wird maximal 2 Jahre bezahlt. Meistens erfolgt eine Bewilligung zunächst für drei bis sechs Monate. Stellen sich wirtschaftliche Erfolge ein, kann das Einstiegsgeld auf die Maximaldauer verlängert werden. Berechnungsgrundlage für die Höhe der Zahlung ist die monatliche Regelleistung. Beträgt die Regelleistung beispielsweise 347 € beträgt das Einstiegsgeld 173, 50 € und wird zusätzlich zur Regelleistung bezahlt. Unter bestimmten Umständen können daneben noch weitere individuelle Beträge gezahlt werden.

KfW-Förderprogramme:

Egal, ob Sie sich aus der Arbeitslosigkeit heraus selbständig machen oder Ihren bisherigen Job einfach an den Nagel hängen wollen: als Gründer investieren Sie zunächst viel Geld in Ihr Unternehmen. Für die Investitionen und auch zur Sicherung der eigenen Existenz reichen die Ersparnisse oft nicht aus und sollten auch nicht bis auf den letzten Cent dafür verplant werden. Sinnvoll sind für diesen Zweck die zinsvergünstigten Kredite der KfW-Bank (Kreditanstalt für Wiederaufbau). Unter www.kfw.de finden Sie alle aktuellen Programme und Konditionen.

Die Programme und Förderungen unterliegen laufenden Änderungen. Die wichtigsten und immer wieder aufgelegten Programme werden hier kurz vorgestellt.

KfW-Gründerkredit - Start-Geld:

Das Start-Geld ist ein Programm für Gründer und Unternehmer innerhalb der ersten drei Geschäftsjahre. Sie können damit Investitionen und Betriebsmittel bis maximal 100.000 € finanzieren. Wenn Sie mit gemeinsam einem Partner gründen, kann jeder bis zur Maximalsumme den Kredit beantragen. Sie können den Kredit für die Finanzierung der verschiedensten Aufwendungen nutzen, z. B.: Grundstücke, Gebäude und Baunebenkosten, Maschinen, Anlagen und Einrichtungsgegenstände, Personalkosten, Mieten oder Marketing. Das Darlehen hat eine 80%ige Haftungsfreistellung Ihrer Hausbank. Normalerweise müsste Ihre Hausbank, bei der Sie das Darlehen beantragen müssen, zu 100 % für die Rückzahlung des Kredits an die KfW-Bank haften. Bei einer Haftungsfreistellung befreit die KfW die Hausbank von dieser Haftung. In diesem Fall erleichtert Ihnen dies die Kreditzusage und reduziert eventuell auch die Sicherheiten, die Sie bei Ihrer Bank hinterlegen müssen.

Weitere Vorteile sind eine tilgungsfreie Anlaufzeit von bis zu zwei Jahren und eine Zinsbindungsfrist über die gesamte Laufzeit des Kredits. Während der tilgungsfreien Anlaufzeit zahlen Sie nur Zinsen, was Ihre monatliche Belastung erheblich reduziert. Danach beginnen Sie mit der Tilgung und zahlen darauf die Zinsen auf den noch offenen Kreditbetrag.

Das Start-Geld müssen Sie bei Ihrer Hausbank vor Beginn der Investition beantragen. Da die Hausbanken aber an den KfW-Darlehen kaum verdienen und einen relativ hohen Verwaltungsaufwand haben, bieten sie Ihnen häufig nicht gern das gesamte Spektrum der KfW-Bank an. Deshalb lohnt auch hier die Beratung durch einen unabhängigen Finanzierungsspezialisten, der KfW-Darlehen vermitteln kann.

ERP-Kapital für Gründung
ERP-Mittel sind Mittel aus dem European Recovery Program (ERP), aus dem das ERP-Sondervermögen des Bundes entstand. Die KfW refinanziert verschiedene Programme aus diesem Sondervermögen.

Es ist ein Darlehen für Existenzgründer oder Unternehmer innerhalb der ersten drei Geschäftsjahre. Es handelt sich um ein Nachrangdarlehen, was bedeutet, dass die KfW hinter die Forderungen anderer Gläubiger zurücktritt. Dadurch hat dieses Kapital fast eine Eigenkapitalfunktion. Für das Nachrangdarlehen haften Sie persönlich ggf. auch Ihr Ehepartner oder Lebenspartner.

Mit dem Kapital können Sie beispielsweise in Grundstücke und Gebäude einschließlich Baunebenkosten, Betriebs- und Geschäftsausstattung oder Kosten für erste Messeteilnahmen investieren.

Das ERP-Kapital für Gründer ist sehr zinsgünstig und die Zinsbindungsfrist beträgt 10 Jahre bei einer Laufzeit von 15 Jahren. Es gibt sieben tilgungsfreie Anlaufjahre. Der Maximalkreditbetrag beträgt 500.000 €.

Auch dieses Darlehen müssen Sie vor Beginn der Investitionen bei Ihrer Hausbank beantragen.

ERP-Regionalförderprogramm
Ein weiteres Programm aus dem ERP-Sondervermögen ist das Regionalförderprogramm. Diese Kredite sind stark zinsverbilligt, um Investitionsanreize in strukturschwachen Regionen zu set-

zen. Förderfähig sind Investitionen für Grundstücke, Gebäude oder Baumaßnahmen, Maschinen, Anlagen und Einrichtungsgegenstände, Firmenfahrzeuge, Betriebs- und Geschäftsausstattung, Beratungsdienstleistungen oder erste Messeteilnahmen. Voraussetzung ist, dass das Vorhaben wirtschaftlichen Erfolg erwarten lässt. Die Kreditlaufzeit beträgt fünf bis 15 Jahre, die Zinsbindung 10 Jahre und es sind bis zu fünf tilgungsfreie Anlaufjahre möglich.

Diese Förderung müssen Sie vor Beginn der Investitionen bei Ihrer Hausbank beantragen.

Gründercoaching Deutschland
Existenzgründer können innerhalb der ersten fünf Jahre Zuschüsse zu den Beratungskosten aus den Mitteln des Europäischen Sozialfonds beantragen. Der Zuschuss kann bis zu 90 % des Beraterhonorars betragen. Der Gründercoach kann Sie bei der Optimierung des Unternehmenskonzepts beraten, Sie auf Finanzierungs- oder Genehmigungsgespräche vorbereiten oder Marktanalysen und Vertriebskonzepte für Ihr Unternehmen entwickeln. Der Zuschuss kann bis zu 6.000 € für das Nettoberatungshonorar betragen.

In der KfW-Beraterbörse finden Sie die zugelassenen Berater. Sie erstellen den Antrag online und gehen dann damit zu einem Regionalpartner der KfW, z. B. die IHK.

Mikrokredit
Als Gründer brauchen Sie nicht immer ein großes Kreditvolumen. Trotz einer guten Idee scheitert es an der Kreditvergabe, weil viele Hausbanken keine kleinen Kredite vergeben wollen oder an der wirtschaftlichen Entwicklung Ihres Unternehmens zweifeln. Mikrokredite können hier Abhilfe schaffen, da die Kreditvergabe nach anderen Kriterien verläuft. Die Mikrodarlehen werden durch die Mittel des Europäischen Fonds für regionale Entwicklung (EFRE), des ERP-Sondervermögens, der KfW-Bank und der GLS-Bank zusammengestellt. Sogenannte Mikrofinanzierer sind Institutionen, die die Mikrokredite vergeben. Der Mikrokreditfonds wird aber derzeit noch getestet und deshalb stehen Anlaufstellen nicht bundesweit zur Verfügung. Eine Übersicht über die Mikrofinanzinstitute finden Sie auf der Seite **http://mikrokreditfonds.gls.de/**

Weiterbildungsförderung mit Mitteln des Europäischen Sozialfonds
Viele Kunden fragen nach Qualifikationen. Deshalb sollten Sie vor der Gründung die Zeit nutzen, sich weiter aus- und fortzubilden. Aus den Mitteln des Europäischen Sozialfonds (ESF) werden verschiedene Förderungen zur Weiterbildung auch für Existenzgründer angeboten. **www.esf.de**

Die Bundesländer haben dafür verschiedene Förderprogramme entwickelt. So fördert beispielsweise das Land Nordrhein-Westfalen mit der Vergabe des Bildungsschecks NRW die berufliche Weiterbildung. Für Gründer und Jungunternehmer steht der Bildungsscheck innerhalb der ersten fünf Jahre zur Verfügung. Der Bildungsscheck kann die Hälfte Ihrer Weiterbildungskosten bis maximal 500 € übernehmen. Wichtig ist, dass Sie sich vor der Buchung einer Weiterbildungsmaßnahme bei einer Beratungsstelle informieren und sich den Bildungsscheck ausstellen lassen. Informationen finden Sie unter **www.arbeit.nrw.de**, die Kontaktstellen der einzelnen Bundesländer finden Sie auf den Seiten des Europäischen Sozialfonds **www.esf.de**.

Privat-Investoren und Business-Angels

Sie haben DIE innovative Idee und dennoch scheitert die Umsetzung an der Kreditvergabe. Eine Möglichkeit, trotzdem mit den nötigen Investitionen das Unternehmen zu gründen sind Investoren als Geldgeber. Professionelle Investoren beteiligen sich am Unternehmen und erwarten hierfür eine gewisse Sicherheit und auch Rendite. Für Existenzgründer interessanter sind die sogenannten Business-Angels. Auch sie beteiligen sich an Ihrem Unternehmen, gehen dabei jedoch ein höheres Risiko ein. Business-Angels sind vermögend und bringen Kapital und Know-how in Ihr Unternehmen mit ein. Sie stehen Ihnen mit Rat und Tat zur Seite und erhalten dafür Anteile an Ihrem Geschäft. Sie sind vor allem interessiert in Innovationen, die sich schnell am Markt etablieren können und nicht so leicht durch Wettbewerber nachzuahmen sind. Wichtig sind dabei Ihre Qualifikation und Ihre unternehmerischen Fähigkeiten. Informationen finden Sie auf der Seite der Business-Angels: **www.business-angels.de**

Welche Unternehmensform eignet sich?

Bei der Gründung Ihres Unternehmens müssen Sie zunächst auch festlegen, welche Unternehmensform Ihr Betrieb haben soll. Denn nicht nur der Unternehmensname wird dadurch beeinflusst, auch hat die Rechtsform Auswirkungen auf Ihre Gewinnermittlungsart (Kapitel 2 Buchhaltung) und auf Ihre Haftung für die Schulden des Unternehmens. Eine optimale Rechtsform gibt es nicht. Sie ist abhängig von der Art der Gründung und sie kann sich mit der Entwicklung Ihres Unternehmens verändern. Viele Gründer starten allein und bleiben auch für immer oder zumindest für einen langen Zeitraum Ein-Personen-Unternehmen. Für die Ein-Personen-Gründungen gibt es verschiedene Möglichkeiten: das Einzelunternehmen, die Ein-Personen-GmbH (Unternehmergesellschaft) und die Ein-Personen-AG. Für Mehr-Personen-Gründungen gibt es die verschiedenen Personengesellschaften und Kapitalgesellschaften. Bevor einige Unternehmensformen exemplarisch vorgestellt werden, sollten Sie sich schon einmal folgende Fragen stellen, die Ihnen bei der Entscheidung für eine Rechtsform helfen können:

Gründen Sie allein oder mit Partnern? Möchten Sie die Haftung beschränken? Möchten Sie die Gründungskosten (Kapitaleinlage, Eintragungsgebühren) gering halten? Welche ist die branchenübliche Rechtsform? Wie viel laufender Aufwand (Gewinnermittlung, Geschäftsberichte etc.) darf damit verbunden sein?

Lassen Sie sich bei Ihrem Steuerberater oder Rechtsanwalt bei der Wahl der Rechtsform für Ihre Gründung beraten. Aufgrund Ihrer Vorstellungen und Ihrer finanziellen Situation und unter Berücksichtigung weiterer Faktoren werden Sie gemeinsam eine passende Form finden.

Unternehmensname
Wie eingangs schon genannt, hat die Wahl der Rechtsform Einfluss auf Ihren Unternehmensnamen. Zunächst muss unterschieden werden zwischen Unternehmen, die im Handelsregister eingetragen sind und denen ohne Handelsregistereintrag. Die im Handelsregister eingetragenen Unternehmen sind eine »Firma«. Die Firmierung ist der Name, unter der der Unternehmer seine Geschäfte betreibt und Unterschriften leistet und unter dem er prozessieren kann (z. B. Wauzi GmbH). Je nach Rechtsform gibt es eine Eintragungspflicht ins Handelsregister. Sie betrifft alle Kaufleute (Unternehmer mit einem selbständigen Handelsgewerbe) und Kapitalgesellschaften (z. B. GmbH, OHG, KG). Kleingewerbetreibende und die Gewerbebetriebe mit einer einfachen Struktur sind hiervon ausgenommen. Ebenso besteht keine Eintragungsmöglichkeit für die Gesellschaften bürgerlichen Rechts (GbR oder BGB-Gesellschaft) oder Freiberufler (Lehrer, Künstler). Im Handelsregister sind wichtige Informationen über die Unternehmen vermerkt. Es gibt beispielsweise Auskunft über die Firma, den Firmensitz, den Unternehmensgegenstand, die vertretungsberechtigten Personen sowie über das Grund- oder Stammkapital.

Alle anderen Unternehmen tragen eine »Geschäftsbezeichnung« oder die Unternehmer treten unter ihrem bürgerlichen Namen auf. Sie müssen als Einzelunternehmer oder Kleingewerbetreibender auf Ihren Geschäftspapieren (Briefpapier, Rechnungen, Angebote etc.) stets Ihren bürgerlichen Vor- und Zunamen angeben und dabei mindestens einen Vornamen ausschreiben. Zusätze als Unternehmensbezeichnung und ein Logo sind hierbei natürlich erlaubt (z. B. HuTa Waldi, Inh. Martha Musterfrau). Betreiben Sie eine Betriebsstätte mit Publikumsverkehr (z. B. ein Ladengeschäft oder eine Hundepension) müssen Sie auch hier Ihren ausgeschriebenen bürgerlichen Namen auf das Eingangsschild drucken. Die Zusatzbezeichnung ohne Ihren Namen dürfen Sie nur in der Werbung verwenden.

Grundsätzlich müssen Sie bei Ihrem Unternehmensnamen die Rechtsform mit angeben, um die Haftungsverhältnisse darzustellen (GmbH, e. K., OHG, KG) und Sie müssen darauf achten, dass durch Ihre Geschäftsbezeichnung keine Gefahr der Irreführung gegeben ist! Benutzen Sie nicht den Namen eines branchengleichen Unternehmens. Ihnen drohen sonst Abmahnungen und Unterlassungsklagen. Deshalb sollten Sie vorher recherchieren, ob der gewählte Name bereits vergeben ist. Sie könnten im Internet suchen, aber auch die Industrie- und Handelskammern sind dabei behilflich. Bei der Eintragung ins Handelsregister ist die Gefahr weniger gegeben, da beim Eintrag durch das Amtsgericht bzw. Registergericht geprüft wird, ob eine solche Firma schon vorhanden ist.

Unternehmensnamen schützen
Einen gewissen Schutz haben die im Handelsregister eingetragenen Firmen schon. Auch bei nicht eingetragenen Betrieben entsteht durch die Bekanntheit und intensive Benutzung des Namens des Produkts oder der Dienstleistung im Geschäftsverkehr eine gewisse Verkehrsgeltung. Jedoch ist der Schutz beschränkt auf das Gebiet, in dem das Unternehmen tätig ist. Möchten Sie Ihre Dienstleistung grundsätzlich schützen, können Sie Ihren Namen als Marke beim Deutschen Patent- und Markenamt eintragen lassen. **www.dpma.de.** Das Patentamt trägt Patente, Marken, Gebrauchs- und Geschmacksmuster ein. Vor der Anmeldung müssen Sie einen unverwechselbaren Namen und ein gutes Logo finden (Kapitel 5 Marketing). Das ist wichtig, damit Ihre Anmeldung nicht zurückgewiesen wird. Die Kosten für die Eintragung sind allerdings nicht unerheblich. Sollte Ihr Unternehmen sich jedoch am Markt etablieren und zu einer bekannten Marke werden, kann diese irgendwann einen gewissen Vermögenswert darstellen.

Ein-Personen-Gründungen
Viele Existenzgründer starten ihr Unternehmen zunächst alleine. Sie leiten Ihr Unternehmen selbst und Sie tragen die alleinige Verantwortung für alle Unternehmensentscheidungen.

Einzelunternehmen
Wenn Sie alleine gründen und sich nicht für eine bestimmte Rechtsform entschieden haben, gründen Sie bei der Anmeldung des Gewerbes beim Gewerbeamt automatisch das Einzelunternehmen. Sie sind dann der Inhaber des Unternehmens. Sie können mit einem geringen Startkapital gründen und entscheiden selbst, wie viel Kapital Sie einbringen wollen und können. Dafür haften Sie als Einzelunternehmer aber auch für sämtliche Schulden mit Ihrem gesamten Vermögen. Solange ein Jahresgewinn von 50.000 € oder ein Jahresumsatz von 500.000 € nicht überschritten wird, kann der Gewinn nach der Einnahmenüberschussrechnung ermittelt werden. Erst nach Überschreiten dieser Grenze unterliegen Sie auch als Einzelunternehmer der Bilanzierungspflicht.

Ein-Personen-GmbH oder Unternehmergesellschaft (UG)
Auch als Mini-GmbH bekannt, ist die Unternehmergesellschaft eine existenzgründerfreundliche Variante der herkömmlichen GmbH. Es gelten dieselben Bestimmungen, allerdings ist das Stammkapital geringer. Es beträgt nämlich nur einen Euro, es können aber bis 25.000 € eingelegt werden. Ab 25.000 € Stammkapital handelt es sich wieder um eine normale GmbH. Bedenken Sie jedoch, dass Ihre Gläubiger bei einer geringen Kapitaleinlage auch nicht bereit sind, Ihnen größere Geldsummen zur Verfügung zu stellen. Denn Sie haften für die Schulden Ihres

Unternehmens nur in der Höhe Ihrer Kapitaleinlage. Das Stammkapital muss bei der Gründung eingezahlt werden. Anstelle eines Gesellschaftervertrags wird ein sogenanntes Musterprotokoll erstellt. Darin sind der Gesellschaftsgründer, der Unternehmensgegenstand, das Stammkapital und die Geschäftsführung enthalten. Das Musterprotokoll sieht außerdem vor, dass der Gesellschafter die Kosten der Gründung, die die Höhe des Stammkapitals übersteigen, selbst übernehmen muss.

Personengesellschaften

Eine Personengesellschaft entsteht, wenn sich mindestens zwei Personen zusammenschließen, die einen gemeinsamen Zweck erreichen wollen. Eine Personengesellschaft ist dadurch gekennzeichnet, dass die Unternehmer sowohl mit dem Gesellschaftsvermögen als auch mit ihrem gesamten Privatvermögen für die Schulden des Unternehmens haften. Beispiele: GbR – Gesellschaft bürgerlichen Rechts, OHG – offene Handelsgesellschaft, KG – Kommanditgesellschaft.

GbR (BGB-Gesellschaft)

Die Gesellschaft bürgerlichen Rechts ist die unkomplizierte Form der Geschäftspartnerschaft, wenn mindestens zwei Personen ein Unternehmen gründen. Als Personengesellschaft muss hier kein Mindestkapital eingelegt werden. Das Gesellschaftsvermögen besteht aus den Einlagen und dem erwirtschafteten Gewinn der Gesellschaft. Für Verbindlichkeiten des Unternehmens haften das Gesellschaftsvermögen und die Gesellschafter mit ihrem Privatvermögen (z. B. auch Steuerschulden). Die GbR wird von den Gesellschaftern gemeinsam geführt und nach außen vertreten. Grundlegende Entscheidungen treffen die Gesellschafter gemeinsam. Rechtsgeschäfte mit Dritten können nur mit Zustimmung aller Gesellschafter abgeschlossen werden. Die Gewinnermittlung (Kapitel 2 Buchhaltung) erfolgt aus dem Gewinn der Gesellschaft, die Gesellschafter zahlen ihre Steuern anteilig.

Theoretisch würde eine mündliche Vereinbarung zwischen den Gesellschaftern ausreichen. Empfehlenswert ist aber ein schriftlicher Vertrag, den Sie gemeinsam mit einem Rechtsanwalt oder Notar gestalten sollten. Auch in einer noch so harmonischen Geschäftspartnerschaft kann es zu Uneinigkeiten kommen, die dann besser schriftlich geregelt sind. Im Vertrag könnten Sie regeln, zu welchen Anteilen die Partner an der GbR beteiligt sind. Sie sollten schriftlich festhalten: den Unternehmensgegenstand, die Höhe der Bar- und Sacheinlagen, bis zu welcher Höhe Einkäufe ohne die Zustimmung des Partners getätigt werden dürfen, wer welche Tätigkeiten in welchem zeitlichen Umfang ausübt, wie hoch die Vergütung sein soll, aber auch, welche Urlaubs- und Krankenregelung Sie vereinbart haben und ob bei Kündigung oder Tod eines Partners eine Übernahme möglich ist bzw. welche Abfindung gezahlt würde.

Kapitalgesellschaften

Kapitalgesellschaften gelten als juristische Personen, das heißt, sie sind selbst Träger von Rechten und Pflichten. Kapitalgesellschaften können selbst Geschäfte abschließen, können klagen oder verklagt werden. Das Kapital bei der Gründung wird durch die Gesellschafter bzw. Aktionäre bereitgestellt. Dabei spielt es keine Rolle, ob die Gesellschafter an der Geschäftsführung beteiligt sind. Sie können einen Geschäftsführer einsetzen oder selbst geschäftsführende Gesellschafter sein. Die Gesellschafter bzw. Aktionäre haften für Schulden des Unternehmens nur in der Höhe ihrer Einlage. Beispiele für Kapitalgesellschaften sind die GmbH - Gesellschaft mit beschränkter Haftung, die AG – Aktiengesellschaft oder die Ltd. – Private Company Limited by Shares.

GmbH

Die GmbH kann von natürlichen oder juristischen Personen gegründet werden. Grundlage ist ein notariell beurkundeter Gesellschaftsvertrag. Der Gesellschaftsvertrag beinhaltet die Firmierung, den Unternehmensgegenstand, den Sitz der Gesellschaft, die Höhe der Kapitaleinlagen, die Gesellschafter, die Geschäftsführung, die Bilanz und die Behandlung der Jahresüberschüsse. Als Gesellschafter leisten Sie eine Kapitaleinlage als Stammkapital, welches mindestens 25.000 € betragen muss. Sie haften für Verbindlichkeiten des Unternehmens nur in Höhe Ihrer Einlage. Anders als die Inhaber von Einzelunternehmen wird eine GmbH als eigenständiges Steuersubjekt behandelt und das Einkommen der GmbH unterliegt damit der Körperschaftssteuer. Als Gesellschafter haben Sie Anspruch auf den Jahresüberschuss, der bei Ausschüttung der Kapitalertragssteuer unterliegt.

Darüber hinaus gibt es eine Menge weiterer Rechtsformen, die unter Umständen besser für Ihr Geschäftsmodell geeignet sind. Die Faktoren, die in diese Entscheidung einfließen, besprechen Sie am besten mit einem Anwalt oder Steuerberater.

Kapitel 2
Buchführung und Steuern

Warum Buchhaltung so wichtig ist?

Damit Sie auf Dauer erfolgreich sind, muss Ihr Unternehmen wirtschaftlich intakt sein. Sie müssen stets die betriebliche Situation kennen, um bei Fehlentwicklungen gegenzusteuern. Die Daten aus Ihrer Finanzbuchhaltung sind die Grundlage für Ihre unternehmerischen Entscheidungen. Wahrscheinlich wird Ihre Buchführung von einem Steuerbüro geführt. Aber auch dem gewissenhaftesten Steuerberater können Fehler unterlaufen. Deshalb sollten Sie in der Lage sein, die Auswertungen lesen und nachvollziehen zu können und Sie sollten mit den Grundsätzen der betrieblichen Buchführung vertraut sein. Aber auch wenn Sie in diesem Thema sehr fit sind, binden Sie Ihre Zeit nicht in der Buchhaltung sondern lassen Sie die Buchführung von einem Steuerbüro erstellen. Denn Ihre Energie und Zeit wird vor allem in den Gründungsjahren im Aufbau und der Entwicklung Ihres Unternehmens gebraucht. Trotzdem sollten Sie Ihre Zahlen im Auge behalten.

Was ist für Ihre Planung wichtig?

Um die Liquidität Ihres Unternehmens zu erhalten, sollten Sie die steuerliche Situation mit Ihrem Steuerberater planen. Vereinbaren Sie hierfür Planungstermine, besonders wichtig ist der Termin vor Ablauf des Geschäftsjahres, um ein Resümee zu ziehen, aber auch Rückstellungen für eventuelle Steuernachzahlungen zu bilden. Denn unter Umständen müssen Sie geplante Investitionen verschieben. Vergleichen Sie immer auch die Plandaten aus dem Business-Plan mit Ihren aktuellen Zahlen. Bei Abweichungen suchen Sie nach der Ursache und können so gegebenenfalls Maßnahmen zur Gegensteuerung ergreifen.

Die Wichtigkeit dieser Planungstermine soll Ihnen dieses Rechenbeispiel zur Planung der steuerlichen Situation verdeutlichen:

Im Jahr 2009 wurde ein Betrieb gegründet. In dem damaligen Business-Plan bzw. der Ertragsvorschau wurden die Einnahmen niedriger geschätzt als sie am Ende tatsächlich waren. Durch die niedrige Einschätzung mussten auch keine Einkommensteuervorauszahlungen an das Finanzamt geleistet werden. Erst im September 2010 wurde der Steuerberater beauftragt die Steuerklärung für das Jahr 2009 zu erstellen.

Durch die höheren Einnahmen fielen nun doch Steuern an. Im Januar 2011 ging dann in dem Unternehmen der Steuerbescheid für 2009 ein. Die Steuernachzahlung für das Jahr 2009 betrug 4.000 €. Auf Grundlage dieses Steuerbescheids verlangte das Finanzamt auch gleichzeitig die Vorauszahlung für das Jahr 2010 in Höhe von 4.000 €. Hinzu kam außerdem noch die Vorauszahlung für das erste Quartal 2011 (das Jahr hatte ja bereits begonnen) in Höhe von 1.000 € (ein Viertel des Gesamtjahresbetrags). Die Steuer zahlungen, die das Finanzamt nun bis Ende März 2011 verlangte, betrugen insgesamt 9.000 €! Auf einen Schlag eine Menge Geld für den Betriebsgründer, der eigentlich in dem Jahr weiter in sein Unternehmen investieren wollte.

2009 Betriebsgründung	Ertragsvorschau: • Einnahmen niedriger geschätzt als sie tatsächlich waren	Steuern • **Keine Einkommensteuervorauszahlung** an das Finanzamt
2010 September	Steuerberater: • EST-Erklärung 2009	
2011 Januar	Finanzamt: • Steuerbescheid für 2009	• Steuernachzahlung 2009: **4.000 €** • Vorauszahlung für 2010: **4.000 €** • Vorauszahlung für laufendes Jahr: **4.000 €** davon **1.000 €** für I. Quartal fällig = **9.000 € bis Ende März 2011** an das Finanzamt zu zahlen

Selbständigkeit und Gewinneinkünfte

Für Sie als Unternehmer gelten die deutschen Steuer-, Sozial- und sonstigen Gesetze. Zum Beispiel das Einkommensteuergesetz, das Umsatzsteuergesetz, die Abgabenordnung, das Arbeitsschutzgesetz und das Jugendarbeitsschutzgesetz, wenn Sie Arbeitnehmer beschäftigen, die Sozialgesetzbücher und viele mehr. Gerade das Einkommensteuergesetz und das Umsatzsteuergesetz sind von zentraler Bedeutung für dieses Kapitel.

In diesem Buch geht es die ganze Zeit um Ihr »Unternehmen Hund«, aber wann gelten Sie denn nun mit Ihrem Gewerbebetrieb als selbständiger Unternehmer? In den Steuerrichtlinien zu § 15 EStG (Einkommensteuergesetz) finden sich folgende Definitionen:

- Selbständigkeit = Sie üben die Tätigkeit auf eigene Rechnung aus und tragen die Verantwortung für Ihr Unternehmen.

- Nachhaltigkeit = Sie beabsichtigen eine Wiederholung der Tätigkeit, d. h. der Geschäftsvorgang findet nicht einmalig statt.

- Gewinnerzielungsabsicht = Sie wollen mit Ihrer Tätigkeit Gewinn erwirtschaften. Ihr Unternehmen darf kein Steuersparmodell sein, denn sonst gilt Ihr Unternehmen vor dem Finanzamt als Liebhaberei.

- Beteiligung am allgemeinen wirtschaftlichen Verkehr = Ihre betriebliche Tätigkeit tritt nach außen hin in Erscheinung und Sie bieten Ihre Produkte / Dienstleistungen der Allgemeinheit an.

- Abgrenzung gegenüber Land- und Forstwirtschaft = Wenn Sie Ihre Erzeugnisse nicht aus durch die Nutzung der natürlichen Kräfte des Bodens gewinnen und verwerten, sind Sie nicht der Land- und Forstwirtschaft zuzuordnen. Abgrenzung gegenüber der Vermögensverwaltung = Die Vermietung und Verpachtung dient zwar der Erwirtschaftung von Erträgen, ist aber keine selbständige gewerbliche Tätigkeit.

Folgendes Beispiel soll diese Voraussetzungen erläutern:

Mobiler Dogsitter

Der Dogsitter gilt als Unternehmer bzw. Selbständiger:

Weil er die Dienstleistung der mobilen Hundebetreuung auf eigene Rechnung ausübt und die Verantwortung für seine unternehmerische Tätigkeit trägt. Da er regelmäßig Hunde gegen Entgelt betreut, gilt seine Tätigkeit als nachhaltig. Er annonciert seine Dienstleistung in den Hundeportalen im Internet und legt in seiner Region Flyer aus, damit bietet er die Betreuung der Allgemeinheit an. Zur Land- und Forstwirtschaft zählt dieses Unternehmen nicht, weil keine Erzeugnisse aus der Bearbeitung von Grund und Boden hergestellt werden. Der Dogsitter will mit seinem Service Gewinne erzielen, um irgendwann davon leben zu können.

Und genau hier liegt die Crux! Es muss eine Gewinnerzielungsabsicht erkennbar sein! Ist das nicht der Fall, weil vielleicht die Kosten für das dafür angeschaffte teure Auto gar nicht erwirtschaftet werden und er die Kosten für die eigenen Hunde als Betriebsausgaben ansetzen will. Vielleicht weist sein Service dadurch Jahr für Jahr rote Zahlen auf. Möglicherweise kann der Dogsitter trotzdem gut leben, weil er andere Einkünfte hat, aber sein Dogsitter-Service gilt dann vor dem Finanzamt als Liebhaberei und die Verluste müssen aus dem bereits versteuerten Einkommen getragen werden und wirken sich nicht mehr steuermindernd aus. Es gilt also aufzupassen und seine Zahlen genau im Blick zu haben!

Da Sie aber bereits einen guten realistischen Businessplan erstellt haben, können Sie diese Voraussetzungen mit Ihrem Businessplan vergleichen. Damit werden Sie schnell feststellen, ob Ihr Vorhaben als unternehmerische Tätigkeit gelten wird. Ist das der Fall, finden das Handelsgesetzbuch (HGB) und die Abgabenordnung (AO) als Gesetzesgrundlage für Ihr unternehmerisches Handeln Anwendung. Auch die gewählte Rechtsform Ihrer Unternehmung spielt eine Rolle. Diesen Vorschriften und daraus resultierenden buchhalterischen Pflichten und Grundlagen widmet sich dieses Kapitel Buchführung und Steuern. Aber keine Angst – Sie werden sich mit den wichtigsten Dingen schnell vertraut machen!

Aber vorher noch kurz eine Einordnung in die Art Ihrer unternehmerischen Tätigkeit. Man unterscheidet zwischen Land- und Forstwirtschaft, Freiberufler und gewerbliche Tätigkeiten. Zu den Land- und Forstwirten zählen diejenigen, die den Boden in seiner natürlichen Beschaffenheit zur Herstellung von Erzeugnissen nutzen (z. B. Ackerbau, Grünland, Forst). Freiberufler sind z.B. Architekten, Ärzte, Rechtsanwälte, Fotografen oder Journalisten. Ihr besonderes Kennzeichen ist ihre besondere fachliche Qualifikation, zudem verrichten sie die Aufträge unabhängig und eigenverantwortlich. Haben Sie sich schon entdeckt? Nein, dann zählt Ihr Vorhaben zu den gewerblichen Tätigkeiten, wenn Sie die in der Übersicht genannten Kriterien erfüllen.

Gewinnermittlungsart und Einkommensteuer

Wie bereits erwähnt, ist das Einkommensteuergesetz von zentraler Bedeutung. Sie sind nun also Selbständig und erzielen Einkünfte aus Ihrem Gewerbebetrieb. Die Ausgangsgröße zur Ermittlung dieser Einkünfte ist der Gewinn. Es gibt zwei Möglichkeiten, den Gewinn zu ermitteln: durch Betriebsvermögensvergleich (BVV oder auch Bilanz) oder Einnahmenüberschussrechnung (EÜR). Welche Gewinnermittlungsart anzuwenden ist, ergibt sich aus verschiedenen Voraussetzungen. Einerseits die gewählte Rechtsform (siehe Kapitel Planung) und andererseits der jährliche Umsatz bzw. Gewinn:

BVV	EÜR
Buchführungspflicht laut HGB für Unternehmen, die im Handelsregister (HR) eingetragen sind	Kleingewerbetreibende und Freiberufler
Abgeleitete Buchführungspflicht für Unternehmer: • Jährlicher Umsatz > 500.000 € oder • Jährlicher Gewinn > 50.000 €	Befreiung von Buchführungspflicht für HR-eingetragene Kaufleute wenn: In den letzten 2 Jahren • Jahresüberschuss < 50.000 € • Umsatz < 500.000 €

Für die meisten Existenzgründer im Hundebereich wird wahrscheinlich eine Gründung als Einzelunternehmer oder als Personengesellschaft in Frage kommen. Gerade in der Gründungsphase werden Umsatz und Gewinn noch nicht zur Bilanzierungspflicht führen, deshalb soll hier die Einnahme-Überschuss-Rechnung EÜR eingehender erläutert werden.

Die EÜR dient nun also der Ermittlung des Gewinns und bildet damit die Grundlage für die Erhebung der Einkommensteuer. Als Arbeitnehmer wurden die Steuern bisher direkt vom Gehalt abgezogen. Jetzt bei der Erwirtschaftung von Einnahmen aus selbständiger Tätigkeit wird Ihre Einkommensteuervorauszahlung anhand von Schätzung bzw. dem Vorjahresgewinn ermittelt und im Bescheid festgelegt. Die Rechtsgrundlage ist das Einkommensteuergesetz (EStG). Die Einkommensteuer ist eine Ertragsteuer natürlicher Personen (also Sie beispielsweise als Einzelunternehmer oder GbR-Gesellschafter). Die Ertragsteuer von Kapitalgesellschaften (z. B. GmbH, AG) ist hingegen die Körperschaftsteuer.

Die Einkommensteuererklärung:

Die erklärten Einkünfte werden summiert und von dieser Summe der Einkünfte bestimmte Freibeträge abgezogen. Danach liegt der Gesamtbetrag der Einkünfte vor. Wenn im vorherigen Geschäftsjahr Verluste entstanden sind, die noch nicht berücksichtigt wurden, werden diese als Verlustabzug angerechnet. Es gibt private Aufwendungen, die steuerlich begünstigt sind. Diese Sonderausgaben sind z. B. Aufwendungen für die Krankenversicherung oder Altersvorsorge. Schließlich können noch außergewöhnliche Belastungen berücksichtigt werden, die die zumutbare Belastung (abhängig von der Lebenssituation) überschreiten. Das können z. B. Aufwendungen für Krankheiten oder Beerdigungen sein. Nach der Subtraktion dieser Positionen liegt das Einkommen vor. Nach der Ermittlung des Einkommens muss noch geprüft werden, ob Kinderfreibeträge für Kinder bis zu einem Alter von 18 Jahren oder älter, wenn sie ihren Lebensunterhalt noch nicht selbst verdienen können (Ausbildung / Studium), Berücksichtigung finden. Beziehen Sie Kindergeld, können keine Kinderfreibeträge angesetzt werden. Nun liegt das zu versteuernde Einkommen für die Einkommensteuer vor.

Struktur der Einkommensteuererklärung:

Einkünfte werden summiert
(Selbständige/nichtselbständige Arbeit, Vermietung, Einkünfte aus Kapitalvermögen)
Summe der Einkünfte
./. Altersentlastungsbetrag
./. Entlastungsbetrag für Alleinerziehende
./. Freibetrag für Land- und Forstwirte

Gesamtbetrag der Einkünfte
./. Verlustabzug
./. Sonderausgaben
./. Außergewöhnliche Belastungen

Einkommen
./. Kinderfreibeträge – Härteausgleich
Zu versteuerndes Einkommen für ESt

Bevor Sie jedoch Einkünfte aus Ihrer Tätigkeit erzielen, müssen Sie zunächst erst einmal Einnahmen bzw. Umsätze generieren. Und damit sind wir auch schon bei der nächsten wichtigen Steuer, mit der Sie am meisten zu tun haben werden: die Umsatzsteuer!

Die Umsatzsteuer

Sie ist eine Steuer, die auf alle in Deutschland erbrachten Lieferungen und Leistungen erhoben wird. Der reguläre Steuersatz beträgt 19 %, es gibt aber auch Waren die zum ermäßigten Steuersatz von 7% besteuert werden. Einige wenige Dinge wie z. B. Briefporto sind umsatzsteuerfrei. Gesetzliche Grundlage hierfür ist der §12 Umsatzsteuergesetz. In der Liste der dem ermäßigten Steuersatz unterliegenden Gegenstände (Anlage 2 zu §12 UStG) sind verschiedene pflanzliche und tierische Erzeugnisse aufgeführt, was sich beispielsweise auf den Verkauf von Futtermitteln auswirkt. Aber auch einige wenige Dienstleistungen können dem ermäßigten Steuersatz unterliegen. So ergibt sich beispielsweise aus diesem §12 Abs. 7c UStG, dass auf die Veröffentlichungsrechte des (Hunde)fotografen 7% Umsatzsteuer erhoben werden. Für den Fotografen gilt dieser Absatz, da er urheberrechtlich geschützte Werke schafft und damit eigene Urheberrechte erwirbt. Fotografiert er aber den Hund eines Kunden und verkauft ihm nur die Abzüge, nicht aber die Veröffentlichungsrechte, muss er 19% Umsatzsteuer berechnen. Nur für freie Journalisten gilt grundsätzlich die Sonderregelung, alle journalistischen Leistungen mit 7% zu besteuern. Sollten Sie also im Einzelhandel tätig sein oder als Fotograf oder Journalist arbeiten, erkundigen Sie sich vorher genau, welche Waren und Leistungen regulär mit 19% und welche ermäßigt mit 7% besteuert werden.

Die Umsatzsteuer ist im Unternehmen im Grunde genommen ein durchlaufender Posten. Sie erheben sie auf Ihre Beträge und führen sie an das Finanzamt ab. Sie sind sozusagen der Steuereintreiber für das Finanzamt aus folgendem Grund: die von Ihnen erbrachten Leistungen werden netto berechnet. Am Ende der Rechnung wird auf den Rechnungsbetrag die Umsatzsteuer aufgeschlagen. Die eingenommene Umsatzsteuer ist die **Umsatzsteuerschuld** gegenüber Ihrem Finanzamt. Natürlich erhält Ihr Unternehmen selbst Rechnungen mit Umsatzsteuer, die Sie an Ihren Lieferanten bezahlen, der diese wiederum abführen muss. Damit das Finanzamt nun nicht mehrmals die Steuer erhält, können Sie die bereits bezahlte Umsatzsteuer als sogenannte Vorsteuer von Ihrer Umsatzsteuerschuld abziehen. Manchmal ist die bereits bezahlte Vorsteuer höher als die eingenommene Umsatzsteuer. Dann zahlt das Finanzamt den Erstattungsanspruch aus. Ermittelt wird die Zahllast bzw. der Erstattungsbetrag durch die Umsatzsteuervoranmeldung, die in der Regel vierteljährlich erfolgt.

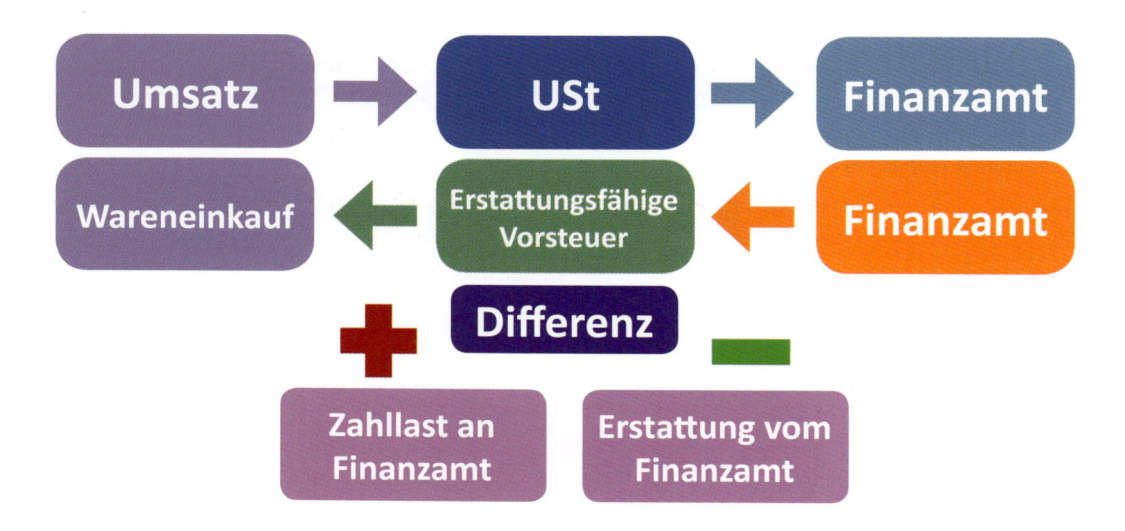

Durch die Möglichkeit der Erstattung der bezahlten Vorsteuer kommt es häufig vor, dass Unternehmen hier mogeln wollen. Um Rechnungen leichter überprüfen zu können, gibt es besondere Anforderungen an die Rechnungsausstellung.

Eine vorsteuerabzugsfähige Rechnung muss folgende Angaben enthalten:
- Name und Anschrift des Ausstellers (Lieferanten)
- Name und Anschrift des Empfängers (Kunden)
- Steuer-Nummer bzw. Umsatzsteuer-Identifikations-Nummer
- Rechnungsdatum
- Fortlaufende Rechnungsnummer
- Menge und Art der Lieferung bzw. Leistung
- Liefer- bzw. Leistungsdatum
- Rechnungsbetrag netto (ohne MwSt.)
- Steuersatz (19% oder 7% oder steuerfrei) und Steuerbetrag
- Entgeltminderungen wie Rabatt oder Skonto
- Gesamtbetrag (Zahlbetrag) brutto (inkl. MwSt.)
- Eine Ausnahme bilden Rechnungen von Beträgen bis 150 €.
  Diese müssen nicht alle Angaben enthalten (Kassenbon, Quittung).

Umsatzsteuervoranmeldung

Wie erfolgt die Meldung an das Finanzamt? Wie schon erwähnt, ist der übliche Voranmeldungszeitraum das Kalendervierteljahr. Eine Ausnahme gibt es wieder bei neu gegründeten Unternehmen. Hier muss die Voranmeldung monatlich erfolgen. Die Voranmeldungen müssen bis zum 10. des Folgemonats des Voranmeldungszeitraums vorliegen (z. B. Voranmeldung für Januar muss bis 10. Februar vorliegen). Es gibt auch die Möglichkeit der Dauerfristverlängerung. Das bedeutet, dass Sie die Voranmeldungen später einreichen können. Dafür müssen Sie beim Finanzamt einen Antrag stellen. Wenn die Umsatzsteuervoranmeldungen durch Ihr Steuerbüro angefertigt werden, empfiehlt sich die Dauerfristverlängerung, um genügend Bearbeitungszeit Ihrer eingereichten Belege zu haben. Die Übermittlung an das Finanzamt erfolgt elektronisch mit ELSTER (Abkürzung für elektronische Steuererklärung). In ELSTER steht Ihnen das entsprechende Formular zur Verfügung. In das Formular müssen folgende Angaben eingetragen werden:

- Steuernummer und Finanzamt

- Angaben zum Unternehmer: Name und Anschrift der Betriebsstätte

- Voranmeldungszeitraum ankreuzen

- Angabe der steuerpflichtigen Umsätze ohne Umsatzsteuer verteilt nach Steuersätzen

- Abziehbare Vorsteuerbeträge aus Rechnungen von anderen Unternehmen

Im Formular werden automatisch ermittelt die vereinnahmte Umsatzsteuer sowie die Umsatzsteuervorauszahlung bzw. der Erstattungsbetrag. Die Umsatzsteuervoranmeldung enthält noch eine Reihe weiterer Positionen, die gegebenenfalls berücksichtigt werden müssen, wie z. B. Lieferung bei innergemeinschaftlichen Dreiecksgeschäften oder entrichtete Einfuhrumsatzsteuer (bei importierten Waren).

Kleinunternehmerregelung

Es gibt noch eine Ausnahme: Kleinunternehmer unterliegen nicht der Umsatzsteuerpflicht. Die Kleinunternehmerregelung gilt für bestimmte Umsatzgrenzen: der Vorjahres-Gesamtumsatz darf 17.500 € nicht überschreiten und der Umsatz im laufenden Kalenderjahr ist kleiner als 50.000 €. Trotzdem ist es möglich, am Umsatzsteuersystem teilzunehmen. Das nennt sich zur Umsatzsteuer optieren. Diese Entscheidung ist dann für 5 Jahre bindend, unabhängig vom Umsatz.

Es ist eine genaue Überlegung wert, ob man dieses Wahlrecht wahrnehmen möchte, denn Kleinunternehmer müssen immer als solche erkennbar sein und dürfen keine Umsatzsteuer ausweisen. Auf jeder Rechnung muss der Hinweis »Kleinunternehmerregelung« stehen. Sie stellen damit in gewisser Weise Ihre Umsatzsituation und Ihr geschäftliches Volumen Ihren Kunden dar. Außerdem müssen Sie stets die Umsätze kontrollieren, um die Umsatzgrenzen einzuhalten. Es gibt allerdings auch Vorteile: keine Voranmeldungen an das Finanzamt, geringere Anforderungen an die Rechnungsausstellung. Und Sie können als Dienstleister günstigere Preise kalkulieren, wenn Sie überwiegend Privatkunden haben, die keine Vorsteuer abziehen können.

Die Gewerbesteuer

Die Gewerbesteuer erhalten die Gemeinden von den gewerblichen Unternehmen. Sie ist eine Ertragssteuer. Die Bemessungsgrundlage hierfür ist der Gewerbeertrag. Den Hebesatz für die Höhe der Gewerbesteuer können die Gemeinden selbst festlegen. Er liegt zwischen 200 % und 490 %. Das sind erschreckend große Zahlen. Der Gewerbesteuersatz der verschiedenen Gemeinden könnte Ihre Standortwahl beeinflussen, wenn Sie beispielsweise ein Unternehmen ohne Publikumsverkehr führen und nicht an ein bestimmtes Einzugsgebiet gebunden sind. Der Gewerbeertrag und der daraus resultierende Steuermessbetrag werden vom Finanzamt ermittelt. Hierfür wird der Gewerbeertrag mit der Steuermesszahl 3,5 % multipliziert. Der Steuermessbetrag wird dann an die Gemeinde übermittelt. Diese wendet darauf dann ihren individuellen Hebesatz an.

Der Freibetrag für die Gewerbesteuer beträgt derzeit bei Einzelunternehmen und Personengesellschaften 24.500 €. Dieser Betrag wird vor der Feststellung der Bemessungsgrundlage vom Gewerbeertrag abgezogen. Sollte Ihr Unternehmen also vorerst einen Ertrag unter 24.500€ erwirtschaften, müssen Sie keine Gewerbesteuer bezahlen.

Ein Beispiel: Gewerbeertrag 74.500 €

Abzüglich Freibetrag 24.500 € = 50.000 €
50.000 €   x   3,5 %   =   1.750 €
              (Steuermesszahl)   (Steuermessbetrag)

Hebesatz 300 %
1.750 €   x   300 %   =   5.250 €
              (Hebesatz)   (Gewerbesteuer)

Berücksichtigen Sie den ggf. entstehenden Steuerbetrag in Ihrer Liquiditätsplanung!

Die EÜR – Einnahme-Überschuss-Rechnung

Wie eingangs beschrieben dient die EÜR – Einnahme-Überschuss-Rechnung (im Folgenden EÜR) der Gewinnermittlung. Sie ist neben der pauschalen Gewinnermittlung für Land- und Forstwirte die einfachste Art der Gewinnermittlung. Die EÜR erfolgt nach dem Zufluss- / Abflussprinzip, da nur die tatsächlich stattgefundenen Betriebseinnahmen und Betriebsausgaben (Zuflüsse und

Abflüsse) berücksichtigt werden. Ermittelt wird der steuerpflichtige Gewinn durch den Abzug der Betriebsausgaben von den Betriebseinnahmen. Im Rahmen der Buchführung werden alle Belege wie Rechnungen, Kontoauszüge, Quittungen etc. erfasst und müssen für eine eventuelle spätere Betriebsprüfung aufbewahrt werden. Die Aufbewahrungspflicht für Belege beträgt 10 Jahre.

Die Rechtsgrundlage für die Ermittlung des Gewinns mittels EÜR bildet § 4 Abs. 3 des Einkommensteuergesetzes.

Üblicherweise wird die EÜR mit dem ELSTER-Formular Einnahmeüberschussrechnung an das Finanzamt übermittelt. Das Formular enthält folgende Angaben:

Allgemeine Angaben: Name, Steuernummer, Finanzamt
Daten zum Betrieb: Bezeichnung, Anschrift, Art des Betriebs

Betriebseinnahmen: umsatzsteuerpflichtige Betriebseinnahmen, umsatzsteuerfreie Betriebseinnahmen, Kapitalerträge, vereinnahmte Umsatzsteuer, erstattete Umsatzsteuer, Privatnutzung des betrieblichen PKW, veräußertes Anlagevermögen, sonstige Leistungsentnahmen, Auflösung von Rücklagen

Betriebsausgaben: Betriebsausgabenpauschale, Waren, Rohstoffe, Hilfsstoffe, Fremdleistungen, Personalkosten, Abschreibungen, Raumkosten, sonstige Betriebskosten, gezahlte Vorsteuer, an das Finanzamt abgeführte Umsatzsteuer, Fahrzeugkosten, Aufwendungen für häusliches Arbeitszimmer, Gewerbesteuer

Ermittlung des Gewinns: Betriebseinnahmen abzüglich Betriebsausgaben, abzüglich erwerbsbedingte Kinderbetreuungskosten

Ergänzende Angaben: Rücklagen, stille Reserven,
Nicht abziehbare Schuldzinsen

Anlageverzeichnis: Gesamtverzeichnis des Anlagevermögens (Grundstücke, häusliches Arbeitszimmer, immaterielle Wirtschaftsgüter, Finanzanlagen, bewegliche Wirtschaftsgüter, Sammelposten)
Umlaufvermögen: kurzfristig im Unternehmen vorhandene Vermögensgegenstände, die verarbeitet werden

Anlage- und Umlaufvermögen

Wozu dient das Anlageverzeichnis bei der EÜR? Die EÜR und damit das steuerpflichtige Einkommen werden durch den Wert verschiedener Wirtschaftsgüter wie z. B. betrieblicher PKW, Büro- und Geschäftsausstattung oder Maschinen beeinflusst. Denn deren Abschreibung aber auch die Einnahmen aus deren Verkauf verändern den betrieblichen Gewinn. Dem Anlageverzeichnis kann der Wert der einzelnen Vermögensgegenstände entnommen werden und so z. B. die Höhe der angesetzten Abschreibungen überprüft werden.

Zur Festlegung, ob die Güter dem Betriebsvermögen zugeordnet werden können, muss die sogenannte Betriebsvermögenseigenschaft geprüft werden. Voraussetzung ist, dass diese Wirtschaftsgüter der Leistungserbringung dienen. Fehlt der betriebliche Zusammenhang, werden die Gegenstände dem Privatvermögen des Unternehmers zugezählt. Ein Wirtschaftsgut zählt zum notwendigen Betriebsvermögen, wenn die eigenbetriebliche Nutzung mehr als 50 % beträgt. Dem notwendigen Privatvermögen wird es zugerechnet, wenn betriebliche Nutzung kleiner als 10 % ist. Bei einem betrieblichen Nutzungsanteil zwischen 10 % und 50 % besteht ein Wahlrecht.

Geschäftsvorfälle

Die verschiedenen Geschäftsvorfälle, die die Gewinnermittlung beeinflussen werden in diesem Abschnitt in der Reihenfolge der Anlage EÜR näher beschrieben.

Betriebseinnahmen

Alle Zugänge in Geld oder Geldeswert (Gegenstände) werden als Betriebseinnahmen bezeichnet. Es sind Zuflüsse, die eine betriebliche Veranlassung haben bzw. im betrieblichen Zusammenhang stehen. Das können sein:

- Einnahmen aus der Haupttätigkeit, (bezahlte Ausgangsrechnungen)
- Einnahmen aus dem Verkauf des Anlagevermögens, (z.B. Maschinen oder Fahrzeuge)
- Privatentnahmen, (z. B. private Nutzung des betrieblichen PKW)
- andere Wertzugänge (Geschenke, Tausch)

Im Falle der Ausgangsrechnungen, also verkaufte Güter oder Dienstleistungen ist die Sache eindeutig. Schwieriger wird es bei Geschäftsvorfällen wie **Privatentnahmen bzw. Eigenverbrauch.**

Ein klassisches Beispiel hierfür ist die private Nutzung des betrieblichen PKW.

Wird der PKW auch für Privatfahrten genutzt, entstehen auch Fahrzeugkosten, die als Betriebsausgaben gebucht werden, durch die private Nutzung. Das bedeutet, die Betriebsausgaben sind eigentlich zu hoch oder wären ohne die private Nutzung nicht in dieser Höhe entstanden. Dafür muss ein Ausgleich geschaffen werden, indem die private Nutzung als zusätzliche Betriebseinnahme angesetzt wird.

Um diesen Ausgleich zu schaffen, gibt es zwei Möglichkeiten: die 1 %-Methode oder das Fahrtenbuch.

Die 1 %-Methode ist nur bei einer betrieblichen Nutzung des Fahrzeugs von über 50 % anwendbar. Um die betriebliche Nutzung festzustellen, werden alle Fahrten in einem repräsentativen Zeitraum von drei Monaten dokumentiert. Die Höhe der zu verbuchenden Einnahme ist abhängig vom Listenpreis des Fahrzeugs. Beträgt der Listenpreis 14.000 €, werden 140 € (also 1 % vom Listenpreis) monatlich als Eigenverbrauch gebucht.

Bei der Methode Fahrtenbuch müssen Sie stets alle Fahrten erfassen. Zur Berechnung des Eigenverbrauchs werden die in einem Jahr gefahrenen Kilometer aufgeteilt in betrieblich veranlasste Fahrten und Privatfahrten. Übrigens gelten auch die Fahrten von der Wohnung zum Unternehmen als betrieblich veranlasste Fahrten. Das Verhältnis der Privatkilometer zu den Gesamtkilometern wird dann auf die Gesamtkosten übertragen. Dadurch ist es möglich, die Fahrzeugkosten in private und betrieblich veranlasste Fahrzeugkosten aufzuteilen. Beachten Sie dabei auch, dass es umsatzsteuerfreie Ausgaben (Kfz-Steuer, Versicherung) und umsatzsteuerpflichtige Ausgaben (Reparaturen, Kraftstoff) gibt, da beim Eigenverbrauch der umsatzsteuerpflichtigen Ausgaben die Umsatzsteuer auf diese Privatentnahme erhoben und ans Finanzamt abgeführt werden muss.

Zum besseren Verständnis hier ein Rechenbeispiel:

Sie fahren in einem Jahr mit Ihrem Firmenwagen insgesamt 30.000 km. Davon sind 6.000 km Privatfahrten. Daraus ergibt sich ein privater Nutzungsanteil von 20%.

Die umsatzsteuerpflichtigen Kfz-Kosten betragen:	4.000 €
Auf den Anteil Privatfahrten entfallen:	800 € (20 % von 4.000 €)
Hinzu gerechnet werden noch 19% Umsatzsteuer:	152 € (19 % USt auf 800 €)
Die umsatzsteuerfreien Kfz-Kosten betragen:	1.000 €
Auf den Anteil der Privatfahrten entfallen:	200 € (20 % von 1.000 €)
Der Privatanteil insgesamt beträgt:	1.000 €
und Umsatzsteuer:	152 €

Betriebsausgaben

Als Betriebsausgaben werden alle Ausgaben bezeichnet, die durch die unternehmerische Tätigkeit bzw. den Betrieb veranlasst sind. Hierzu zählen zum Beispiel: Wareneinkauf, Rohstoffe, Hilfsstoffe, Maschinen, Personalkosten, Mieten, Versicherungen, Gebühren etc. Grundsätzlich müssen Betriebsausgaben in einem angemessenen Verhältnis zur Unternehmensgröße stehen. Es gibt jedoch einige Besonderheiten, bei denen die Ausgaben nicht zu 100 % dem Betrieb zuzuordnen sind. Es sind beispielsweise Kosten der Lebensführung, die von den Betriebsausgaben abzugrenzen sind.

Arbeitsschutzschuhe als Berufsbekleidung wären eine Betriebsausgabe. Kaufen Sie sich jedoch eine funktionale Jacke, die Sie anziehen möchten, wenn Sie Ihre Pensionshunde ausführen, zählt die Rechnung nicht unbedingt als Betriebsausgabe. Bei der Jacke handelt es sich um bürgerliche Kleidung, die Sie normalerweise auch privat tragen könnten. Deshalb handelt es sich hier um die Kosten der Lebensführung.

Es gibt Ausgaben, denen eine gemischte private und betriebliche Nutzung zugrunde liegen können, die sogenannten privat und beruflich gemischt veranlasste Kosten. So könnten Sie eine Dienstreise mit einer Urlaubsreise kombinieren, oder den Laptop des Unternehmens auch privat nutzen. Gemischte Kosten sind allerdings nur ansetzbar, wenn die betriebliche Veranlassung nicht unter 10 % liegt (z. B. in einem 14tägigen Urlaub ist nur ein Tag Messebesuch enthalten).

Es gibt noch weitere Stolpersteine: Bewirtung und Geschenke. Auch Bewirtungskosten berühren die Lebensführung und sind nur eingeschränkt als Betriebsausgaben abziehbar.
Geschenke sind nur abzugsfähig, wenn die Summe der Geschenke pro Jahr, die Sie einem Geschäftspartner machen, nicht größer als 35 € ist.

Abschreibungen

Planen Sie eine größere Anschaffung eines Wirtschaftsgutes des Anlagevermögens, müssen Sie bedenken, dass die Kosten im Anschaffungsjahr nicht sofort in voller Höhe als Betriebsausgaben abziehbar sind. Stattdessen werden die Anschaffungskosten über einen bestimmten Zeitraum verteilt und jährlich in gleicher Höhe als Betriebsausgaben abgezogen. Diese Verteilung auf einen gewissen Zeitraum ist die sogenannte Abschreibung. Bekannt ist auch der Begriff AfA = Absetzung für Abnutzung, der die Wertminderung des Anlagevermögens bezeichnen soll. Die Finanzverwaltung hat Tabellen erstellt, in denen die Nutzungsdauer verschiedener Wirtschaftsgüter in Jahren bestimmt ist. Zur Definition des Anlagevermögens: es sind Wirtschaftsgüter, die im Unternehmen langfristig eingesetzt werden und deren Anschaffungskosten größer als 150 € sind. Es wird unterschieden nach unbeweglichem (Gebäude, Grundstücke), beweglichem (Firmenwagen, Computer, Maschinen) und immateriellem (Lizenzen, Patente) Anlagevermögen.

In einer Hundepension sind beispielsweise Industriewaschmaschinen bewegliche Wirtschaftsgüter. Hier wieder ein entsprechendes Rechenbeispiel:

Anschaffungskosten der Industriewaschmaschine: 4.000 €
Nutzungsdauer laut Tabelle :   10 Jahre
Abschreibung pro Jahr für die Maschine: 4.000 € / 10 Jahre = 400 €

Gewinn in der EÜR vor Berücksichtigung
der Abschreibung: 25.000 €
Abzüglich Abschreibung: 400 €
Endgültiger Gewinn in der EÜR: 24.600 €

Wollen Sie Immobilien für Ihren Hundebetrieb erwerben, ist dieser kleine Exkurs für Sie interessant: Die Gebäudeabnutzung darf für Gebäude angesetzt werden, die nicht privaten Wohnzwecken unterliegen. Anders ist das bei Grundstücken. Grund und Boden gelten als nicht abnutzbares Wirtschaftsgut, da sie in der Regel keinem Werteverfall unterliegen.

Bei Wirtschaftsgebäuden mit Bauantrag nach 1985, beträgt der AfA-Satz 3 %. Alte Gebäude zwischen 1925 und 1985 haben einen Satz von 2% und historische Gebäude vor 1925 haben 2,5%. Die Prozentsätze leiten sich aus der gewöhnlichen Nutzungsdauer ab.

Wenn sich die Abnutzungsdauer von Wirtschaftsgütern aufgrund besonderer Ereignisse verkürzt, spricht man von der Absetzung für außergewöhnliche Abnutzung (AfaA). Solche Ereignisse können sein: Brandschäden, Wasserschäden, aber auch technischer Fortschritt oder Überbeanspruchung. Wenn also ein Wirtschaftsgut ursprünglich über 5 Jahre abgeschrieben werden sollte, es aber nach 2 Jahren aufgrund des technischen Fortschritts ausgetauscht werden muss, kann die Verkürzung der Nutzungsdauer durch eine AfaA (außergewöhnliche Abnutzung) korrigiert werden.

Abschreibung auf GWG (geringwertige Wirtschaftsgüter)

Bei den geringwertigen Wirtschaftsgütern handelt es sich um Güter, die dem Anlagevermögen zuzuordnen sind, aber einen Wert von 410 € nicht überschreiten (inklusive der Anschaffungskosten wie Transport oder Versand). Bei einem Betrag bis 150 € ist das GWG sofort abzuschreiben. Bei Werten von 150,01 bis 410 € können die GWG sofort abgeschrieben werden oder als Sammelposten über 5 Jahre. Sie können aber auch die gewöhnliche Nutzungsdauer wählen. Bei Anschaffungskosten von 410,01 € bis 1.000 € können die Wirtschaftsgüter nicht mehr sofort abgeschrieben werden, sondern werden gesammelt und unabhängig von der Nutzungsdauer über fünf Jahre abgeschrieben oder Sie wählen die gewöhnliche Nutzungsdauer.

Umsatzsteuer und Vorsteuer

Wie schon beschrieben, kann die Umsatzsteuer im Unternehmen eine Betriebsausgabe, aber auch eine Betriebseinnahme sein. Die Umsatzsteuer, die Sie bei eingehenden Rechnungen bezahlen müssen (also die Vorsteuer) ist eine Betriebsausgabe. Die Umsatzsteuer, die Sie einnehmen, wenn Sie Rechnungen an Ihre Kunden stellen, ist eine Betriebseinnahme. Das bedeutet, dass die Umsatzsteuer in Ihrer EÜR sowohl auf der Einnahmen- als auch auf der Ausgaben-Seite erscheint.

In der EÜR ist die Umsatzsteuer dennoch erfolgsneutral, da die eingenommenen Steuerbeträge an das Finanzamt abgeführt werden. Sie haben mit Ihren Ausgangsrechnungen die USt eingenommen und im Folgemonat an das Finanzamt bezahlt. Und die Vorsteuer haben Sie ja bereits an Ihre Lieferanten bezahlt. Bei der Umsatzsteuer-Voranmeldung wurde sie wieder in Abzug gebracht.

Das häusliche Arbeitszimmer

Viele selbständige Unternehmer haben in ihrer Wohnung noch einen Raum, in dem sie Arbeiten für ihr Unternehmen erledigen, ihn also geschäftlich nutzen. Unter bestimmten Voraussetzungen sind die Kosten (Miete, Nebenkosten, Einrichtung, Versicherung) für dieses Arbeitszimmer als Betriebsausgabe abziehbar. Die wichtigste Voraussetzung ist, dass kein anderer Arbeitsplatz zur Verfügung steht. Dabei ist nicht mehr maßgeblich, im welchem Umfang das Arbeitszimmer genutzt wird. Weiterhin muss es sich laut Festlegung des Bundesfinanzhofs um ein Büro handeln, das in die häusliche Sphäre eingebunden ist und vorwiegend der Erledigung gedanklicher, schriftlicher oder verwaltungstechnischer Arbeiten dient. Befindet sich Ihr Büro außerhalb Ihrer Wohnung, also haben Sie Geschäftsräume angemietet, sind die Kosten natürlich voll abziehbar.

Privateinlagen und Privatentnahmen

Privateinlagen sind Wirtschaftsgüter, die aus dem Privatvermögen des Unternehmers in das Unternehmen überführt werden. In der EÜR werden sie wie Betriebsausgaben behandelt. Sind die Wirtschaftsgüter vorher jedoch privat genutzt worden, können die Kosten nur noch anteilig als Betriebsausgaben angesetzt werden. Das wäre z. B. der Fall, wenn Sie Ihren privaten PKW in das Betriebsvermögen überführen. Es gilt dann der aktuelle Marktwert des Wirtschaftsgutes. Wenn Güter aus dem Privatvermögen in das Unternehmen eingebracht werden können, dürfen natürlich auch Wirtschaftsgüter dem Unternehmen entnommen und in das Privatvermögen überführt werden. Diese Entnahme muss als Betriebseinnahme in Höhe des aktuellen Marktwertes berücksichtigt werden. Außerdem muss gegebenenfalls auf diesen Betrag Umsatzsteuer erhoben werden.

Betriebswirtschaftliche Auswertung - BWA

Wofür benötigt man neben der EÜR auch noch die Betriebswirtschaftliche Auswertung? Die BWA ist Ihr unverzichtbares Kontrollinstrument.

Den Überblick über die finanzielle Situation Ihres Unternehmens sollten Sie nicht erst am Stichtag der EÜR erhalten, sondern das ganze Jahr hindurch bestens informiert sein. Wie eingangs beschrieben ist es enorm (überlebens)wichtig, dass Sie bevorstehende Zahlungen im Blick haben. Genau dafür ist die Betriebswirtschaftliche Auswertung geeignet.

Lassen Sie Ihre Finanzbuchhaltung durch ein Steuerbüro erledigen, gibt Ihnen die BWA einen laufenden Überblick über die Kosten und Erlöse und damit über die gesamte Ertragssituation Ihres Unternehmens. Die Auswertung erfolgt monatlich und liefert damit unterjährig Zahlen zur aktuellen Lage des Unternehmens. Üblicherweise werden die Auswertungen immer mit einem Vorjahresvergleich erstellt. Sie erhalten damit einen Überblick über die Entwicklung Ihres Unternehmens, können entsprechende Maßnahmen ergreifen und kontrollieren damit gleichzeitig noch Ihren Steuerberater.

Es gibt Buchführungsprogramme für Steuerbüros, die Auswertungen für bestimmte Branchen vorgeben. Viele Unternehmen im Hundebereich sind dem Dienstleistungssektor zuzuordnen. Besprechen Sie mit Ihrem Steuerberater die Besonderheiten Ihres Unternehmens und lassen Sie diese im Aufbau der BWA berücksichtigen. Grundsätzlich ist eine betriebswirtschaftliche Auswertung ähnlich aufgebaut wie die Gewinnermittlung EÜR. Während die EÜR der Gewinnermittlung als Grundlage der Einkommensteuer dient, gibt die BWA das **betriebswirtschaftliche Ergebnis** aus und ist Voraussetzung für die Berechnung der Unternehmensrentabilität (siehe Kapitel Wirtschaftlichkeitsberechnung). Damit ist sie nicht nur Kontrollinstrument für Sie, sondern dient auch der Vorlage bei Kreditinstituten oder Investoren.

Damit es Ihnen leichter fällt, die BWA zu lesen und zu verstehen, hier ein schematischer Aufbau einer BWA:

Umsatzerlöse
./. Material- / Wareneinkauf
./. sonstige betriebliche Erlöse (Eigenverbrauch)
= **betrieblicher Rohertrag** (dient der Deckung der übrigen betrieblichen Kosten)

Betrieblicher Rohertrag
./. Betriebsausgaben (Miete, Personal, KFZ, Marketing etc.)
./. Abschreibungen
= **Betriebsergebnis** (Kennzeichen für die Wirtschaftlichkeit)

Betriebsergebnis
./. Neutrale Aufwendungen (z. B. Zinsen, Spenden, häusliches Arbeitszimmer)
+   Neutrale Erträge (Zinserträge)
= vorläufiges Ergebnis vor Steuern (»vorläufig«, da oftmals noch Korrekturen zum Jahresende)

Schauen Sie sich Ihre BWA jeden Monat in Ruhe an und vergleichen Sie mit den Ergebnissen des Vormonats! Vor allem sollten Sie das Betriebsergebnis im Auge behalten. Gibt es größere Abweichungen, überlegen Sie, wie diese entstanden sein könnten. Haben Sie eine größere Investition vorgenommen oder sind Jahresbeiträge für Versicherungen vom Konto abgebucht worden? Oder gab es Umsatzeinbußen? Wenn ja, welche Ursache können zu Grunde liegen (Saisonalität, weniger Kunden)? Es könnten auch Buchungsfehler entstanden sein. Wichtig ist, dass Ihnen alle Unregelmäßigkeiten auffallen. Ab dem zweiten Wirtschaftsjahr haben Sie auch die Möglichkeit, die wirtschaftliche Entwicklung Ihres Unternehmens mit dem Monat des Vorjahres zu vergleichen.

Den Zahlungsüberblick behalten

Die EÜR als eine reine Geldrechnung hat einen gravierenden Nachteil. Es werden nur tatsächlich erfolgte Zahlungen erfasst. Das bedeutet, Sie haben alle Einnahmen (tatsächlich geflossenes Geld) berücksichtigt, daneben liegt aber ein Stapel unbezahlte Rechnungen, die bisher weder in der BWA noch in der EÜR erfasst worden. Das Geld ist ja noch nicht geflossen. Ihr bisheriges Ergebnis ist somit eigentlich falsch. Damit Sie den Überblick über Ihre offenen Eingangs- und Ausgangsrechnungen behalten, sollten Sie Offenen-Posten-Listen (OPOS) führen. Hierfür erfassen Sie alle Erlösrechnungen und ordnen diese den entsprechenden Kundenkonten zu. So haben Sie den Überblick über alle offenen Forderungen, aber auch über die offenen Rechnungen einzelner Kunden und deren Zahlungsverzug. Genauso verfahren Sie mit den Lieferantenrechnungen. So können Sie selbst vermeiden in Zahlungsverzug zu kommen. Für die OPOS-Listen gibt es kostengünstige und einfach anzuwendende PC-Programme oder Sie legen sich selbst entsprechende Tabellen in Ihrem PC an.

Büroorganisation - Belegablage

Keine Zahlung ohne Beleg! Ihre Geschäftsvorgänge müssen einer Revision durch das Finanzamt standhalten können. Damit das Finanzamt auch noch Jahre später eine Steuerprüfung durchführen kann, haben Sie als Unternehmer die Pflicht, Belege über alle Ihre Geschäftsvorfälle aufzubewahren. Die Aufbewahrungsfrist für Eingangs- und Ausgangsrechnungen, Buchungsbelege und Jahresabschlüsse beträgt 10 Jahre. Die Aufbewahrung und eine spätere Nachvollziehbarkeit der Geschäftsvorgänge sind nur mit einer systematischen Belegablage möglich. Das ist lästig aber unabdingbar! Die Beschreibung einer kompletten Büroorganisation würde ein eigenes Buch füllen. Deshalb hier einige Tipps, damit Sie den Überblick behalten.

Eingangsrechnungen:
Erfassen Sie alle eingehenden Rechnungen (in einem OPOS-Programm oder einer Tabelle) und vermerken Sie die Fälligkeit der Rechnung. Dann heften Sie diese in einem Ordner oder einer Mappe »offene Eingangsrechnungen« ab. Wenn Sie die Rechnung bezahlt haben, vermerken Sie das auf der Rechnung und in Ihrem Programm oder Ihrer Tabelle und sammeln Sie sie solange in einem Ordner »bezahlte Eingangsrechnungen«, bis Sie die Unterlagen für den Steuerberater (monatlich oder quartalsweise) vorbereiten. Die meisten Steuerberater wünschen, dass die Belege dann hinter den jeweiligen Kontoauszug geheftet werden und ein komplettes Päckchen mit Eingangsrechnungen, Ausgangsrechnungen, Kontoauszügen, Quittungen und Kassenbuch für die Umsatzsteuervoranmeldung übergeben wird.

Ausgangsrechnungen:
Genauso verfahren Sie mit den Ausgangsrechnungen. Sie erfassen jede Rechnung (in einem OPOS-Programm oder einer Tabelle) und vermerken Sie, bis wann Ihr Kunde bezahlen muss. Dann heften Sie diese in einem Ordner oder einer Mappe »offene Ausgangsrechnungen« ab, bis das Geld bei Ihnen eingegangen ist. Sobald die Rechnung bezahlt ist, vermerken Sie das auf der Rechnung und in Ihrem Programm oder Ihrer Tabelle und sammeln Sie sie solange im Ordner

»bezahlte Eingangsrechnungen« bis Sie die Unterlagen für den Steuerberater zusammenstellen. Auch die bezahlten Eingangsrechnungen heften Sie dann jeweils hinter den entsprechenden Kontoauszug.

Kassenbuch

Alle Barzahlungen (Eingang und Ausgang) müssen im Kassenbuch vermerkt werden. Je nach Zahlungsaufkommen schließen Sie das **Kassenbuch** täglich, wöchentlich oder monatlich ab. Die entsprechenden Zahlungsbelege heften Sie hinter das jeweilige Kassenbuchblatt.
Ein Kassenbuch hat folgenden Aufbau:

Kassenbuch		Monat: März-10	
Kassenanfangsbestand		57,00 €	
Datum	**Belegnummer / Buchungstext**	**Einnahmen**	**Ausgaben**
03.03.2010	Hundebetreuung im Februar Fam. Müller	150,00 €	
04.03.2010	Büromaterial		7,58 €
10.03.2010	Kassenauffüllung von Konto	100,00 €	
15.03.2010	Flyer - Druckerei		200,00 €
Gesamt		250,00 €	207,58 €

Abrechnung	
Anfangsbestand	57,00 €
Einnahmen	250,00 €
Ausgaben	-207,58 €
Kassenendbestand	99,42 €

Hat das Steuerbüro alle eingereichten Belege gebucht und die Umsatzsteuervoranmeldung erstellt, bekommen Sie in aller Regel die Unterlagen (Belege, Kassenbuch, Kontoauszüge) zurück, ergänzt um die Betriebswirtschaftliche Auswertung und die Übermittlungsbestätigung der Umsatzsteuervoranmeldung an das Finanzamt. Dieses »Monats- oder Quartalspäckchen« heften Sie dann jedes Mal in einem Ordner »FiBu« (Finanzbuchhaltung) in chronologischer Reihenfolge ab. Achten Sie immer darauf, die Ordnerrücken auch mit dem Zeitraum zu beschriften, z. B. »FiBu 1/2010 – 12/2010«. Auch die Jahresabschlüsse sollten Sie in einem Ordner »Gewinnermittlung« oder »Jahresabschluss« in zeitlicher Reihenfolge abheften. So sind Ihre Unterlagen immer schnell griffbereit und Sie müssen nicht suchen. Sollten Sie also einmal eine Steuerprüfung durch das Finanzamt haben, machen Sie mit einer so gut organisierten Belegablage einen guten Eindruck!

Sozialversicherung und Arbeitnehmer

Bei der Erstellung des Business-Plans ist ein wichtiger Punkt die **eigene soziale Sicherung**. Wie viel brauche ich selbst zum Leben? Wie kann ich den Lebensunterhalt im Notfall sicherstellen?

Für Arbeitnehmer in einem Anstellungsverhältnis gibt es die fünf Säulen der sozialen Sicherung: Krankenversicherung, Rentenversicherung, Pflegeversicherung, Unfallversicherung, Arbeitslosenversicherung. Für Sie als Selbständigen trifft das aber nicht mehr zu. Wichtig ist deshalb eine gute private soziale Absicherung. Neben der **Pflicht zur Krankenversicherung** denken Sie bereits zu Beginn an Ihre Altersvorsorge und sichern Sie eine eventuelle Berufsunfähigkeit ab. Als Selbständiger haben Sie die Wahl zwischen privater und gesetzlicher Krankenversicherung. Informieren Sie sich gut über Beiträge, Selbstbehalt und Leistungen. Es kann u.U. sinnvoller sein, sich als freiwilliges Mitglied in der gesetzlichen Krankenkasse zu versichern. Denn Bezieher des Gründungszuschusses oder Einstiegsgeldes zahlen einen geringeren Mindestbeitrag, dem eine niedrigere Mindestbemessungsgrenze zugrunde liegt.

Als Gewerbetreibender sind Sie nicht mehr pflichtversichert in der Deutschen Rentenversicherung. Entscheiden Sie sich, aus der Rentenversicherung auszutreten, sollten Sie den dadurch gesparten Beitrag für Ihre private Altersvorsorge verwenden. Es gibt verschiedene Möglichkeiten: Riester, Rentenaufbaupläne, Fondssparen etc. Suchen Sie sich einen unabhängigen Makler, der günstige und vor allem flexible Angebote für Sie auswählen kann. Flexibilität bei der Beitragszahlung ist wichtig, damit Sie eventuelle Durststrecken beispielsweise durch eine vorübergehende Beitragsfreistellung überbrücken können. Gleichzeitig sollten die Beiträge auch aufgestockt werden können, wenn Ihr Unternehmen gute Gewinne erzielt.

Arbeiten Sie allein ohne Mitarbeiter, ziehen Sie auch eine Krankentagegeld-Versicherung in Erwägung. Denn im Falle einer Erkrankung kann Sie niemand vertreten und Sie müssen den Verdienstausfall überbrücken. Krankentagegeld können Sie bei einer privaten Krankenversicherung ebenso versichern wie auch als freiwilliges Mitglied in der gesetzlichen Krankenversicherung.

Einzig die freiwillige Arbeitslosenversicherung ist seit 2011 nicht mehr interessant, da die Beiträge fast um ein Vierfaches angehoben wurden.

Wenn Ihr Unternehmen kein Mitglied der Berufsgenossenschaften ist und Sie sich als Inhaber darin nicht versichert haben, erhalten Sie keine Rente im Falle einer Berufsunfähigkeit. Deshalb sollten Sie für diesen Fall privat vorsorgen mit einer Privaten Berufsunfähigkeitsversicherung. Besprechen Sie mit Ihrem Versicherungsvermittler mögliche Risiken, zu welcher Berufsgruppe Sie zuzuordnen sind und achten Sie darauf, dass Sie ein Angebot mit *Verzicht auf Verweisung* erhalten. Bei einer Verweisung könnte es sonst passieren, dass die BU-Versicherung nicht zahlt, sondern Sie in eine andere zumutbare Tätigkeit zwingt.

Einstellen von Mitarbeitern

Je nach Geschäftsmodell werden Sie gleich zu Beginn oder erst nach einiger Zeit Mitarbeiter zur Unterstützung benötigen. Wer Arbeitsplätze schafft und Mitarbeiter einstellt, trägt eine große Verantwortung! Nicht nur die regelmäßige und pünktliche Gehaltszahlung ist wesentlich, auch sind Sie für das Wohlergehen Ihrer Angestellten verantwortlich: Unfallverhütung, Arbeitsklima, Motivation, Urlaub sind nur einige Stichworte. Bei der Einstellung entstehen Kosten und Pflichten, aber auch Risiken. Wählen Sie Ihren neuen Mitarbeiter genau aus. Er sollte mit seiner Einstellung zum Unternehmen passen und entsprechend qualifiziert sein. Definieren Sie vor der Aufgabe der Stellenanzeige genau die Anforderungen und formulieren Sie auch, was Sie dem Mitarbeiter bieten – Vorteile und Entwicklungsmöglichkeiten. Sie haben so bessere Chancen, dass sich geeignete Bewerber bei Ihnen melden. Ihre präzise formulierte Stellenanzeige sollten Sie in verschiedenen Internetportalen und auch bei der Agentur für Arbeit veröffentlichen.

Wenn Sie dann die Bewerbungsunterlagen gesichtet haben, überlegen Sie genau, welche Bewerber Ihren Anforderungen genügen und die Sie dann einladen möchten. Bereiten Sie das Bewerbungsgespräch gut vor, denn Sie müssen es nutzen, um die Person kennenzulernen und um zu ermessen, ob sich der Bewerber für Ihre Stelle eignet. Stellen Sie offene Fragen, um Ihren Gesprächspartner zum Reden zu animieren. Sie lernen die Person nicht kennen, wenn nur Sie die ganze Zeit reden!

Es gibt verschiedene Möglichkeiten von Beschäftigungsverhältnissen mit Vor- und Nachteilen. Gerade Gründer werden häufig nicht gleich Vollzeitmitarbeiter einstellen können, alternativ sind auch Praktikanten, Mini-Jobber oder Teilzeitmitarbeiter denkbar.

Egal für welche Form Sie sich entscheiden, jeder Mitarbeiter muss vom Unternehmer angemeldet werden. Ihre Pflicht als Arbeitgeber ist es, Ihre Arbeitnehmer anzumelden, zu versichern und Beiträge abzuführen. Hierfür benötigen Sie eine Betriebsnummer, die Sie bei der Agentur für Arbeit erhalten. Diese Betriebsnummer benötigen Sie auch, wenn Sie bei der Krankenkasse Ihres Arbeitnehmers das Beschäftigungsverhältnis melden. Ebenso muss diese Nummer auch bei der Abmeldung angegeben werden. Die jeweiligen Krankenkassen und Arbeitsagenturen helfen bei der ersten Anmeldung eines Arbeitnehmers weiter.

Ein weiterer wichtiger Sozialversicherungsträger sind die Berufsgenossenschaften. Sie sind die Träger der gesetzlichen Unfallversicherung. Unternehmen, die Mitarbeiter beschäftigen, unterliegen einer Pflichtmitgliedschaft. Die Beiträge werden ausschließlich von den Unternehmen gezahlt, es gibt hier keinen Arbeitnehmeranteil. Diesen Umstand müssen Sie bei der Berechnung der Kosten für einen Arbeitnehmer einkalkulieren. Als gesetzliche Unfallversicherung haben die Berufsgenossenschaften die Aufgaben Arbeitsunfälle, Berufskrankheiten oder Gesundheitsgefahren zu vermeiden. Außerdem sind sie zuständig für die Rehabilitation der Mitarbeiter nach einem Arbeitsunfall und auch für Geldzahlungen zum Ausgleich für Unfallfolgen wie Berufsunfähigkeit. Als Arbeitgeber haben Sie die Pflicht, an der Arbeitssicherheit und Unfallverhütung mitzuwirken.

Die Berufsgenossenschaften werden nach gewerblichen und landwirtschaftlichen Berufsgenossenschaften unterschieden. Wenn Ihr Unternehmen im Hundebereich beispielsweise im Dienstleistungsbereich angesiedelt ist, könnten Sie der Verwaltungs-BG zugeordnet werden. Fragen Sie bei verschiedenen Berufsgenossenschaften nach, die für Sie in Frage kämen. Die Beiträge unterscheiden sich zum Teil beträchtlich.

Ihrem Mitarbeiter wird vom Finanzamt eine Steuernummer vergeben. Diese Identifikationsnummer ist eindeutig einem Steuerpflichtigen zugeordnet. Die Lohnsteuer wird allein vom Arbeitnehmer getragen. Sie wird aber nicht an den Mitarbeiter ausgezahlt, sondern von seinem Brutto-Gehalt abgezogen und durch Sie an das Finanzamt überwiesen. Die Höhe der Lohnsteuer richtet sich nach dem Einkommen und der Steuerklasse und eventuellen Kinderfreibeträgen. Den genauen Betrag entnehmen Sie aus den Einkommensteuertabellen.

Grundsätzlich sollten Sie für die Lohn- und Gehaltsabrechnungen einen Steuerberater beauftragen. Viele Besonderheiten müssen in der Abrechnung berücksichtigt werden. Und Fehler werden immer Ihnen als Arbeitgeber zu Lasten gelegt. Die Nichtzahlung von Sozialversicherungsbeiträgen kann zu Geld- und im schlimmsten Fall Haftstrafen führen!

Kapitel 3
Businessplan

Von der Idee zur Planung Ihres Unternehmenskonzepts

Jedes Gründungsvorhaben ist individuell, trotzdem gibt es einige Grundsätze, die alle Gründer beachten sollten. Grundlage für eine gute Planung ist der Businessplan. Manch einer wird sich fragen: »Muss das sein? Meine Idee ist so gut! Ich will lieber gleich loslegen und meine Zeit nicht hier am Schreibtisch verbringen.« Nein, denn jede Idee muss zielgerichtet umgesetzt werden, damit aus ihr eine tragfähige Existenz werden kann. Denn Sie planen das Unternehmen ja nicht um seiner selbst willen, sondern verbinden damit Ziele, Wünsche und auch Träume. Sie wollen ein wirtschaftlich intaktes Unternehmen, das Gewinne erwirtschaftet, um Ihren Lebensunterhalt bestreiten zu können. Hunde sind Ihre Leidenschaft und Sie wollen Ihr Hobby zum Beruf machen. Aus der Lust soll später kein Frust werden. Und viele von Ihnen haben sicher auch die Intention mit ihrer Idee etwas im Leben der Hunde zu verbessern.

Der Businessplan

Im Businessplan bringen Sie Ihre Idee zu Papier, erläutern Ihre Strategie und planen die betriebswirtschaftliche Situation. Es ist sozusagen die Zusammenfassung Ihres unternehmerischen Vorhabens mit ausformulierten Zielen und Strategien. Ihr Businessplan ist die Diskussionsgrundlage zur Bewertung Ihres Vorhabens, bei der Beantragung von Fördermitteln oder Krediten.

Sie selbst erkennen bei der Erstellung des Plans, ob Ihr Konzept umsetzbar ist. Wenn ja, ist das ganz wunderbar und Sie können die weiteren Schritte einleiten. Wenn nicht, können Sie nachbessern und am Konzept feilen, bevor Sie Geld investiert haben oder aber Sie verwerfen die Idee ganz. Auch wenn es hart klingt, aber das ist besser als mit Ihrem Unternehmen zu scheitern.

Benutzen Sie den Businessplan als Kommunikationsmittel. Besprechen Sie Ihre Idee mit Freunden und Bekannten. Fragen Sie sie nach ihrer Meinung. Sie müssen feststellen, ob Sie genügend Rückhalt und Unterstützung finden. Befragen Sie auch Unbeteiligte, ob sie Ihr Vorhaben verstehen und wie sie es beurteilen. So können Sie einschätzen, ob sich Ihre Idee auch verkaufen lässt.

Und es gibt noch einen weiteren Pluspunkt für die Erstellung des Plans: Sie müssen Ihre Idee mit Logik und System durchdenken! Dabei stoßen Sie auf mögliche Probleme und können im Vorfeld nach Lösungen suchen.

Benötigen Sie Kredite oder wollen Sie Fördermittel beantragen, dient vor allem die im Businessplan enthaltene Wirtschaftlichkeitsberechnung als Bewertungshilfe für Banken und andere Geldgeber. Wenn Sie alle Teile zusammengestellt haben, wird Ihnen erst einmal die Dimension

Ihres Vorhabens klar. Sie wissen, wie viel Kapital benötigt wird, ob Sie davon leben können, welche Stärken und Schwächen Ihr Unternehmen hat, welche Risiken der Markt mit sich bringt. Der Businessplan zwingt Sie quasi zur Analyse aller beeinflussenden Faktoren. Aber Sie werden auch erkennen, dass Sie Fehler rechtzeitig beseitigen können und damit dem Erfolg Ihrer Geschäftsidee eine echte Chance geben.

Später, also nach der Gründung, dient Ihnen der Businessplan als Erfolgskontrolle. Gibt es starke Abweichungen gegenüber der ursprünglichen Planung? Und welche sind die Ursachen? Liegt der Fehler bei Ihnen oder müssen Sie die Strategie überarbeiten?

Inhalte:
Wie ist nun der Businessplan aufgebaut und was sind seine Bestandteile?

Zusammenfassung / Executive Summary:

Sie steht zwar am Anfang, kann aber erst geschrieben werden wenn Sie alle anderen Bestandteile zusammengestellt haben. Die Executive Summary ist keine Einführung sondern eine Zusammenfassung aller Gliederungspunkte, die in zehn Minuten gelesen werden können und verstanden werden sollte. Selbst ein branchenfremder Laie sollte verstehen, welches Ihre Gründungsidee ist, mit welcher Strategie Sie angreifen wollen und ob das Vorhaben Zukunft haben kann. Zehn Minuten Lesezeit ist nicht wenig. Deshalb beschreiben Sie direkt nach der Nennung Ihres Unternehmensnamens (finden Sie einen aussagekräftigen Namen) Ihr Produkt oder Ihre Dienstleistung. Ist es eine Innovation? Was unterscheidet es vom Wettbewerb (Alleinstellungsmerkmal) und worin liegt der besondere Kundennutzen? Hat der Leser das erkannt, ist er bereit weiterzulesen und sich mit dem gesamten Vorhaben auseinanderzusetzen. Welche Erfahrungen und Kenntnisse bringen Sie mit? Gibt es schon Kunden? Gibt es Kooperationspartner? Wie sieht Ihre Marketingstrategie aus? Wie hoch ist der Kapitalbedarf (Eigen- und Fremdkapital)? Welche Einnahmen erwarten Sie in ersten drei Jahren? Welches sind die Ziele des Unternehmens? Welche besonderen Chancen sehen Sie und wo liegen die Risiken? Und wann soll es losgehen?

Produkt / Dienstleistung:

In diesem Abschnitt können Sie Ihr Leistungsangebot eingehender beschreiben. Das Interesse gerade bei einer neuen Idee haben Sie ja schon in der Executive Summary geweckt. Was genau werden Sie anbieten? Ist es eine neue Idee oder eine Verbesserung eines bestehenden Produkts? Was ist das Besondere daran, das es vom Wettbewerb unterscheidet? Und wo liegen die Vorteile für die Kunden? Wann ist das geplante Startdatum für das Produkt oder die Dienstleistung? Müssen noch Voraussetzungen geschaffen werden oder fehlen noch behördliche Formalitäten wie Genehmigungen, Nachweise besonderer Qualifikationen?

Gründerperson:

Zusätzlich zum Lebenslauf beschreiben Sie sich selbst (ggf. Ihr Gründungsteam) und stellen Sie Ihre besonderen Fähigkeiten heraus. Welche fachlichen, kaufmännischen und sozialen Kompetenzen haben Sie? Denn Sie müssen als Unternehmer nicht nur Fachwissen mitbringen sondern auch in der Lage sein, Ihr Unternehmen erfolgreich zu führen, sowohl wirtschaftlich als auch beim Umgang mit Personal und Kunden.

Kennen Sie die Branche schon länger? Welche besonderen Qualifikationen haben Sie? Haben Sie Berufserfahrung? Damit ist nicht nur die Erfahrung im Hundebereich gemeint, sondern auch Berufserfahrungen bei bisherigen Arbeitgebern, die Ihnen besondere Kompetenzen im Umgang mit Kunden oder Personal oder kaufmännisches Know-how bescheinigt.

Wo liegen Ihre Stärken? Sind Sie außerordentlich belastbar? Haben Sie ein besonderes Gespür für die Kundenbedürfnisse? Aber denken Sie daran: niemand ist perfekt! Eine zu positive Selbstdarstellung könnte unglaubwürdig sein. Deshalb nennen Sie auch Ihre Defizite und Lösungen, wie Sie diese ausgleichen können.

Eigene Motivation:
Beschreiben Sie genau Ihre Motivation, die zur Gründung des Unternehmens führt. Der Leser kann daraus entnehmen, wie ernst Ihnen Ihr Vorhaben ist.

Rechtsform:

Nachdem Sie über Ihre Person Auskunft gegeben haben, nennen Sie den Namen Ihres Unternehmens und die Rechtsform. Beschreiben Sie, warum Sie sich für diese Rechtsform entschieden haben. Bei Einzelunternehmern wären z. B. geringere Gründungskosten oder eine einfacherer Gewinnermittlung Argumente, bei einer GmbH ganz klar die Haftungsbeschränkung.

Marktanalyse:

Für Sie selbst ist die Marktanalyse einer der wichtigsten Punkte. Was nützt schon die tollste Idee, wenn sich am Ende kein Käufer findet? Befragen Sie Menschen aus Ihrer möglichen Zielgruppe zu Ihrer Geschäftsidee. Findet sie Anklang? Oder haben die Befragten gar Verbesserungsvorschläge? Das ist Ihre Chance zur Optimierung Ihres Produkts! Sie müssen herausfinden wie groß die potenzielle Zahl Ihrer Kunden ist. Dafür müssen Sie als Erstes Ihre Zielgruppe definieren. Wer sind Ihre Kunden und wo finden Sie sie? Wie das geht, beschreiben wir im Kapitel Marketing unter »Marktforschung«. Untersuchen Sie die Zielgruppe hinsichtlich Alter, Geschlecht, Konsumspielraum (frei verfügbarer Teil des Einkommens), Lebenseinstellung. Welche Bedürfnisse hat die Zielgruppe und können Sie diese Bedürfnisse mit Ihrem Angebot befriedigen?

Haben Sie schon Kunden, die Ihr Angebot kaufen möchten? Wenn ja, wie viele und mit welchem Umsatzvolumen? Werden Ihre Umsätze durch wenige Großkunden oder viele kleine Kunden generiert?

Wie steht es um den Wettbewerb, also Ihre Konkurrenz? Auch das ist Teil der Marktforschung. Gibt es überhaupt Wettbewerber? Welche Preisstruktur haben diese (Discount oder Premium)? Wo liegen die Stärken und die Schwächen der Konkurrenz? Welche Vorteile haben Wettbewerber gegenüber Ihrem Unternehmen? Das können Sie gut in einer Tabelle darstellen.

Und wie wollen Sie diesen Schwächen begegnen und Nachteile ausgleichen? Und welche besonderen Chancen bietet Ihre Überlegenheit?

	Eigenes Unternehmen	Wettbewerb
Qualifikation	+	-
Kundenstamm	-	+
Marketing	+	-
Lage	-	+
Innovation	+	-
...		

Wie ist es um Ihren Standort bestellt? Wo soll Ihre zukünftige Betriebsstätte sein? Und warum gerade dort? Erläutern Sie die Vorteile und Nachteile. Wie wollen Sie die Nachteile ausgleichen? Und wie kann sich der Standort entwickeln? Wird dort vielleicht ein Gewerbegebiet erschlossen oder eine Straße gebaut, die eine bessere Verkehrsanbindung darstellt?

Es gibt viele äußere Faktoren, die Einfluss haben auf Ihren unternehmerischen Erfolg. Dazu zählen auch Trends oder politische Entscheidungen, die Sie nicht maßgeblich beeinflussen können.

Marketing:

Wie wollen Sie am Markt angreifen? Marketing besteht nicht nur aus klassischer Werbung. Ihre Geldgeber wollen auch wissen, mit welcher Strategie Sie Ihre Kunden gewinnen möchten. Hier beschreiben Sie, wie Sie die verschiedenen Marketing-Instrumente wie Produktmerkmale, Preisgestaltung, Kommunikation und Vertriebswege kombinieren. Eine gut durchdachte Marketingstrategie wird den Leser Ihres Businessplans überzeugen.

Stellen Sie auch einen Plan auf, welche Werbemittel Sie einsetzen. Bestimmen Sie die Kosten für Ihr Marketingbudget. Neukundengewinnung ist aufwändig und kostspielig.

Mitarbeiter:

Werden Sie allein arbeiten oder Mitarbeiter einstellen? Berücksichtigen Sie auch die Mitarbeiter, die Sie vielleicht erst im zweiten oder dritten Jahr benötigen. Dazu zählen auch Mini-Jobber oder Praktikanten. Für welchen Arbeitsbereich werden sie eingesetzt? Welche Qualifikationen benötigen Ihre Mitarbeiter dafür? Sind Schulungsmaßnahmen nötig? Und wie lange dauert die Einarbeitung?

Chancen und Risiken:

Am Ende Ihres Unternehmenskonzepts gehen Sie noch einmal detailliert auf Chancen und Risiken ein. Welche außergewöhnlichen Chancen bestehen für Ihr Unternehmen? In welche Richtung kann es sich entwickeln?

Gehen Sie aber genauso auf die möglichen Probleme ein und bieten Sie Lösungsansätze. Es muss daraus hervorgehen, dass Sie sich genau mit dem Vorhaben beschäftigt haben. Was passiert beispielsweise im Krankheitsfall. Kann Sie jemand vertreten?

Wenn Sie Ihrem Leser die Chancen und Risiken bildlich darstellen wollen, ist die SWOT-Analyse bestens geeignet. (→ Kapitel Marketing) Sie können darin interne und externe Faktoren und Lösungsansätze abbilden.

Wenn Sie einen so vorbildlichen Businessplan bei möglichen Geldgebern vorlegen, sollte die Unterstützung leicht zu bekommen sein. Denn Gründer, die sich so intensiv mit Ihrem Geschäftsvorhaben auseinandersetzen, begrenzen ihr eigenes Risiko des Scheiterns enorm!

SWOT	Interne Betrachtung	
Externe Betrachtung	**Stärken**	**Schwächen**
Chancen	**Chancen und Stärken passen zusammen – weiter verfolgen!** Beispiel: Hoher Bekanntheitsgrad	**Schwächen hindern die Chancen – Schwächen beseitigen!** Beispiel: Nur regional bekannt
Risiken	**Risiken mit Stärken begegnen und verringern!** Beispiel: Nachahmung durch Wettbewerb	**Maßnahmen ergreifen, damit Risiken nicht zur Notlage führen!** Beispiel: Keine Produkte für Zielgruppe mit geringem Konsumspielraum

Finanzierungsplan:

Die Beschreibung und Analyse Ihrer Geschäftsidee ist allein natürlich noch nicht ausreichend. Zu jedem vollständigen Businessplan gehört der Finanzierungsplan. Er dient als Überblick über die finanzielle Situation, über die zu erwartenden Einnahmen und Ausgaben, die Rentabilität und schlussendlich zur Feststellung des Kapitalbedarfs.

Jede Bank und auch die Förderungsinstitutionen stützen sich auf diese Finanzanalyse. Anhand der Wirtschaftlichkeitsberechnung kann beurteilt werden, ob Ihr Vorhaben tragfähig ist. Nur Mut, auch den Finanzierungsplan können Sie schaffen! Das Kapitel Wirtschaftlichkeitsberechnung führt Sie Schritt für Schritt durch die Fachbegriffe und Berechnungen.

Übersicht: Businessplan

Bestandteil	Beschreibung
Executive Summary	Ist die Zusammenfassung aller Gliederungspunkte. Kann erst geschrieben werden, wenn alle anderen Teile fertiggestellt sind. Soll in wenigen Minuten gelesen und verstanden werden.
Produkt / Dienstleistung	Hier wird Ihr Leistungsangebot ausführlich beschrieben. Zeigen Sie die Vorteile, den besonderen Nutzen und nennen Sie das Startdatum.
Gründerperson	Erstellen Sie Ihren Lebenslauf mit Ihren Qualifikationen. Beschreiben Sie außerdem Ihre besonderen Fähigkeiten und Kompetenzen (fachlich, kaufmännisch, sozial). Gehen Sie objektiv auf Ihre Stärken und Schwächen ein. Welche Motivation haben Sie zur Gründung Ihres Unternehmens?
Rechtsform	Nennen Sie den Namen und die Rechtsform des Unternehmens und begründen Sie Ihre Entscheidung.
Marktanalyse	Beschreiben Sie Ihre potenziellen Kunden und versuchen Sie die Anzahl und deren Konsumspielraum festzustellen. Wie ist Ihr Wettbewerb aufgestellt? Welchen Standort wählen Sie?
Marketing	Beschreiben Sie Ihre Marketingstrategie und planen Sie Ihr Marketingbudget.
Mitarbeiter	Benötigen Sie Mitarbeiter? Welche Anforderungen müssen sie erfüllen?
Chancen und Risiken	Geben Sie einen Überblick über Chancen und Risiken und bieten Sie Lösungsansätze.
Finanzierungsplan	Berechnen Sie die Wirtschaftlichkeit Ihres Unternehmens, um die Tragfähigkeit Ihres Vorhabens festzustellen.

Kapitel 4
Wirtschaftlichkeitsberechnung

Einen großen Teil Ihres Businessplans nimmt die Wirtschaftlichkeitsberechnung ein. Sie erstellen Sie nicht nur für Banken oder andere Geldgeber. Die Wirtschaftlichkeitsberechnung ist für Sie DAS Planungsinstrument, um festzustellen, ob Ihre Gründungsidee auch wirklich tragfähig ist.

In der Finanzplanung wird Ihre Geschäftsidee also in Zahlen umgewandelt. Sie soll die finanzielle Entwicklung des Unternehmens transparent machen und sicherstellen, dass das Unternehmen auf einer soliden Grundlage wirtschaftet und Sie Ihren Zahlungsverpflichtungen nachkommen können. Sie erstellen Ihren Finanzplan für einen Zeitraum von drei Jahren und rechnen auf den Monat genau. Mit der Wirtschaftlichkeitsberechnung erhalten Sie einen Überblick über die zukünftige Finanz-, Ertrags- und Vermögenslage Ihres Unternehmens. Die Vorschau dient der Erhaltung Ihrer Liquidität, also der Zahlungsfähigkeit Ihres Unternehmens! Die Planung enthält daher auch zukunftsorientierte Daten.

Die Erstellung eines solchen Plans erfordert ein wenig betriebswirtschaftliches Grundwissen, welches Ihnen in diesem Kapitel erklärt werden soll. Es werden Ihnen die Elemente der Finanzplanung vorgestellt und exemplarisch anhand einer Hundetagesstätte erläutert. Die Huta begleitet Sie durch dieses gesamte Kapitel.

Bestandteile der Finanzplanung

Private Lebenshaltungskosten:
Wie hoch sind Ihre monatlichen / jährlichen Lebenshaltungskosten? Wie hoch schätzen Sie die Reserve für unvorhergesehene Ereignisse wie Krankheit oder Unfall ein?

Investitionsplan:
In der Investitionsplanung wird das zur Durchführung der Unternehmenstätigkeit erforderliche Anlagevermögen (→ Kapitel Buchführung) zusammengestellt. Zum Anlagevermögen gehören die in einem Betrieb eingesetzten Wirtschaftsgüter. Der Begriff »Gut« umfasst Sachen, Rechte (Patente oder Softwarelizenzen), sowie Vorteile (z. B. bei Übernahme eines Betriebes die vorhandene Kundenkartei). Das Gut muss selbständig bewertbar und dazu bestimmt sein, dauerhaft dem Geschäftsbetrieb zu dienen.

Umsatzplan:
Mit Hilfe des Umsatzplans können Sie beurteilen, ob das Unternehmen erfolgreich sein kann. Das ist der Fall, wenn die Summe aller erzielten Umsätze (Einnahmen) höher ist als die Summe der anfallenden Kosten. Die Umsatzplanung erstellen Sie für die ersten drei Jahre.

Kostenplan:
Sie unterscheiden zwischen fixen und variablen Kosten. Fixe Kosten sind z. B. Miete und Nebenkosten, Personalkosten oder Versicherungsbeiträge. Variable Kosten sind z. B. Wareneinsatz, Fremdleistungen oder Provisionen. Als Dienstleister haben Sie in der Regel einen geringeren Anteil an variablen Kosten als ein Produktionsunternehmen. Auch Abschreibungen gehören in diesen Teil der Planung.

Auswertung der Finanzplanung

Rentabilitätsplan:
Damit können Sie beurteilen, ob sich das Vorhaben lohnt. Dies ist Ihre Ertragsvorschau. Aus der Schätzung von Umsatz und Kosten leitet die Rentabilitätsplanung Ihren möglichen Gewinn ab.

Liquiditätsplan:
Der Liquiditätsplan drückt Ihre Zahlungsfähigkeit bzw. die des Unternehmens aus. Er beantwortet die Frage: »Sind Sie jederzeit flüssig?«. Er stellt dar, wie die monatlichen Einnahmen und Ausgaben verteilt sind und zeigt Ihnen, mit welcher Liquiditätsreserve Sie rechnen können oder auch, in welchen Monaten es eng werden kann.

Kapitalbedarfsplan:
Dieser Teil legt Ihnen dar, wie viel Geld Sie für die geplanten Investitionen und für die nötige Liquiditätsreserve während der Anlaufphase Ihres Unternehmens benötigen werden.

Finanzierungsplan:
Der Finanzierungsplan dokumentiert, wie viel Eigen- und Fremdkapital für Ihre Gründung nötig sind. Woher sollen die Geldmittel für notwendige Investitionen kommen? Haben Sie eigene Rücklagen und wie viel muss aus Krediten finanziert werden?

Die Wirtschaftlichkeitsberechnung anhand des Beispiels »Gründung einer Hundetagesstätte«

In unserem Beispiel plant der Gründer Herr Pfiffig eine Hundetagesstätte zu eröffnen. Er ahnt schon, dass er eine gewisse Anzahl Hunde betreuen muss, damit sein Vorhaben tragfähig sein kann. Er möchte mit ca. 15 Hunden planen, die er in verschiedene Gruppen unterteilen wird, da sich mitunter nicht alle Individuen gleich gut verstehen. Entsprechende bauliche Maßnahmen berücksichtigt er in seiner Planung. Dafür muss er ein geeignetes Objekt mieten. Zusätzlich wird ihm beim Schritt in die Selbständigkeit Existenzgründerzuschuss gewährt. Außerdem hat er das große Glück, dass seine Lebensgefährtin Frau Kuss sein Vorhaben begrüßt und eine gute Festanstellung in einem wirtschaftlich starken Unternehmen hat.

Private Lebenshaltungskosten:

Um zu ermitteln, ob dieses Vorhaben seine Existenz sichern wird, muss zunächst die Höhe der privaten Lebenshaltungskosten festgestellt werden. Diese Kosten bestimmen somit das Gewinnminimum des neuen Betriebs. Dafür muss Herr Pfiffig seine Einkommensuntergrenze möglichst realitätsnah ermitteln. Häufig legen Gründer ihre Lebenshaltungskosten nicht genau fest. Das führt dann leider oft zu überhöhten Privatentnahmen, die das Unternehmen gar nicht erwirtschaften kann.

Ein Anhaltspunkt für den Mindestgewinn ist das bisherige Jahresbruttogehalt plus Zuschlag des Arbeitgeberanteils zur Sozialversicherung. Für ihre soziale Sicherung müssen Selbständige allein sorgen, bei Angestellten hingegen zahlt der Arbeitgeber ca. die Hälfte der Sozialabgaben. Deshalb sollte das jetzige Bruttoeinkommen mit dem Faktor 1,25 multipliziert werden. Da man als Selbständiger – anders als ein Arbeitnehmer – keinen Anspruch auf Zahlung eines Gehalts hat, empfiehlt es sich als Sicherheitspuffer das jetzige Bruttoeinkommen mit 1,5 zu multiplizieren. So wären Sie in der Lage, auch in einem einnahmeschwachen Monat Ihre laufenden privaten Aufwendungen zu bezahlen.

Da Frau Kuss die Gründungsidee ihres Partners Herr Pfiffig unterstützen will, setzen die beiden sich zusammen und ermitteln die privaten Lebenshaltungskosten.

Ausgaben pro Monat	Betrag gerundet
Miete und Nebenkosten	1.000,00 €
Privates Kfz inkl. Kraftstoff, Steuer, Vers., Reparatur	235,00 €
Lebensmittel, Hygiene, Putzmittel	400,00 €
Bekleidung	50,00 €
Telefon, Internet	20,00 €
GEZ	20,00 €
Haushalt (Geräte, Einrichtung, Zubehör)	20,00 €
Arzt, Apotheke	10,00 €
Zeitungen, Magazine	20,00 €
Hobby und Freizeit (Hund)	200,00 €
Krankenversicherung (gesetzl. für Gründer)	220,00 €
Private Rentenvorsorge	150,00 €
Risiko-Lebensversicherung	5,00 €
Versicherungen (Unfall, Hunde-HP, Privat-HP)	50,00 €
Gesamt	**2.400,00 €**

Im nächsten Schritt addieren die beiden ihre Einkünfte. Frau Kuss verdient netto 1.600 €. Herr Pfiffig erhält in den nächsten neun Monaten den Existenzgründerzuschuss in Höhe seines Arbeitslosengeldes (hier 700 €) plus 300 € Zuschuss zur Sozialversicherung. In den darauffolgenden sechs Monaten hofft er, dass ihm die Weitergewährung des Zuschusses in Höhe von 300 € bewilligt wird.

monatliches Einkommen	Betrag
Gründungszuschuss 1.-9. Monat	1.000,00 €
Nettogehalt Frau Kuss	1.600,00 €
monatliche Gesamteinnahmen 1.-9. Monat	**2.600,00 €**

monatliches Einkommen	Betrag
Gründungszuschuss 10.-15. Monat	300,00 €
Nettogehalt Frau Kuss	1.600,00 €
monatliche Gesamteinnahmen 10.-15. Monat	**1.900,00 €**

Aus dieser Berechnung ergibt sich, dass Herr Pfiffig durch die Gewährung des Existenzgründerzuschusses in den ersten neun Monaten keine Privatentnahmen aus seiner Huta tätigen muss. Ab dem zehnten Monat jedoch muss er aus seinem Betrieb jeden Monat 500 € entnehmen, damit Frau Kuss und Herr Pfiffig ihre Lebenshaltenskosten decken können.

monatliches Einkommen	Betrag
Gründungszuschuss 1.-9. Monat	1.000,00 €
Nettogehalt Frau Kuss	1.600,00 €
monatliche Gesamteinnahmen 1.-9. Monat	**2.600,00 €**
Abzüglich monatliche Ausgaben	2.400,00 €
Notwendige monatliche Netto-Entnahme 1.-9. Monat	**- €**

monatliches Einkommen	Betrag
Gründungszuschuss 10.-15. Monat	300,00 €
Nettogehalt Frau Kuss	1.600,00 €
monatliche Gesamteinnahmen 10.-15. Monat	**1.900,00 €**
Abzüglich monatliche Ausgaben	2.400,00 €
Notwendige monatliche Netto-Entnahme 10.-15. Monat	**500,00 €**

Da eine Privatentnahme in der Einnahmen-Überschuss-Rechnung EÜR (→ Kapitel Buchhaltung) wie ein Gewinn behandelt wird, muss Herr Pfiffig einkalkulieren, dass dieser Betrag versteuert wird. Deshalb sollte er dafür von Anfang an Rücklagen bilden und dies in seiner Liquiditätsplanung berücksichtigen. Planen Sie Rücklagen für eventuelle Steuerzahlungen ein! Wenn Sie Privatentnahmen tätigen, sollte der Reservebetrag etwa dem Steuersatz der Lohnsteuertabelle entsprechen.

Investitionsplanung:
Sie gehört an den Anfang eines jeden Businessplans und dient der Ermittlung des Kapitalbedarfs für Ihre Anfangsinvestitionen. Nicht nur Bau- oder Renovierungsaufwendungen gehören zu den Gründungskosten, sondern auch Kosten für die Beratung durch Anwalt und Steuerberater oder eine Erstausstattung mit Werbemitteln und die Erstellung der Homepage (Marketingkosten). Weiterhin können Sie Wirtschaftsgüter (→ Kapitel Buchhaltung) als Sacheinlagen in Ihr Unternehmen einbringen. Dazu zählen Büroausstattung, Computer, Einrichtungsgegenstände, Fahrzeug

und Anhänger. Ihre Sacheinlagen werden zum aktuellen Wert erfasst. Sie listen also alle nötigen Investitionen und die damit verbundenen Kosten auf.

Vermeiden Sie »Milchmädchen-Rechnungen«! Lieber kalkulieren Sie Ihre Investitionen etwas höher und vermeiden so, dass Sie nachfinanzieren müssen und Ihre gesamte Planung damit verfehlt wird. Außerdem müssen Sie noch Ersatzinvestitionen einplanen, falls eines Ihrer Wirtschaftsgüter kaputt geht.

Herr Pfiffig erstellt nun seinen Investitionsplan. Er überlegt, was ihn die Gründung kostet. Mit dem Steuerberater hatte er schon ein erstes Beratungsgespräch, welches ihm in Rechnung gestellt wurde. Eine passende Immobilie hat er bereits gefunden und weiß, in welcher Höhe Maklergebühren und Kaution anfallen. Des Weiteren hat er Angebote für eine Renovierung und notwendige Umbauten eingeholt und sich überlegt, welche Einrichtungsgegenstände angeschafft werden müssen. So benötigt er für den kleinen Empfangsbereich seiner Hundetagesstätte mit Pinnwand und Flyerdisplay. Möbel, die er günstig gebraucht kaufen kann. Für die Hunde braucht er Handtücher, Näpfe und Schlafgelegenheiten (alte Ledersofas, die er selbst abholt). Zum Sauberhalten muss er noch Besen, Schaufel, Schubkarre, Staubsauger und eine gebrauchte Industriewaschmaschine kaufen. Als Fahrzeug eignet sich ein Citroen Berlingo, den er im Internet für 8.000 € findet. Im Baumarkt sind derzeit noch PKW-Anhänger für 400 € im Angebot. Für die Verwaltung bringt er seinen PC und den Drucker als Sacheinlage ein. Bei einem Print-Service möchte er Flyer und Visitenkarten drucken lassen, außerdem hilft ihm ein Bekannter bei der Erstellung der Homepage für ein geringes Entgelt.

Investitionen	
Gründungsbedingte Kosten	
Erstberatung Steuerberater	100,00 €
Gewerbeanmeldung	20,00 €
Sonstiges	30,00 €
Gründungsbedingte Kosten Gesamt	**150,00 €**
HUTA	
Maklerprovision	2.400,00 €
Bauliche Änderungen, Renovierung	10.000,00 €
Mietkaution	3.600,00 €
Sonstiges	200,00 €
HUTA Gesamt	**16.200,00 €**

→

Geschäftsausstattung

Maschinen, Geräte, Werkzeuge	4.000,00 €
Büromöbel, Ladeneinrichtung	500,00 €
Betriebsfahrzeug und Anhänger	8.400,00 €
PC und Drucker	500,00 €
Erstausstattung Marketing	500,00 €
Kosten der Markterschließung (Homepage)	200,00 €
Geschäftsausstattung Gesamt	**14.100,00 €**
Investitionen Gesamt	**30.300,00 €**
Gründungsbedingte Kosten und Investitionen	**30.450,00 €**

Herr Pfiffig muss für die Anfangsinvestitionen seines Gründungsvorhabens 30.450 € einplanen. Das ist schon mehr, als er ursprünglich erwartet hatte. Nun ist er gespannt, ob sich sein Vorhaben noch rechnet. Er überlegt sich als Nächstes, welche Umsätze er mit 15 Hunden erwarten kann.

Umsatzplanung:

Die Umsatzplanung ist ein sehr wichtiger Bestandteil Ihres Businessplans. Sie beantwortet Ihnen zwei wichtige Fragen: Erstens, kann Ihr Unternehmen erfolgreich sein? Und zweitens, was wollen Sie zu welchem Preis verkaufen? Auch Banken achten bei der Vergabe von Krediten auf Ihre Umsatzplanung. Die Umsatzplanung erstellen Sie für die ersten 3 Gründungsjahre. Es ist nicht einfach, bei einem Dienstleistungsvorhaben die Umsätze zu schätzen. Schauen Sie sich beim Wettbewerb um und holen Sie Angebote ein, um eine Vorstellung vom realistischen Marktpreis zu bekommen.

Ohne entsprechenden Umsatz können Sie Ihre anfallenden Kosten nicht decken und Ihr Vorhaben wäre zum Scheitern verurteilt. Der zu erwartende Gewinn muss so hoch sein, dass Sie Ihren Lebensunterhalt aus Ihrem Unternehmen bestreiten können (siehe private Lebenshaltungskosten). Seien Sie nicht zu optimistisch und kalkulieren Sie lieber etwas knapper. Sie müssen schließlich erst bekannt werden und neue Kunden gewinnen. Mit einer vollen Auslastung zu rechnen, wäre völlig unrealistisch!

Bei der Planung der Umsätze müssen Sie einige Punkte beachten:

- Saisonalität: Viele Dienstleistungen und Produkte unterliegen saisonaler Schwankungen. Eine Huta ist beispielsweise, bedingt durch Feiertage und Ferienzeiten, nicht immer gleich ausgelastet. Berücksichtigen Sie diese Schwankungen in Ihrer Planung, wissen Investoren oder Kreditgeber, dass Sie mit der Marktlage vertraut sind.

- Krankheits- und Urlaubstage: Gerade bei Gründern, die allein starten, gibt es im Krankheitsfall keine moderate Vertretung. Kalkulieren Sie dafür einige Tage im Jahr ein. Sie sollten für Ihre eigene Erholung ein paar freie Tage einplanen, in denen Sie wieder Kraft schöpfen können für Ihren Betrieb.

- Neukundenakquise: Bei Betriebsbeginn haben Sie noch keinen großen Kundenstamm. Sie müssen also Zeit aufwenden, um neue Kunden zu akquirieren.

- Realistische Umsatzplanung: Bei geringer Kundenzahl zu Beginn ist noch keine gute Auslastung Ihres Betriebs gegeben. Setzen Sie die Auslastungsquote also niedrig genug an. Hinzu kommt, dass gerade im Dienstleistungsbereich die Rechnungen erst nach Erbringen der Leistungen bezahlt werden. Den Geldfluss müssen Sie also entsprechend später einplanen.

Als Dienstleister plant Herr Pfiffig auf der Basis von Tagesumsätzen. Dafür ermittelt er mit Hilfe des Kalenders die Umsatztage der einzelnen Monate. Er plant die gesetzlichen Feiertage mit ein und berücksichtigt die Ferienzeiten. Da er keine 24-h-Betreuung anbieten wird, hat er während der Ferienzeiten auch eine geringere Auslastung. Er hat schon einige Zusagen von Kunden, die ihre Hunde zu ihm bringen möchten. Trotzdem rechnet er anfangs mit einer Auslastung von 50%, die sich aber kontinuierlich steigern wird, weil er eine gute Marketingstrategie ausgearbeitet hat. Im ersten Monat hat er also 21 Werktage, von denen er fünf Sonn- bzw. Feiertage abziehen muss. Zwei weitere Tage verplant er für noch wichtige Erledigungen. Von den verbleibenden 14 Umsatztagen zieht er noch die Hälfte ab, da er mit nur 50 %iger Auslastung plant. Die Hutas der Umgebung haben Preise zwischen 12 € und 20 € pro Tag. Deshalb rechnet er mit einem Tagessatz von 15 € pro Hund. Allein kann er täglich 15 Hunde betreuen. Im zweiten und dritten Jahr möchte er weitere Hunde aufnehmen.

Umsatzplanung

Kalender zur Ermittlung der Arbeitstage und Umsatztage

	1. Monat	2. Monat	3. Monat	4. Monat	5. Monat	6. Monat	7. Monat	8. Monat	9. Monat	10. Monat	11. Monat	12. Monat	Summe
	Jan/11	Feb/11	Mrz/11	Apr/11	Mai/11	Jun/11	Jul/11	Aug/11	Sep/11	Okt/11	Nov/11	Dez/11	12 Monate
Werktage des Monats eingeben (Kalender)	21	20	23	19	22	19	21	23	22	20	21	21	252
-davon Urlaub bzw. geschlossen	5	0	3	4	0	4	10	10	0	2	0	5	43
-davon nicht fakturierbar (Verwaltung o.ä.)	2	0	0	0	0	0	0	0	0	0	0	0	2
Auslastung in % während der Anfangszeit	50%	60%	70%	80%	90%	100%	100%	100%	100%	100%	100%	100%	
verbleibende Arbeitstage	7	12	14	12	19,8	15	11	13	22	18	21	16	180,8

Geplanter Umsatz pro Arbeitstag: 225 € (15 Hunde à 15 € pro Tag)

	Jan/11	Feb/11	Mrz/11	Apr/11	Mai/11	Jun/11	Jul/11	Aug/11	Sep/11	Okt/11	Nov/11	Dez/11	12 Monate
Umsatz pro Monat	1.575 €	2.700 €	3.150 €	2.700 €	4.455 €	3.375 €	2.475 €	2.925 €	4.950 €	4.050 €	4.725 €	3.600 €	40.680 €

Umsatzplanung 1.-3. Jahr

	1. Jahr	2. Jahr	3. Jahr
Umsatztage (Annahme = 2011)	180,8	180,8	180,8
Umsatz pro Tag	225 €	300 €	375 €
Jahresumsatz	40.680 €	54.240 €	67.800 €

Kostenplanung:

Um festzustellen, ob sich Ihr Vorhaben lohnt, müssen Sie im nächsten Schritt die Kosten planen. Berücksichtigen Sie die fixen und die variablen Kosten. Zu den fixen Kosten zählen z.B. Gebäudemiete, Nebenkosten, Personalkosten, Versicherungsbeiträge. Variable Kosten wären z.B. Wareneinsatz. Im Dienstleistungsbereich haben Sie in der Regel einen geringeren Anteil an variablen Kosten.

Auch Abschreibungen (→ Kapitel Buchhaltung) fließen in die Kostenplanung als kalkulatorische Größe mit ein. Sie sind zwar kein Geld, das auf dem Bankkonto sichtbar wird, jedoch gehen sie in die Gewinnermittlung mit ein. In Form der Abschreibung finden Ihre Anfangsinvestitionen in Ihrer Kostenplanung Berücksichtigung.

Ihre notwendigen Privatentnahmen finden als kalkulatorischer Unternehmerlohn ebenfalls in der Kostenplanung Berücksichtigung.

Herr Pfiffig glaubt, dass er im ersten Jahr die Arbeit allein schaffen wird. Für das zweite Jahr hat er einen Mini-Jobber eingeplant. Für den Mini-Jobber muss er ca. 30 % Sozialabgaben mit einplanen. Im dritten Jahr möchte er weiterhin mit einem Mini-Jobber arbeiten und je nach Arbeitsaufkommen noch Praktikanten hinzunehmen.

Personalkosten

Jahr	Mitarbeiter	Netto-Lohn pro Monat	AG-Anteil in %	AG-Anteil	Netto-Lohn pro Jahr	Brutto-Lohn pro Jahr
1	keine	- €	0%	- €	- €	- €
2	1 Mini-Job	400,00 €	30%	120,00 €	4.800,00 €	**6.240,00 €**
3	1 Mini-Job	400,00 €	30%	120,00 €	4.800,00 €	**6.240,00 €**

Dann trägt Herr Pfiffig alle Betriebsausgaben zusammen. Einige Ausgaben fallen jeden Monat an, für andere bildet er die Jahresgesamtsumme. So kann er ermitteln, wie hoch die jährlich entstehenden Kosten sind. Da er für das zweite und dritte Jahr plant, noch mehr Hunde zu betreuen, rechnet er für die weiteren Jahre entsprechend höhere Nebenkosten dazu.

Betriebsausgaben

	Betrag pro Monat	Betrag pro Jahr	Kosten-veränderungen im 2. Jahr	Kosten-veränderungen im 3. Jahr
Miete	1.200,00 €	14.400,00 €		
Nebenkosten	500,00 €	6.000,00 €	1.200,00 €	2.400,00 €
Laufende Kfz-Kosten (Benzin)	100,00 €	1.200,00 €		
Sonstige Kfz-Kosten (Reparatur, Vers.)	150,00 €	1.800,00 €		
Instandhaltung	50,00 €	600,00 €	120,00 €	240,00 €
Marketing	200,00 €	2.400,00 €		
Weiterbildung		300,00 €		
Bürobedarf	20,00 €	240,00 €		
Telefon, Flatrate	50,00 €	600,00 €		
Fachzeitschriften		100,00 €		
Steuerberater	80,00 €	960,00 €		
Bankgebühren	15,00 €	180,00 €		
Beiträge IHK		45,00 €		
GEZ	18,00 €	216,00 €		
Betriebliche Vers. (Tierhüter etc.)		500,00 €		
Sonstiges (GWG, alte Sofas)	50,00 €	600,00 €		
Ausgaben gesamt	**2.433,00 €**	**30.141,00 €**	**31.461,00 €**	**32.781,00 €**
	pro Monat	1. Jahr	2. Jahr	3. Jahr

Herr Pfiffig weiß, dass die Abschreibungen als Begleichung der Investitionen in der Kostenplanung berücksichtigt werden müssen. In den Tabellen der Finanzverwaltung findet er Auskunft über die Nutzungsdauer. Er schaut nach, über wie viele Jahre er sein Auto und seine Industriewaschmaschine abschreiben kann.

Abschreibungen

Wirtschaftsgut	Nutzungsdauer in Jahren	Anschaffungswert	Abschreibung 1. Jahr	Abschreibung 2. Jahr	Abschreibung 3. Jahr
Citroen Berlingo, gebraucht, 3 Jahre alt	3	8.000 €	2.667 €	2.667 €	2.667 €
Industriewaschmaschine	10	3.000 €	300 €	300 €	300 €
Abschreibung / Jahr gesamt			2.967 €	2.967 €	2.967 €
Abschreibung / Monat			247 €	247 €	247 €

Und schließlich sind seine privaten Entnahmen sein Unternehmerlohn. Auch den kalkulatorischen Unternehmerlohn berücksichtigt er in seiner Kostenplanung. Sie wirken sich zwar nicht gewinnmindernd aus, jedoch will Herr Pfiffig, wie auch sein Betreuer von der Agentur für Arbeit wissen, ob er von der Huta leben könnte. Im ersten Jahr sind bis zum 9. Monat das Gehalt von Frau Kuss und der Gründungszuschuss von Herrn Pfiffig ausreichend zur Deckung der Lebenshaltungskosten. Für die letzten drei Monate jedoch muss er jeden Monat 500 € entnehmen.

Dafür plant er gleich eine Steuerrücklage mit ein, so dass er den kalkulatorischen Unternehmerlohn in die Kostenaufstellung einfließen lassen kann. Im zweiten Jahr erhält er nur noch drei Monate den Zuschuss von der Arbeitsagentur in Höhe von 300 €, so dass er für die restlichen neun Monate des zweiten Jahres bereits 800 € monatlich entnehmen muss. Im dritten Jahr erhält er keinen Gründungszuschuss mehr.

Privatentnahmen /Kalkulatorischer Unternehmerlohn

	1. Jahr	2. Jahr	3. Jahr	
Unternehmerlohn pro Jahr inkl. Steuerrücklage	1.749,00 €	10.144,20 €	11.193,60 €	
monatliche Privatentnahme 1.-9. Monat			- €	- € Steuerrücklage ca. 16 %
monatliche Privatentnahme 10.-15. Monat			500,00 €	83,00 €
monatliche Privatentnahme ab 15. Monat			800,00 €	132,80 €

Eigen- und Fremdkapital:

Diese Übersicht dient der Bestimmung des verfügbaren Eigenkapitals wie Barvermögen und Bankguthaben. Zum Fremdkapital zählen Bankkredite, Fördermittel oder Kontokorrentkredite. Dazu müssen noch die Kosten des Fremdkapitals ermittelt werden (Zinsen). Außerdem wollen die Kreditgeber an dieser Stelle die vorhandenen Sicherheiten wie Immobilien oder Rentenversicherung sehen.

Herr Pfiffig hat einige Ersparnisse, die er in sein Unternehmen einbringen möchte. Auf seinem Tagesgeld-Konto hat er 9.000 € und seine Großmutter hat ihm immer mal wieder Bares zugesteckt, was sich inzwischen auch auf 1.000 € summiert hat. Als Sacheinlage hat er seinen PC und den Drucker, welche einen aktuellen Wert von ca. 500 € haben. Außerdem endet gerade sein Bausparvertrag, so dass ihm deshalb auch noch einmal 3.000 € zur Verfügung stehen. Seine Bank vermittelt ihm ein KfW-Darlehen für Gründer, welches zu 100 % ausgezahlt wird. Es hat außerdem den Vorteil, dass zunächst nur die Zinsen bezahlt und erst nach zwei Jahren mit der Tilgung begonnen werden muss. Als Sicherheit dient seine Lebensversicherung. Bei seiner Bank möchte er einen Kontokorrent-Kredit (Überziehungsdarlehen) beantragen, wenn er das Geschäftskonto eröffnet.

Eigen- und Fremkapital

Eigenkapital

Barvermögen	1.000,00 €	
Bankguthaben	9.000,00 €	
Betriebsnotwendige Sacheinlagen	500,00 €	
Bausparverträge	3.000,00 €	
Summe Eigenkapital	13.500,00 €	

Langfristiges Fremdkapital

Fördermittel (KfW-Darlehen)	20.000,00 €	Auszahlung 100%
Summe Fremdkapital	20.000,00 €	

Vorhandenes Gesamtkapital (EK plus FK) — 33.500,00 €

→

Kurzfristiges Fremdkapital

Kontokorrent-Kredit	**3.000,00 €**

Sicherheiten

Lebensversicherungen	50.000,00 €

Zins und Tilgung / Kosten des Fremkapitals

Kreditsumme	20.000,00 €		
Zinssatz	3,00%		
Tilgungsfreie Jahre	2		
Kreditlaufzeit	10		
Zinsen	1. Jahr	2. Jahr	3. Jahr
Zinsen pro Jahr	**600,00 €**	**600,00 €**	**581,25 €**
Tilgung	1. Jahr	2. Jahr	3. Jahr
Tilgung pro Jahr	**0,00 €**	**0,00 €**	**2.500,00 €**

Auswertung der Finanzplanung:

Nachdem nun alle Informationen zur Finanzlage zusammengetragen wurden, werden die Zahlen ausgewertet. Um zu erkennen, ob Ihr Vorhaben tragfähig ist, müssen Sie die Ergebnisse interpretieren können. Dazu dienen Ihnen der Rentabilitätsplan, der Liquiditätsplan, der Kapitalbedarfsplan und der Finanzierungsplan.

Rentabilitätsplan:

Der Rentabilitätsplan ist Ihre Ertragsvorschau. Er gibt Ihnen auf einen Blick Aufschluss über die erwarteten Einnahmen und Ausgaben und zeigt Ihnen die Gewinnsituation Ihres Unternehmens. Banken bevorzugen diese Aufstellung, um sich einen Überblick über die Gewinnsituation zu verschaffen. Von den geplanten Umsätzen werden sämtliche Kosten einschließlich Zinsen und Abschreibungen abgezogen, um den Gewinn zu ermitteln. Eigen- und Fremdkapital müssen dann hinzugezogen und der Unternehmerlohn abgezogen werden. Nach dieser Korrektur stellt sich der Cash-Flow dar, also die Geldmittel, die für zukünftige Investitionen oder als Sicherheitspuffer dienen.

Herr Pfiffig ist nun sehr gespannt, ob sich sein Vorhaben lohnt. Aus der Umsatzplanung konnte er die Werte für die ersten drei Geschäftsjahre übernehmen. Um den Gewinn zu ermitteln, muss er nun von diesem geplanten Umsatz alle Kosten abziehen, einschließlich der Abschreibungen, Zinsen für das KfW-Darlehen und seine gründungsbedingten Kosten (Gewerbeanmeldung, Beratung). Seinen Unternehmerlohn muss er sich aus dem dann verbleibenden Gewinn zahlen. Nun hofft er sehr, dass er auch schon im ersten Jahr zum Lebensunterhalt beitragen kann. Ebenso werden die notwendigen Investitionen aus den verbleibenden finanziellen Mitteln bezahlt. Da auch Eigen- und Fremdkapital nicht die Gewinnsituation beeinflussen, muss er beides an dieser Stelle hinzuaddieren. Wird sein Cash-Flow für die Weiterentwicklung seines Geschäftes in den kommenden Jahren ausreichen?

Rentabilitätsplan	1. Jahr	2. Jahr	3. Jahr
geplanter Umsatz	40.680,00 €	54.240,00 €	67.800,00 €
Personalkosten (Mini-Job inkl. SV-Beiträge)	- €	6.240,00 €	6.240,00 €
Miete inkl. Nebenkosten	20.400,00 €	21.600,00 €	22.800,00 €
KfZ-Kosten	3.000,00 €	3.000,00 €	3.000,00 €
Instandhaltungskosten	600,00 €	720,00 €	840,00 €
Marketing	2.400,00 €	2.400,00 €	2.400,00 €
Weiterbildung	300,00 €	300,00 €	300,00 €
Fachliteratur	100,00 €	100,00 €	100,00 €
Steuerberater	960,00 €	960,00 €	960,00 €
Bürobedarf	240,00 €	240,00 €	240,00 €
Telefon, Flatrate	600,00 €	600,00 €	600,00 €
Bankgebühren	180,00 €	180,00 €	180,00 €
Beitrag IHK	45,00 €	45,00 €	45,00 €
GEZ	216,00 €	216,00 €	216,00 €
Betriebliche Versicherungen	500,00 €	500,00 €	500,00 €
Sonstiges	600,00 €	600,00 €	600,00 €
Abschreibungen	2.967,00 €	2.967,00 €	2.967,00 €
Zinsen	600,00 €	600,00 €	581,00 €
Gründungsbedingte Kosten	150,00 €		
Gewinn	6.822,00 €	12.972,00 €	25.231,00 €

Korrektur

zzgl. Abschreibungen	2.967,00 €	2.967,00 €	2.967,00 €
zzgl. Eigen- und Fremdkapital	33.000,00 €		
abzgl. Tilgung	- €	- €	2.500,00 €
abzgl. Unternehmerlohn	1.749,00 €	10.144,20 €	11.193,60 €
abzgl. Investitionen	30.300,00 €	- €	- €
Cash Flow	**10.740,00 €**	**5.794,80 €**	**14.504,40 €**

Herr Pfiffig freut sich, dass sein Gründungvorhaben einen ansteigenden Gewinn erzielt und auch der Cash-Flow ganz gut aussieht. Zuerst wundert er sich etwas, warum der Cash-Flow im zweiten Jahr geringer ist, als im ersten Jahr. Beim Prüfen der Zahlen sieht er, dass sein Unternehmerlohn im zweiten Jahr gegenüber dem ersten Jahr um ca. 8.000 € ansteigt und kann sich so den Einbruch im zweiten Jahr erklären. Im dritten Jahr sieht es schon deutlich besser aus, was er auf den erhöhten Umsatz durch die Erhöhung der Betreuungszahl zurückführen kann.

Nach der Korrektur des Gewinns um Eigen- und Fremdkapital, Abschreibungen, Tilgung, Investitionen und Unternehmerlohn zeigt der Cash-Flow, ob das Geschäft in der Lage ist, weitere Investitionen für Expansion oder Ersatzkäufe zu tätigen oder um Rückstellungen als Sicherheitspuffer zu bilden. Der Cash-Flow sollte ausgeglichen und ansteigend sein. Ein negativer Cash-Flow (auch Cash-Loss oder Cash-Burn) würde das Aufbrauchen der finanziellen Mittel des Unternehmens darstellen. Gerade in der Anlaufphase gibt es häufig einen Cash-Burn, weil den hohen Kosten noch relativ geringe Umsätze gegenüber stehen. Trotzdem muss sich eine Verbesserungstendenz zeigen, denn sonst wird das Unternehmen auf Dauer nicht bestehen können und die Banken werden nicht bereit sein, Kredite zu vergeben.

Liquiditätsplan:
Der Liquiditätsplan gibt Aufschluss über die Zahlungsfähigkeit Ihres Unternehmens. Die Liquidität drückt aus, ob Sie Ihren Zahlungsverpflichtungen nachkommen können. Voraussetzung für Ihre Liquidität ist natürlich ein bereits positiver Rentabilitätsplan. Der Plan wird für mindestens zwölf Monate bis drei Jahre erstellt. In der Darstellung stehen Ihre erwarteten Einnahmen den Ausgaben Monat für Monat gegenüber. Der Liquiditätsplan beantwortet also die Frage, ob Ihre Zahlungsfähigkeit ausreicht, Ihren Lebensunterhalt zu bestreiten und gleichzeitig Zinsen und Tilgung bezahlen zu können. Zins und Tilgung sind Zahlungen, die Sie keinesfalls aufschieben sollten. Wenn Ihr Unternehmen die Liquidität nicht mehr aufrecht erhalten kann, müssen Sie Insolvenz anmelden.

Der Liquiditätsplan betrachtet Ihr Bankguthaben und den Kassenbestand. Deshalb finden hier die Abschreibungen keine Berücksichtigung. Aber beispielsweise Anschaffungskosten für Investitionen werden in dem Monat erfasst, in dem Sie tatsächlich bezahlt werden. Auch die erhaltene Umsatzsteuer und die bezahlte Vorsteuer (→ Kapitel Buchhaltung) werden hier berücksichtigt, weil sie sich auf Ihr Bankguthaben auswirken. Ebenso spiegeln sich hier saisonale Schwankungen wider, da die Einnahmen monatsgenau erfasst werden.

Herr Pfiffig stöhnt schon ein bisschen, denn der Liquiditätsplan ist relativ aufwändig und umfangreich. Aber er will natürlich wissen, ob er Monat für Monat flüssig sein wird. Er trägt zusammen, welches Bankguthaben und wie viel Bargeld er zu Gründungsbeginn hat. Dann folgen die Einnahmen, der Betrag seines KfW-Darlehens, erste bezahlte Kundenrechnungen und die dadurch erhaltene Umsatzsteuer. Davon abziehen muss er dann sämtliche Ausgaben, die er jeden Monat hat, sowie die Investitionen im Gründungsmonat. Die Zinsen für sein Darlehen muss er nur quartalsweise bezahlen, so dass er erst im dritten Monat 150 € dafür einplanen muss. Da er alle Investitionen im ersten Monat bezahlt, hat er eine entsprechend hohe Summe Vorsteuer geleistet. Diese wird ihm im zweiten Monat – korrigiert um die abzuführende Umsatzsteuer – vom Finanzamt erstattet. Löhne fallen im ersten Jahr noch keine an, aber er bereitet diese Zeile mit vor, weil er den Liquiditätsplan für die nächsten Jahre fortführen will. Genauso verhält es sich mit seinen Privatentnahmen, die er auch erst ab dem 10. Monat tätigen muss.

Liquiditätsplan

	1. Monat	2. Monat	3. Monat	4. Monat	5. Monat
Liquide Mittel					
Kasse / Bank	13.500,00 €	-3.850,23 €	2.337,27 €	2.911,02 €	3.013,77 €
Einnahmen					
Kreditauszahlung	20.000,00 €				
Netto-Umsätze	1.575,00 €	2.700,00 €	3.150,00 €	2.700,00 €	4.455,00 €
Umsatzsteuer	299,25 €	513,00 €	598,50 €	513,00 €	846,45 €
erstattete Vorsteuer	- €	6.262,73 €	477,23 €	477,23 €	477,23 €
Summe	*21.874,25 €*	*9.475,73 €*	*4.225,73 €*	*3.690,23 €*	*5.778,68 €*
Verfügbare Mittel Bankguthaben u. Einnahmen	35.374,25 €	5.625,50 €	6.563,00 €	6.601,25 €	8.792,45 €
Ausgaben					
Löhne	- €	- €	- €	- €	- €
Betriebsausgaben	2.511,75 €	2.511,75 €	2.511,75 €	2.511,75 €	2.511,75 €
bezahlte Vorsteuer	6.262,73 €	477,23 €	477,23 €	477,23 €	477,23 €
Investitionen	30.450,00 €				
abgeführte Umsatzsteuer	- €	299,25 €	513,00 €	598,50 €	513,00 €
Zinsen	- €	- €	150,00 €	- €	- €
Tilgung	- €	- €	- €	- €	- €
Privatentnahme	- €	- €	- €	- €	- €
Summe	*39.224,48 €*	*3.288,23 €*	*3.651,98 €*	*3.587,48 €*	*3.501,98 €*
Ergebnis Einnahmen - Ausgaben	-17.350,23 €	6.187,50 €	573,75 €	102,75 €	2.276,70 €
Liquidität Verfügbare Mittel - Ausgaben	**-3.850,23 €**	**2.337,27 €**	**2.911,02 €**	**3.013,77 €**	**5.290,47 €**

	6. Monat	7. Monat	8. Monat	9. Monat	10. Monat	11. Monat	12. Monat
	5.290,47 €	5.798,52 €	5.590,77 €	6.089,52 €	8.762,52 €	9.546,77 €	11.305,27 €
	3.375,00 €	2.475,00 €	2.925,00 €	4.950,00 €	4.050,00 €	4.725,00 €	3.600,00 €
	641,25 €	470,25 €	555,75 €	940,50 €	769,50 €	897,75 €	684,00 €
	477,23 €	477,23 €	477,23 €	477,23 €	477,23 €	477,23 €	477,23 €
	4.493,48 €	3.422,48 €	3.957,98 €	6.367,73 €	5.296,73 €	6.099,98 €	4.761,23 €
	9.783,95 €	9.221,00 €	9.548,75 €	12.457,25 €	14.059,25 €	15.646,75 €	16.066,50 €
	- €	- €	- €	- €	- €	- €	- €
	2.511,75 €	2.511,75 €	2.511,75 €	2.511,75 €	2.511,75 €	2.511,75 €	2.511,75 €
	477,23 €	477,23 €	477,23 €	477,23 €	477,23 €	477,23 €	477,23 €
	846,45 €	641,25 €	470,25 €	555,75 €	940,50 €	769,50 €	897,75 €
	150,00 €	- €	- €	150,00 €	- €	- €	150,00 €
	- €	- €	- €	- €	- €	- €	- €
	- €	- €	- €	- €	583,00 €	583,00 €	583,00 €
	3.985,43 €	3.630,23 €	3.459,23 €	3.694,73 €	4.512,48 €	4.341,48 €	4.619,73 €
	508,05 €	-207,75 €	498,75 €	2.673,00 €	784,25 €	1.758,50 €	141,50 €
	5.798,52 €	5.590,77 €	6.089,52 €	8.762,52 €	9.546,77 €	11.305,27 €	11.446,77 €

Herr Pfiffig ist über das Ergebnis des ersten Monats ziemlich erschrocken! Dass er trotz des Darlehens fast 4.000 € im Minus ist, hatte er nicht erwartet. Als er sich den Liquiditätsplan genauer anschaut, bemerkt er, dass der negative Betrag durch die enorme Vorsteuer zustande kommt. Diese wird ihm erst im zweiten Monat vom Finanzamt erstattet. Er beschließt keine Erhöhung des Darlehens, sondern möchte seine Bank um einen größeren Kontokorrent-Kredit bitten. Das hat für ihn den Vorteil, dass die Zinsen tagesgenau berechnet werden und mit jedem Geldeingang auf seinem Konto, die Verbindlichkeit gegenüber seiner Bank kleiner wird. Schon im zweiten Monat hat er die kurzfristige Überziehung wieder ausgeglichen und muss nicht für viele Monate Zinsen zahlen. Für die folgenden Monate verfügt er über eine gute Liquidität. Herr Pfiffig freut sich und zeigt den Liquiditätsplan gleich seiner Lebensgefährtin Frau Kuss.

Der Liquiditätsplan ist für Sie ein hervorragendes Mittel, um festzustellen, ob Sie Ihre Kontokorrent-Kreditlinie einhalten können. Er ist neben seiner Funktion als Kontrollinstrument auch eine gute Argumentationshilfe beim Gespräch bezüglich des Überziehungsrahmens mit Ihrem Bankberater.

Kapitalbedarfsplan:

Eine Ihrer wesentlichen Aufgaben vor der Gründung Ihres Unternehmens ist es, den Kapitalbedarf zu ermitteln. Denn viele Förderungen müssen vor der Unternehmensgründung beantragt werden. Haben Sie bereits gegründet und bemerken dann, dass Sie noch weiteres Geld benötigen, ist es für diese Vergünstigungen meistens zu spät.

Wie viel Geld brauchen Sie bei der Gründung und in der Anfangsphase? Auch zukünftiger Kapitalbedarf wird in dieser Übersicht mit erfasst. Sie müssen genau planen, denn hier finden Sie nicht nur Ihre Anfangsinvestitionen, sondern auch den Kapitalbedarf, den Sie zur Sicherung Ihres Lebensunterhalts benötigen. Dass Sie in den ersten Monaten noch einen geringeren Umsatz haben, wird ebenfalls berücksichtigt. Wenn der Kapitalbedarf Ihr vorhandenes Eigenkapital übersteigt, müssen Sie den fehlenden Betrag fremdfinanzieren.

Herr Pfiffig hatte bereits bei der Zusammenstellung von Investitionen und Betriebsausgaben erahnt, dass er einen Kredit aufnehmen muss. Nun will er es noch einmal genau wissen, bevor er mit seiner Bank die Finanzierungsmöglichkeiten bespricht.

Kapitalbedarfsplan

Gründungsbedingte Kosten

Steuerberater	100,00 €
Gewerbeanmeldung	20,00 €
Sonstiges	30,00 €
Summe	**150,00 €**

Investitionen Immobilie

Maklerprovision	2.400,00 €
Umbau / Renovierung	10.000,00 €
Kaution	3.600,00 €
Sonstiges	200,00 €
Summe	**16.200,00 €**

Investitionen Betriebsausstattung

Maschinen, Geräte	4.000,00 €
Möbel	500,00 €
KfZ + Anhänger	8.400,00 €
PC + Drucker	500,00 €
Werbemittel	500,00 €
Marketing / Homepage	200,00 €
Summe	**14.100,00 €**

Kapitalbedarf vor der Gründung	**30.450,00 €**

Ausgaben nach der Gründung

	für 1. Jahr
Betriebsausgaben	30.141,00 €
Zinsen	600,00 €
Unternehmerlohn	1.749,00 €
Summe	**32.490,00 €**

Geplante Umsätze

	für 1. Jahr
	40.680,00 €
Kapitalbedarf nach der Gründung	**-8.190,00 €**
Gesamter Kapitalbedarf	**30.450,00 €**

Bisher hat Herr Pfiffig gut gerechnet. Denn wenn die erwarteten Umsätze so eintreffen, benötigt er nach der Gründung kein zusätzliches Fremdkapital. Die Einnahmen liegen nach der Gründung über den Ausgaben. Er benötigt aber für den Start insgesamt 30.450 €, die er nicht allein aufbringen kann.

Liegt der Kapitalbedarf nach der Gründung im negativen Bereich, ist das für Sie ein Kennzeichen, dass Sie kein weiteres Geld aufbringen müssen, um den Geschäftsbetrieb aufrecht zu erhalten und Ihren Lebensunterhalt zu bestreiten. Ist er jedoch positiv, müssen Sie mehr Eigenkapital aufbringen oder einen Kredit beziehungsweise Fördermittel beantragen.

Finanzierungsplan:
Im Kapitalbedarfsplan haben Sie ermittelt, wie viel Geld Sie für die Gründung und für die ersten Monate, die Anlaufphase, benötigen. Nun müssen Sie noch darstellen, woher das Kapital kommen soll. Bringen Sie so viel Eigenkapital mit oder müssen Sie andere Geldquellen finden? Im Finanzierungplan wird abgebildet, wie hoch Ihr Eigenkapitalanteil ist, wie viel Fremdkapital Sie benötigen und welche Sicherheiten Sie dafür bieten können.

Herr Pfiffig hat ein Barvermögen von 1.000 €, ein Bankguthaben von 9.000 € und seinen Bausparvertrag mit 3.000 €. Als Sacheinlage bringt er den PC und seinen Drucker im Wert von 500 € mit. Er kennt den Kapitalbedarf für seine Gründung und weiß, dass er ein Bankdarlehen benötigt. Und er möchte einen Kontokorrent-Kredit beantragen.

Finanzierungsplan

Kapitalbedarf vor der Gründung	30.450,00 €
Eigenkapital	
Barvermögen	1.000,00 €
Bankguthaben	9.000,00 €
Sacheinlagen	500,00 €
Bausparvertrag	3.000,00 €
Summe	*13.500,00 €*
Fremdkapital	
KfW-Darlehen	20.000,00 €
Summe	*20.000,00 €*
Gesamtkapital	33.500,00 €
Überdeckung (+) vor der Gründung	3.050,00 €
Kapitalbedarf nach der Gründung	
Betriebsausgaben (inkl. Unternehmerlohn)	32.490,00 €
geplante Umsätze	40.680,00 €
Kapitalbedarf nach der Gründung	*-8.190,00 €*
Überdeckung insgesamt (vor & nach Gründung)	11.240,00 €
Kurzfristiges Fremdkapital	
Kontokorrent-Kredit	3.000,00 €
Sicherheiten	
Lebensversicherung	50.000,00 €

Herr Pfiffig lag mit seiner Annahme, dass er einen Kredit in Höhe von 20.000 € für sein Gründungsvorhaben benötigt, schon ganz richtig. Er hat jetzt zwar eine Überdeckung von 3.050 €, aber Herr Pfiffig plant lieber etwas großzügiger, um im Nachhinein keine bösen Überraschungen zu erleben. Auch die Überdeckung nach der Gründung ist gegeben, so dass er ruhig schlafen kann, falls die Umsätze anfangs doch etwas geringer sein sollten. Er weiß aus seinem Liquiditätsplan, dass er im ersten Monat ein Minus von fast 4.000 € hat. Er überlegt, den Kontokorrent-Kredit etwas höher auszuhandeln und will darüber mit seinem Berater bei der Bank sprechen. Nun ist Herr Pfiffig guter Laune und will alle seine Pläne seiner Partnerin Frau Kuss zeigen. Was sie wohl dazu sagen wird?

Die Überdeckung oder ggf. Unterdeckung zeigt Ihnen, ob Sie zu viel Fremdkapital eingeplant haben oder doch mehr finanzieren müssen. Die Überdeckung nach der Gründung sollte gegeben sein, damit Sie einen Puffer haben, falls die Umsätze geringer ausfallen als erwartet.

Bewertung der Wirtschaftlichkeitsberechnung:
Nachdem Sie nun alle Teile der Wirtschaftlichkeitsberechnung zusammengetragen haben, erkennen Sie, ob Ihr Gründungsvorhaben tragfähig ist und Sie sich damit eine Existenz aufbauen können. Betrachten Sie auch den kalkulatorischen Unternehmerlohn kritisch und stellen Sie sich die Frage, ob Sie zu diesem Unternehmerlohn wirklich arbeiten wollen. Sie tragen das finanzielle Risiko, die Verantwortung, investieren Geld, Zeit und Mühe. Ist es das wirklich wert?

Herr Pfiffig sitzt nun also mit Frau Kuss zusammen und erläutert ihr alle Tabellen und Zahlen. Sie ist erfreut, dass das Unternehmen tragfähig erscheint. Jedoch ist sie mit dem Unternehmerlohn auf Dauer ganz und gar nicht einverstanden. Sie will in ein paar Jahren vielleicht nur noch Teilzeit arbeiten und über ihren Kinderwunsch haben die beiden auch länger nicht gesprochen. Wenn Herr Pfiffig wirklich dieses Unternehmen aufbauen will, sollte es nach Meinung von Frau Kuss mehr abwerfen. Also überlegen sie, ob es nicht noch Möglichkeiten gibt, zusätzliche Einnahmen zu erwirtschaften. So fragt sie Herrn Pfiffig, ob sein befreundeter Hundetrainer Herr Direkt abends, wenn alle Pensionshunde weg sind, die Außenanlage für sein Training mieten möchte. Diese Zusammenarbeit könnte außerdem die Kundenzahl sowohl von Herrn Pfiffig als auch von Herrn Direkt positiv beeinflussen. Außerdem schlägt Frau Kuss vor, dass Herr Pfiffig eventuell die Hunde der Kunden morgens mit seinem Betriebsauto abholen könnte. Herr Pfiffig findet die Ideen gut und setzt sich gleich daran, die Berechnung zu überarbeiten!

Fazit: Die Wirtschaftlichkeitsberechnung ist der Teil Ihres Businessplans, der Ihnen bei der Entscheidung hilft, ob Sie Ihr Vorhaben durchziehen, es nachbessern oder vielleicht ganz sein lassen. Schließlich wünschen wir Ihnen, dass Sie erfolgreich gründen!

Übersicht: Wirtschaftlichkeitsberechnung

Bestandteile	Beschreibung
Private Lebenshaltungskosten	Wie hoch sind Ihre privaten monatlichen Ausgaben, die Sie zum Leben brauchen? Planen Sie einen Puffer für Krankheit und Urlaub ein.
Investitionsplan	Welche Wirtschaftsgüter benötigen Sie im Unternehmen? Wie hoch sind die Kosten dafür?
Umsatzplan	Mit welchen Einnahmen rechnen Sie in den ersten drei Jahren? Beachten Sie saisonale Schwankungen.
Kostenplan	Erstellen Sie eine Übersicht aller anfallenden Kosten/ Betriebsausgaben (Miete, Personal, Versicherung, KFZ, Material). Auch Abschreibungen und Ihr eigener Unternehmerlohn gehören dazu.
Eigen- und Fremdkapital	Dient zur Darstellung des eigenen Barvermögens sowie des Bankguthabens und zeigt Darlehen, Kontokorrentkredite und deren Kosten auf. Stellen Sie auch vorhandene Sicherheiten dar.

Auswertung	Beschreibung
Rentabilitätsplan	Aus dem Saldo der Umsätze und Kosten lässt sich die Ertragsvorschau ermitteln und die Rentabilität Ihres Vorhabens ableiten. Stellt den Cash-Flow dar.
Liquiditätsplan	Ist die Darstellung Ihrer monatlichen Zahlungsfähigkeit und zeigt die Verteilung der monatlichen Einnahmen und Ausgaben.
Kapitalbedarfsplan	Zeigt, wie viel Geld Sie für Ihre Investitionen und für die Liquiditätsreserve in der Anfangsphase benötigen. Hilfsmittel zur Planung der Beantragung von Fördermitteln.
Finanzierungplan	Gliedert die Geldmittel in Eigen- und Fremdkapital und stellt dar, in welcher Höhe Sie Darlehen benötigen.

Kapitel 5
Marketing

Sie haben ein Produkt oder eine Dienstleistung. Sie wollen es an Menschen, die dieses Produkt nachfragen, verkaufen. Dafür müssen Sie herausfinden, wo und wie Sie diese potenziellen Kunden am besten ansprechen. Dabei verfolgen Sie ein bestimmtes Ziel, nämlich die Wirtschaftlichkeit Ihres Unternehmens. Und schon sind Sie mittendrin im Marketing!

Angebot und Nachfrage, Märkte, Marktforschung, Marketingstrategie, Werbung, Kundenbindung: alle diese Begriffe kennt man. In diesem Kapitel wird erklärt, in welchem Zusammenhang sie stehen und wie Sie das Marketing für Ihr Unternehmen sinnvoll nutzen.

Am Anfang steht also Ihre Idee. Fragen Sie sich selbst: was genau macht mein Unternehmen, warum habe ich es gegründet? Welches Ziel verfolge ich und was ist der Zweck des Unternehmens? Es sind nicht nur unternehmerische Ziele wie Wirtschaftlichkeit und Gewinnsteigerung. Als Gründer haben Sie auch eine persönliche Intention. Sie beginnt schon damit, dass Sie Ihr Hobby zum Beruf machen. Hunde sind Ihre Leidenschaft? Vielleicht wollen Sie auch die Lebensqualität der Hunde verbessern oder die Hundehaltung für die Besitzer erleichtern? Gleichzeitig müssen Sie so viel Geld verdienen, dass Sie davon leben können. Zum unternehmerischen Ziel kommen also noch existenzielle Sorgen. Überprüfen Sie, ob monetäre Interessen und Ihre persönlichen Ziele vereinbar sind. Seien Sie kritisch, denn darauf baut später Ihre gesamte Strategie und schlussendlich Ihr wirtschaftlicher Erfolg auf. Notieren Sie sich vor dem Durcharbeiten dieses Kapitels am besten die Antworten auf diese Fragen.

Marketing ist ein dynamischer Prozess, der eng verknüpft ist mit den anderen Unternehmensbereichen wie Planung, Controlling, Entwicklung, Verkauf usw. Dieses Kapitel führt Sie durch den Prozess der Entwicklung Ihres Marketingplans.

Zum Thema Marketing gibt es immer wieder Fragestellungen und Checklisten, die als Leitfaden zur Entwicklung Ihrer eigenen Marketingstrategie dienen. Nach der Entwicklung der Strategie werden Ihnen die Instrumente zur Markterschließung so vorgestellt, dass Sie die Marketing-Instrumente optimal einsetzen können.

Marktforschung

Um strategische Unternehmensentscheidungen zu treffen, müssen Sie sich zunächst einen Überblick über den Markt, die Kunden und den Wettbewerb verschaffen. Auch müssen Sie die aktuelle Situation analysieren, um Fehlentscheidungen zu vermeiden. Die Marktforschung ist also eines Ihrer wichtigsten Hilfsmittel.

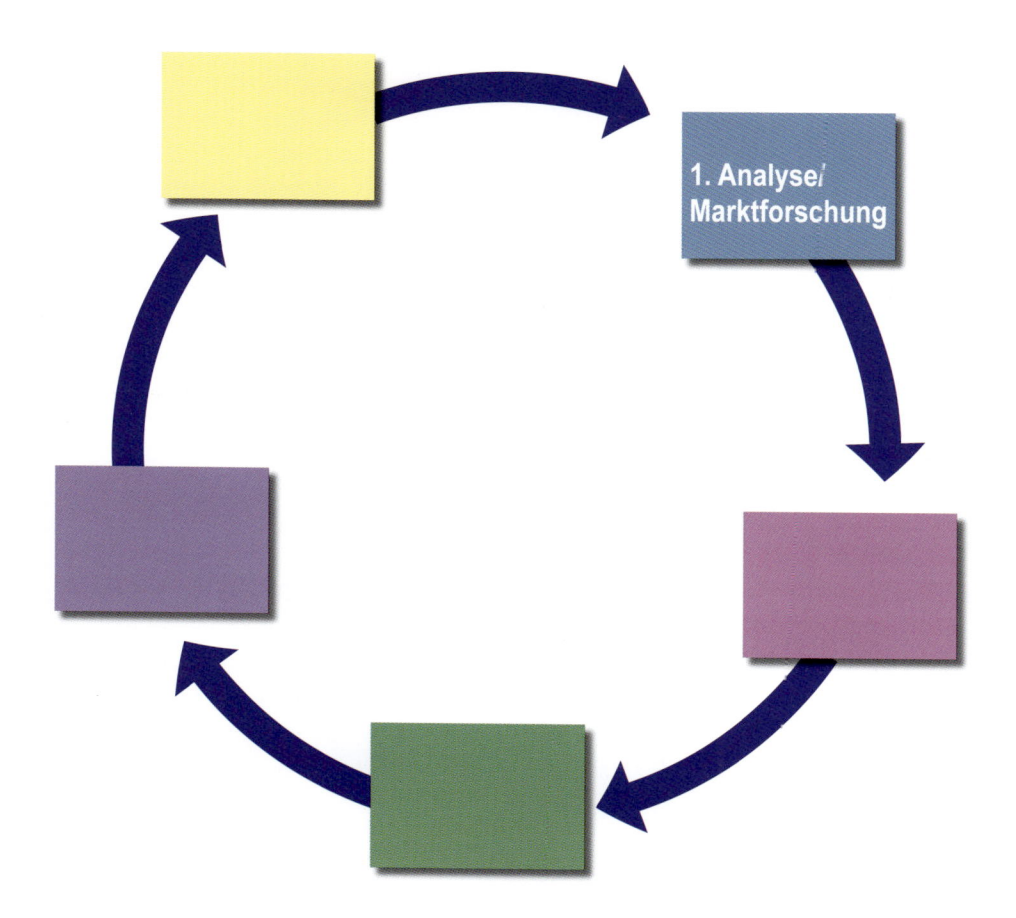

1. Analyse/Marktforschung

Unternehmen
Ganz grundlegend müssen Sie sich bewusst machen, wo Ihre Stärken und Schwächen bzw. die Ihres Unternehmens liegen. Welche Firmenphilosophie haben Sie entwickelt? Was bieten Sie an? Ist Ihr Produkt eine Innovation? Gibt es schon Kunden? Gibt es Mitarbeiter? Haben Sie Kooperationspartner? Wie sieht Ihre finanzielle Situation aus? Als Gründer und Firmeninhaber sollten Sie sich auch fragen, wo Ihre persönlichen Stärken und Schwächen liegen. Wie leistungs-

fähig sind Sie? Wie viele Stunden am Tag können und wollen Sie arbeiten? Kann jemand im Notfall einspringen? Unterstützen Familie und Freunde Ihr Vorhaben?

Für den Überblick fertigen Sie am besten eine Tabelle an.

Stärken	Schwächen
Innovative Idee	Räumliche Lage
Finanzielle Reserven	Noch keine Kunden
...	...

Markt
Markt im wirtschaftlichen Sinn ist der Ort, wo Angebot und Nachfrage zusammentreffen. Aus Marketingsicht ist es die Bezeichnung von Kundengruppen, für welche Produkte bzw. Dienstleistungen angeboten werden. Gibt es schon einen Markt für Ihr Produkt? Wie groß ist er? Ist er unter den Wettbewerbern schon aufgeteilt oder gibt es noch Platz für Sie? Wie entwickelt sich der Markt, wächst er oder schrumpft er? Wie ist er strukturiert, nach Regionen, nach Produkten, nach Kunden?

Kunden
Sie haben also eine Vorstellung von Ihrem Unternehmen und Ihrem Produkt oder Ihrer Dienstleistung. Nun gilt es herauszufinden, ob es dafür Kunden gibt. Benötigen die Käufer das Produkt überhaupt? Wenn ja, wie viele und wo sind sie zu finden (regional oder bundesweit)? Was ist mit dem potenziellen Kundenkreis, der bis jetzt nur interessiert ist an Hunden, der sich aber vielleicht einen Hund anschaffen würde? Hier erkennen Sie schon, dass der Kundenkreis doch größer ist, als Sie dachten. Um dieses ganze Potenzial auszuschöpfen und die Käufer zu erreichen, müssen Sie eine sehr gute Strategie entwickeln.

Um die Kundensituation zu analysieren, gibt es verschiedene Methoden der primären Marktforschung, z. B. Interviews, Diskussionen, Befragungen. Erkenntnisse erhalten Sie auch aus bereits erhobenen statistischen Daten (sekundäre Marktforschung). Wissenschaftliche Institute veröffentlichen beispielsweise Online-Statistiken, die Sie sehr gut für Ihre Analyse nutzen können.

Exemplarisch wird hier die Analyse des Zielgruppenpotenzials mit Hilfe der im Internet frei verfügbaren Verbraucheranalyse dargestellt. Kostenlos und ohne Anmeldung können Sie in den Auswertungen der Verbraucheranalyse recherchieren. Es werden jährlich ca. 30.000 Personen repräsentativ befragt. Sie erhalten Angaben zu Personen (Geschlecht, Alter,...) und Haushalten (Wohnverhältnisse, Tiere im Haushalt, Kinder im Haushalt), Ausbildung, Beruf, Einkommen, Konsumspielraum, Einstellungen und Interessen, soziale Werte, Einkaufsverhalten, Internetnutzung usw.

Formulieren Sie klare Fragestellungen, um eine gute Analyse aus den Datenbanken zu ziehen. Die Statistiken, die Sie dabei erstellen, können Sie wiederum in Ihrem Businessplan verwenden.

In unserem Beispiel wollten wir wissen, wie viele Hundehalter in Nordrhein-Westfalen, die selbst auf Öko-Qualität achten, Hundetrockenfutter kaufen. Wir wollten feststellen, ob sie ein Käuferpotenzial für Öko-Trockenfutter darstellen würden.

Bei **www.verbraucheranalyse.de** finden Sie die »Verbraucheranalyse Klassik Märkte bei MDS online«. Wählen Sie die aktuellste Studie und klicken Sie auf »Zielgruppenpotenzial«. Dann können Sie Ihre Zielgruppe definieren, z. B. nach demografischen Kriterien (Alter, Geschlecht, Wohnort, Familienstand), sozio-ökonomischen Kriterien (Einkommen, Berufsausbildung, Wohneigentum), kaufverhaltensbezogene Kriterien (Wahl der Einkaufsstätte, Mediennutzung) und psychologische Kriterien (Persönlichkeitsmerkmale, Tierhaltung, Einstellungen).

Die Abfrage sah so aus:

Zielgruppen-Bezeichnung:
Hundehalter, die Öko-Produkte bevorzugen

Zielgruppen-Definition:
Deutschsprachige Bevölkerung ab 14 Jahre, für die gilt: Geschlecht: Männer / Frauen, Altersgruppen: 30-39 Jahre oder auch 40-49 Jahre, Bundesländer: Nordrhein-Westfalen, Konsumspielraum - frei verfügbarer Teil des monatlichen Haushalts-Netto-Einkommens: ab 150 €, Tiere im Haushalt: ein Hund oder auch mehrere Hunde, Fertiges Tierfutter: Verwendete Sorten: Hunde-Trockenfutter im Paket, Ich kaufe möglichst Fleisch aus artgerechter Tierhaltung, auch wenn es etwas teurer ist: »stimme voll und ganz zu« oder auch »stimme weitgehend zu«.

Ergebnis:

Zielgruppen-Potenzial:
entspricht 0,27 Mio. Menschen

Im zweiten Schritt folgt die Option »Strukturanalyse«. Sie definieren, welche Daten in der Auswertungstabelle angezeigt werden sollen. In der Registerkarte »Zeilen« wählen Sie die Merkmale aus. Sie könnten jetzt Informationen zum Nutzungsverhalten des Internets hinzuziehen, sich informieren, welche Hundefuttermarken bevorzugt werden oder sich spezielle Regionen ansehen, wie hier zum Beispiel die Städte Köln, Bonn und der Rhein-Sieg-Kreis. Die Tabelle zeigt Ihnen jetzt, wie viele Anteile der Zielgruppe auf die jeweiligen Kriterien zutreffen. So sind von den 270.000 (270T) Personen 174 T Frauen. 50 T Personen der Zielgruppe haben einen Konsumspielraum von 300 bis 500 € monatlich. 150 T nutzen das Internet privat und 61 T kaufen regelmäßig im Internet ein.

In der zweiten Spalte wird Ihnen die Verteilung in % angezeigt. Damit lässt sich die Verteilung leichter auf einen Blick erfassen und interpretieren. So entspricht die Grundgesamtheit 270 T Personen 100 %. Von diesen 100 % entfallen 67,7 % auf die Altersgruppe 40-49 Jahre. 11,7 % haben einen Konsumspielraum von 500 bis 750 €, 18,4 % haben 300 bis 500 € zur freien Verfügung und 22,7 % haben 250 bis 300 € monatlich zur Verfügung. 100 % kaufen Trockenfutter (das war ja eine Grundvoraussetzung in der Abfrage), aber 64,2 % kaufen auch Nassfutter.

Erkenntnisse aus der Abfrage: Ein großer Teil der potenziellen Kunden ist zwischen 40 und 49 Jahre alt. Rund die Hälfte (11,7 % plus 18,4 % plus 22,7 %) hat einen monatlichen Konsumspielraum über 250 €. Und über 2/3 der Grundgesamtheit kaufen zusätzlich noch Nassfutter. Sie könnten die Zielgruppe mit dem relativ großen Konsumspielraum durch eine entsprechende Preisstrategie (Premium-Produkte) gewinnen. Zusätzlich zum Öko-Trockenfutter könnte es lohnenswert sein, auch Öko-Nassfutter anzubieten. So oder ähnlich könnte Ihre Abfrage aussehen. Wenn Sie beispielsweise Wellness mit Hund anbieten möchten, wäre Ihre Abfrage bundesweit, den Konsumspielraum müssten Sie etwas höher ansetzen, Sie könnten den Lebenszyklus berücksichtigen (z. B. Etablierte: 40 - 59 Jahre, ohne Kinder unter 14 Jahren im Haushalt) und die Freizeitbeschäftigen müssten Sie als Abfragekriterium mit einsetzen.

Ziehen Sie Schlüsse aus Ihrer Abfrage. Welche Altersstruktur haben Ihre Hundebesitzer? Wie nutzen sie moderne Medien? Sind es Vereinsmenschen oder Einzelgänger? Wie ist deren Freizeit- oder Reiseverhalten? Wie ist der Bildungsstand? Diese und andere Fragestellungen haben Einfluss auf Ihre Strategie und Ihre späteren Werbemaßnahmen.

Weitere frei zugängliche Datenbanken sind die Typologie der Wünsche (**www.tdwi.com**) und das statistische Bundesamt (**www.destatis.de**).

Wettbewerb

Ist Ihre Idee einmalig oder gibt es Wettbewerber? Die Wettbewerbssituation festzustellen ist essentiell, denn sie hat Auswirkungen auf Ihre Unternehmensentscheidungen. Sind Sie allein, müssen Sie die Kunden für Ihr Produkt nicht unbedingt mit dem unmittelbaren Wettbewerb teilen. Aber Wettbewerb können auch andere Branchen oder andere Hobbies sein, gerade auf dem Sektor der Freizeitindustrie.

Vergleichen Sie Ihr Unternehmen mit dem Wettbewerb. Wo liegen Ihre Stärken und Schwächen und wo die Stärken und Schwächen des Wettbewerbs? Das können Sie zur Veranschaulichung auch in einer Tabelle darstellen.

Diese Übersicht hilft Ihnen bei der Bewertung Ihrer Chancen und Risiken. Haben Sie Wettbewerbsvorteile? Wie können Sie die Überlegenheit Ihres Wettbewerbers wettmachen?

Das Umfeld: Berücksichtigen Sie auch äußere Faktoren, die Einfluss auf Ihr Unternehmen haben können. Wie ist die gesellschaftliche Akzeptanz von Hunden und deren Haltern? Gibt es rechtliche Beschränkungen? Kann es politische Entscheidungen geben, die Vorteile oder Nachteile mit sich bringen? (z. B. Umweltpolitik, Gesundheitspolitik)

Für die komplexe Bewertung Ihrer Stärken, Schwächen, Chancen und Risiken eignet sich die bereits im Kapitel Businessplan erwähnte **SWOT**-Analyse (**S**trengths, **W**eaknesses, **O**pportunities und **T**hreats).

SWOT	Interne Betrachtung	
Externe Betrachtung	**Stärken**	**Schwächen**
Chancen	**Chancen und Stärken passen zusammen – weiter verfolgen!** Beispiel: Hoher Bekanntheitsgrad	**Schwächen hindern die Chancen – Schwächen beseitigen!** Beispiel: Nur regional bekannt
Risiken	**Risiken mit Stärken begegnen und verringern!** Beispiel: Nachahmung durch Wettbewerb	**Maßnahmen ergreifen, damit Risiken nicht zur Notlage führen!** Beispiel: Keine Produkte für Zielgruppe mit geringem Konsumspielraum

Trends

Trotz aller Analysen, der Markt verändert sich. Es gibt Trends in verschiedenen Richtungen, die nicht immer kalkulierbar sind. Es gibt unzählige alternative Trainingsmethoden, die auftauchen und wieder verschwinden, Freizeitsportarten, die nicht immer nur noch im Verein trainiert werden, weil man sich keinen Regeln mehr unterwerfen möchte usw. Deshalb ist es wichtig, dass Sie den Markt stets beobachten, Veränderungen aufgreifen und Ihre Strategie anpassen. Schneller und pfiffiger zu sein als der Wettbewerb ist Ihre große Chance zum wirtschaftlich erfolgreichen Unternehmen!

Wie verwenden Sie all diese Informationen? Die Fakten sollen Ihnen helfen, Schlüsse daraus zu ziehen und die gewonnenen Erkenntnisse zur Entwicklung Ihrer Strategie zu verwenden. Sie können beispielsweise ableiten, ob dieser oder jener Standort geeignet ist, über welche Kanäle Sie die Kunden ansprechen können und was Sie anders oder besser machen müssen als Ihr Wettbewerb.

Bewertung der Produkte / Dienstleistungen

Jedes Produkt unterliegt einer gewissen Lebensdauer. Abgebildet wird diese im sogenannten Produktlebenszyklus. Es gibt verschiedene Modelle zur Abbildung des Produktlebenszyklus. Zur Veranschaulichung dient hier das Grundmodell. Die Lebenszeit eines Produktes wird in mehrere Phasen unterteilt. Jeder Produktlebenszyklus und seine Phasen können unterschiedlich lang sein. Sehr kurz ist er beispielsweise bei modischen Artikeln, ein Beispiel für einen sehr lange andauernden Produktlebenszyklus, der noch längst nicht am Ende angekommen ist, ist Coca-Cola.

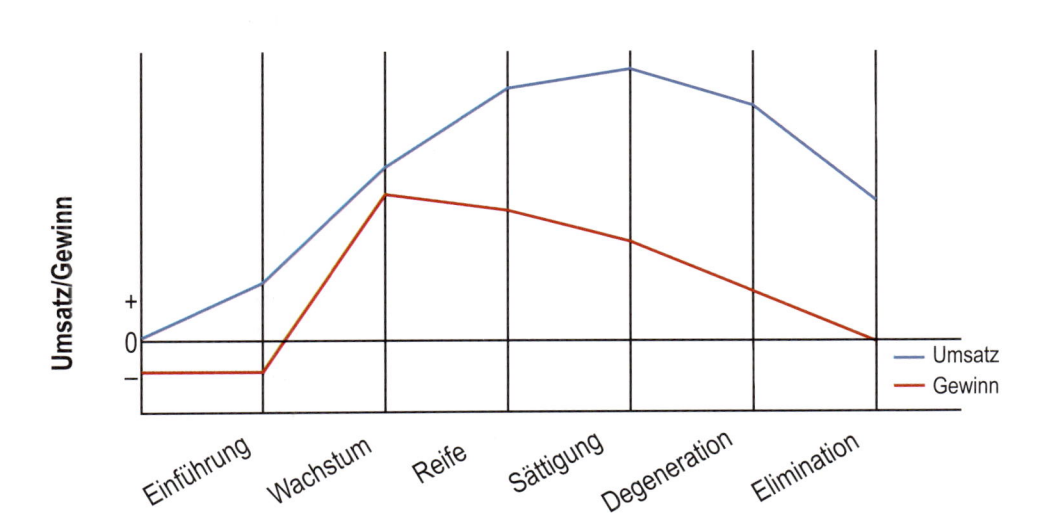

Phase	Merkmale
Einführungsphase	Bekanntmachung des Produkts durch Werbung. Erster Umsatzanstieg, aber noch kein Gewinn. Ende der Phase bei Erreichen des Break-Even-Points (Gewinnschwelle).
Wachstumsphase	Das Produkt wird bekannter. Weiteres (starkes) Wachstum durch Werbung. Umsatz- und Gewinnsteigerung. Erste Nachahmung durch Konkurrenten.
Reifephase	Weiteres Umsatzwachstum, aber kein Gewinnanstieg mehr, da höhere Kosten für Marketing. Mehr Wettbewerber.
Sättigungsphase	Höhepunkt des Umsatzes und Rückgang von Umsatz und Gewinn. Ende der Phase, wenn Umsätze die Kosten unterschreiten.
Degenerationsphase	Kleiner werdender Markt. Umsatzrückgang kann nicht durch Marketingmaßnahmen abgefangen werden. Verluste entstehen.
Elemination	Das Produkt wird vom Markt genommen.

Zu Gründungsbeginn Ihres Unternehmens befinden Sie sich in der Einführungsphase Ihrer Produkte oder Dienstleistungen. Die Kosten für die Markterschließung werden nicht unerheblich sein. Deshalb muss eine gute Strategie entwickelt werden.

Aber auch wenn Sie sich am Markt etabliert haben, sollten Sie Ihr Angebot immer wieder in den Produktlebenszyklus einordnen und beurteilen, um rechtzeitig entsprechende Maßnahmen (Werbung, Preisänderung, Überarbeitung) ergreifen zu können. Ebenso sollten Sie Ihre Umsatz-, Kosten- und Gewinnentwicklung regelmäßig mit Ihrem Businessplan vergleichen. Beobachten Sie gleichzeitig auch die Entwicklung Ihres Kundenstammes: Werden es mehr Kunden oder verlieren Sie Kunden? Haben Sie eher Großkunden oder Kleinkunden und sind diese lokal, regional oder bundesweit ansässig?

Unternehmensziele / Marketingziele

Nach der ersten Analyse des Marktes, des Unternehmens und der Produkte können Sie die Ziele für Ihr Unternehmen festlegen. Man unterteilt dabei in quantitative Ziele, die ein ökonomisches Interesse verfolgen, also Umsatz, Preis, Marktanteil oder Absatzmenge und sogenannte qualitative Ziele, die eher eine psychologische Ausrichtung haben, wie zum Beispiel Bekanntheit, Image oder Kundenzufriedenheit.

Stecken Sie Ihre Ziele nicht zu niedrig, denn Sie sollten immer motiviert bleiben. Formulieren Sie die Marketingziele gut aus. Im Management wird für Zielvereinbarungen die Formel S.M.A.R.T. verwendet:

S	Spezifisch	Eindeutig definiert und präzise ausformuliert
M	Messbar	Kriterien zur Messung müssen vorhanden sein (z. B. Gewinn, Umsatz)
A	Attraktiv	Anspruchsvoll und nicht langweilig
R	Realisierbar	Nicht unerreichbar
T	Terminiert	Terminvorgabe, kein offenes Zeitfenster

Das Unternehmensziel sollte die Kernfragen und den Daseinszweck des Unternehmens darstellen. Was ist Ihr Geschäft oder Produkt? Wer sind Ihre Kunden? Wie soll sich Ihr Unternehmen entwickeln?

Überlegen Sie bei der Festlegung der Unternehmensziele, was Sie zu erreichen vermögen. Können Sie es überhaupt schaffen, bundesweit oder gar international tätig zu werden? Und wenn, würde es Sinn machen, oder würde das Ihr Produkt negativ oder positiv beeinflussen? Kann die Qualität und der Umgang mit den Kunden aufrecht erhalten werden?

Zielgruppen festlegen

Aus Ihren Ergebnissen der Marktanalyse haben Sie schon eine ungefähre Vorstellung von Ihrer Zielgruppe. Definieren Sie diese nun noch einmal genau. Unter Zielgruppe ist die Gruppe der potentiellen Kunden zu verstehen, die möglichst übereinstimmend auf Ihre Werbemaßnahmen reagieren. Dazu müssen Sie wissen, wie die Marktteilnehmer klassifiziert werden können.

Ihre Abnehmer lassen sich anhand ihres (Kauf)verhaltens in verschiedene Gruppen segmentieren. Die Studie des Heidelberger Sozialforschungsinstituts Sinus Sociovision (SINUS Markt- und Sozialforschung GmbH) gibt Auskunft über die Struktur und die psychografische Segmentierung. Dafür verwendet das Institut sogenannte Sinus-Milieus®. Laut Angabe des Instituts sind Sinus-Milieus® »Zielgruppen, die es wirklich gibt – ein Modell, das Menschen nach ihren Lebensauffassungen und Lebensweisen gruppiert.« Die Studie »Soziografie und Psychografie der deutschen Hundehalter« finden Sie auf der Webseite des Unternehmens **www.sinus-institut.de**.

Auch die Psychologin Dr. Silke Wechsung von der Universität Bonn hat eine Studie mit ca. 2.800 befragten Hundehaltern erstellt. Untersucht wurde die Beziehungszufriedenheit der Halter und die Bedürfnisbefriedigung der Hunde mit dem Ziel, verschiedene Hundehaltertypen zu charakterisieren. Im Ergebnis der Studie kristallisierten sich drei Typen heraus:

- Typ 1 der prestigeorientierte, vermenschlichende Hundehalter (22 %)

- Typ 2 der auf den Hund fixierte, emotional verbundene Hundehalter (35 %)

- Typ 3 der naturverbundene, soziale Hundehalter (43 %)

(Quelle: »Mensch und Hund. Beziehungsqualität und Beziehungsverhalten« von Silke Wechsung, Roderer Verlag)

Kennen Sie die Bedürfnisse und Lebenseinstellungen Ihrer Kunden, können Sie deren Kaufverhalten mit Ihrer Marketingstrategie erfolgreich beeinflussen.

Neben Ihrer Hauptzielgruppe, den Kunden, gibt es weitere Gruppen, die Sie gegebenenfalls ansprechen wollen. In der Gründungsphase müssen Banken oder Investoren von Ihrem Konzept überzeugt werden. Genauso wichtig sind Ihre zukünftigen Geschäftspartner oder Kooperationspartner. Manchmal sind auch Behörden zu überzeugen, gerade wenn es um Genehmigungsverfahren geht. Und schlussendlich sollten die Öffentlichkeit, Nachbarn und Bekannte Ihrem Unternehmen positiv gegenüber stehen.

1. Analyse/Marktforschung

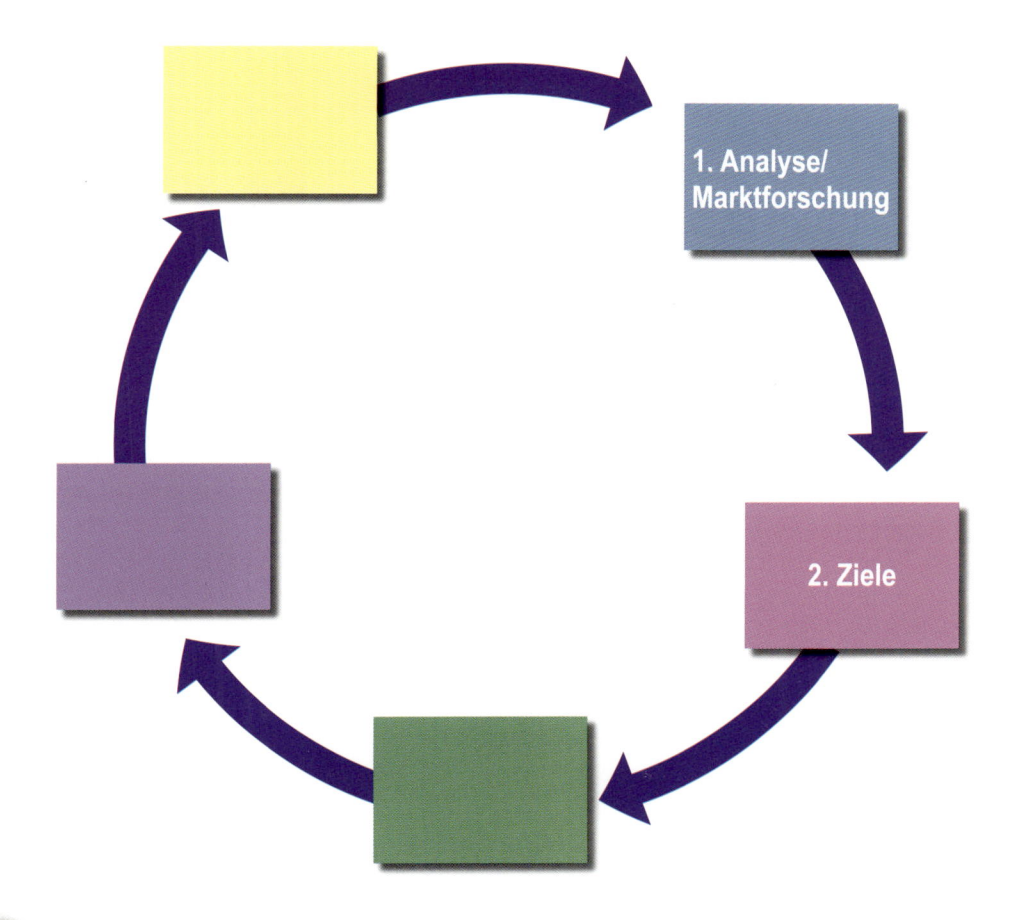

2. Ziele

Die Marketing-Strategie

Eine gut geplante und durchdachte Marketing-Strategie ist das Mittel, um Ihre Unternehmensziele zu erreichen. Außerdem leitet sich aus der Strategie der Marketing-Mix ab, also die Kombination von verschiedenen Marketing-Instrumenten wie Produktmerkmale, Preisgestaltung, Kommunikation und Vertrieb. Nutzen Sie die aus der Analyse des Marktes gewonnenen Kenntnisse und entwickeln Sie die Strategie für Ihr Unternehmen zu Gründungsbeginn. Ihre Chancen, am Markt erfolgreich zu sein, schrumpfen, wenn Sie wertvolle Energie und finanzielle Mittel nicht von Anfang an zielgerichtet einsetzen.

Zur Entwicklung der Strategie müssen Sie sich überlegen, wie Sie »angreifen« wollen. Das Vorgehen muss natürlich zu Ihrem Unternehmen bzw. Ihrem Produkt passen. Wie können Sie einen Wettbewerbsvorteil erzielen? Durch Ihre innovativen Produkte oder Ihre besonders gute

Qualität? Bieten Sie besonders guten Service, sind Ihre Produkte preislich besonders attraktiv, haben Sie ein einmaliges Produkt oder sind Sie wertvolle Kooperationen eingegangen? Und auf welchem Weg können Sie sich den Markt (die Kunden) erschließen? Gibt es den Markt mit diesen Produkten schon; müssen Sie einen neuen Markt schaffen und dafür ganz neue Kunden ansprechen; gibt es einen Markt, der auf verbesserte oder neue Produkte wartet oder haben Sie eine Innovation für einen ganz neuen Käuferkreis? Stellen Sie sich diese Fragen und leiten Sie daraus Ihre Marktstrategie für die kommenden Jahre ab. Um Ihre Ziele dauerhaft zu erreichen, wird eine kurzfristige Strategie nicht ausreichend sein. Trotzdem muss sie je nach Veränderungen am Markt überdacht und angepasst werden.

Differenzierungsstrategie:
Bei dieser Strategie gestalten Sie Ihre Produkte in einem oder mehreren Merkmalen einzigartig und mit einem besonderen Kundennutzen und unterscheiden sich damit vom Wettbewerb. Das müssen nicht unbedingt tatsächliche Merkmale sein, sondern sie können auch mit Gefühlen verbunden sein (»Bei uns fühlt sich Ihr Hund besonders wohl…«). Wichtig ist bei dieser Strategie, dass Sie Ihr Unternehmen stets weiterentwickeln und auf eine besonders hohe Qualität achten. Dann sind Sie vom Wettbewerb nicht ohne Weiteres zu kopieren.

Kostenführerschaft: Bei der Strategie der Kostenführerschaft wird das Ziel verfolgt, durch besonders optimale Abläufe im Einkauf, in der Logistik, in der Herstellung und auch in der Verteilung (Auslieferung) Kostenvorteile zu schaffen und somit Produkte besonders günstig anzubieten. Ein typisches Beispiel hierfür sind Discounter.

Konzentrationsstrategie: Bei dieser Strategie konzentrieren Sie sich auf einzelne Schwerpunkte. Das macht vor allem Sinn, wenn Sie einen ganz bestimmten Wettbewerbsvorteil besitzen. Beispiel: »Dogs Place« in Köln bietet eine Betreuung speziell für kleine Hunde.

Alleinstellungsmerkmal und Kundennutzen
Stellen Sie heraus, was genau Ihr Unternehmen vom Wettbewerb unterscheidet und wie es sich von anderen Anbietern abhebt. Sie arbeiten somit das Alleinstellungsmerkmal (USP = Unique Selling Proposition) heraus. Notieren Sie sich alle vorstellbaren Botschaften. Danach bewerten Sie diese und stellen die bemerkenswerteste Botschaft heraus. Durch dieses Merkmal müssen Sie sich vom Wettbewerb unterscheiden. Die Kernbotschaft sollte den Kunden auch auf einer emotionalen Ebene ansprechen. Ist sie zu produktbezogen, wird sie auf Dauer keinen Bestand haben, da Produkte oder Dienstleistungen im Laufe ihres Lebenszyklus nachgeahmt werden.

Mit dem USP allein erzeugen Sie beim Kunden aber noch lange keine Kaufentscheidung. Der Kundennutzen (Consumer Benefit) muss formuliert werden. Er setzt sich zusammen aus einem Grundnutzen, der eher sachlich ist, und einem Zusatznutzen, der die emotionale Ebene anspricht. Die Bedeutung liegt vor allem bei ähnlich gestalteten Produkten auf dem Zusatznutzen. Denn dieser unterscheidet Ihr Produkt letztendlich von den Produkten Ihrer Mitwettbewerber. Der Zusatznutzen oder auch »benefit emotional« wird eher subjektiv vom Verbraucher empfunden – er weckt den Eindruck, sich mit dem Kauf dieses Produktes etwas besonders Auserlesenes zu leisten. Der Zusatznutzen muss dann auch begründet werden – warum ist dieses Produkt so auserlesen? Dazu gehört auch, dass Sie sich überlegen, mit welcher Tonality (Grundton) die Botschaften übermittelt werden sollen, das heißt, Sie entscheiden sich für einen bestimmten Stil, Ihr Produkt zu präsentieren. In der Zeit der Reizüberflutung durch Werbung und Medien, haben Sie bessere Chancen, wenn Sie den Kunden mit einer Ansprache erreichen, die positive Emotionen auslöst.

Haben Sie das Alleinstellungsmerkmal, den Kundennutzen, die Begründung und die Art der Präsentation zusammengestellt und aufeinander abgestimmt, ist auch dieser Aspekt Ihres Marketings – die Text-Strategie oder Copy-Strategie – konzipiert.

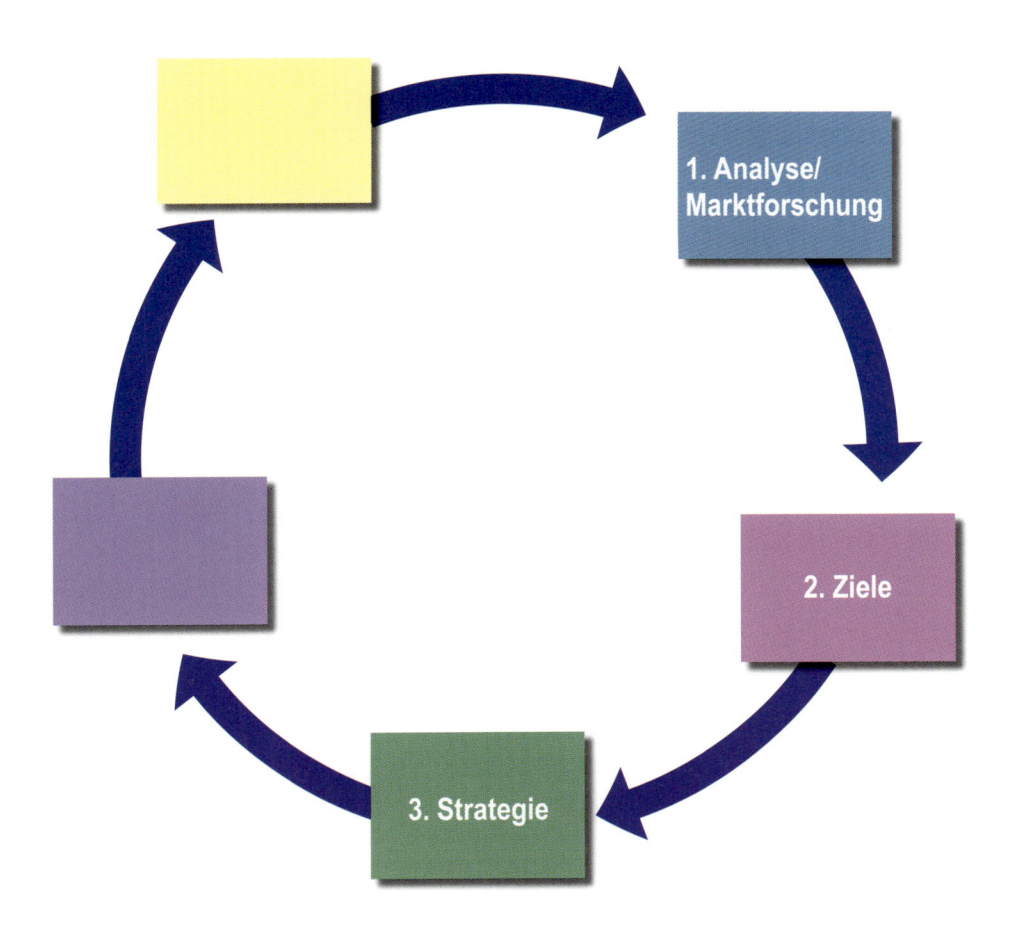

Marketing-Mix

Marketing besteht nicht nur aus Werbung, sondern ist Strategie. Der Marketing-Mix ist die Kombination von Produkt-, Kommunikations-, Distributions- und Entgeltpolitik, auch als »4 P« bezeichnet: product, promotion, place & price.

Product: Festlegung des Produktumfangs wie Qualität, Stil, Markenname, Service, Verpackung

Promotion: beinhaltet Werbung, persönlicher Verkauf, Public Relations

Place: Definition der Absatzkanäle, Standorte, Transport, Logistik

Price: Festlegung des Preises, möglicher Rabatte, Zahlungsziele, Mengenrabatte

Das Zusammenspiel dieser vier Elemente des Marketing-Mixes beeinflusst maßgeblich den Erfolg der Marketingstrategie.

Marke, Logo und Slogan

Die Marke (engl. brand) dient als Erkennungszeichen und symbolisiert die Eigenschaften, die mit diesem Namen in Verbindung stehen. Mit ihr sind eine bestimmte Qualität, die Unternehmensphilosophie oder andere Vorstellungen verbunden. Die Marke unterscheidet Ihr Unternehmen auch vom Wettbewerb. Zusätzlich soll mit der Schaffung einer Marke ein Wiedererkennungseffekt entstehen, der Kunde soll sich leichter erinnern. Uns allen haben sich große Unternehmensmarken eingeprägt, wie z. B. McDonald's, Coca-Cola oder BMW, um nur einige zu nennen.

Marke als juristischer Begriff bezeichnet rechtlich geschützte Kennzeichnungen von Produkten oder Dienstleistungen durch die Unternehmen. Aufgrund ihrer Form werden Marken unterschieden in:

- Wortmarke (»Das Futterhaus«)

- Bildmarke (Apfel von Apple, Mercedes-Stern)

- Wort-Bild-Marke (MacDonald's »M«, Dove-Seife)

Um Ihre Marke zu entwickeln, wird zunächst ein brauchbarer Markenname als Unternehmenskennzeichen benötigt.

Es ist aber gar nicht so einfach einen guten Namen zu finden, der in ein oder zwei Worten das besondere Merkmal herausstellt. Der Name muss unverwechselbar sein, passend sein und sich leicht einprägen lassen. Machen Sie ein Brainstorming mit Freunden – dabei können prägnante und kreative Namen entstehen!

Wenn der Name feststeht, wird als Nächstes das Logo entworfen. Es ist Teil der Unternehmensmarke und kann aus einem oder mehreren Buchstaben oder aus einer Verbindung von Buchstaben und Grafik bestehen (siehe oben: Wort-Bild-Marke). Auch für das Logo gilt: es muss sich von denen des Wettbewerbs unterscheiden, es muss auf einen Blick erkennbar sein und man muss sich leicht daran erinnern können. Es gibt Gestaltungsregeln, an denen Sie sich orientieren können. Diese sollten Sie auch kennen, wenn Sie das Logo von einer Agentur entwerfen lassen, denn nicht immer entsprechen die Agenturentwürfe diesen Anforderungen.

- **Klarheit**
  Eine passende Schrift oder eine Grafik soll die Unternehmenstätigkeit verdeutlichen und ermöglichen, dass das Logo schnell erkennbar ist.

- **Unverwechselbarkeit**
  Eine Unterscheidung zu den Firmenzeichen des Wettbewerbs ist unabdingbar. Zum einen, um damit die Identität des Unternehmens herauszustellen. Sieht es den Logos des Wettbewerbs zu ähnlich, kann es schlicht und einfach übersehen werden. Zum anderen sollten Sie aus rechtlichen Gründen eine Verwechslung mit den Logos anderer Unternehmen vermeiden.

- **Gut zu erinnern**
  Komplizierte, verspielte Logos kann sich niemand gut einprägen. Einfach gehaltene Markenzeichen sind leichter zu merken. Zeigen Sie Ihren Bekannten den Entwurf nur kurz und lassen Sie sich das Logo dann beschreiben. Gelingt dies Ihren Helfern?

- **Reproduzierbarkeit**
  Bunte, anspruchsvolle Logos sehen toll aus. Doch eignen sie sich auch noch als Stempel, Schwarz-Weiß-Kopie oder als Bestickung auf einem T-Shirt? Es muss aus der Entfernung gut sichtbar sein und sich dennoch auch auf kleinste Größen für Streuartikel verkleinern lassen. **Tipp:** Die Datei der Grafik sollte darum vektorisiert sein. Spätestens hier bemerken Sie, dass allzu verspielte Entwürfe oder gar Fotos völlig ungeeignet sind.

- **Bedingung**
  Ist Ihr Unternehmen noch nicht bekannt, muss das Logo Ihren Unternehmensnamen und einen Kontext zu Ihrem Angebot enthalten. Messen Sie dem Bild-Logo vor allem in der Gründungphase nicht allzu viel Bedeutung bei. Auch bei den ganz großen Marken verzichten nur wenige auf den geschriebenen Namen oder die Abkürzung.

Schrift

Natürlich hat auch die Auswahl der passenden Schrift großen Einfluss auf die Darstellung Ihres Unternehmens. Es gibt unzählige Schriftarten, mit unterschiedlichster Wirksamkeit. Der von Ihnen kreierte Markenname symbolisiert bestimmte Eigenschaften, wie Qualität, Zuverlässigkeit oder Ihre Firmenphilosophie. Diese sollte die Schrift aufnehmen und widerspiegeln. Zudem muss die Schrift gut lesbar sein. Es ist gar nicht so einfach, alle diese Anforderungen unter einen Hut zu bringen.

Arial – schlicht, bekannt, rational, gut lesbar auch bei viel Text

Bauhaus – modern, trotzdem klar, nur für Überschriften geeignet

Freestyle fonts – Schnörkel, schwer zu lesen

Riccione – mit Serifen und kursiv, harmonisch aber nicht für viel Text geeignet

Copperplate Gothic – beeindruckend, stark, weniger gut lesbar

Sollten Sie sich für eine ausdrucksstarke Schrift entscheiden, bedenken Sie immer, dass längere Texte dann nicht gerne durchgelesen werden. Solche Schriften eignen sich für den Markennamen und vielleicht noch für Überschriften, im Text selbst sollten Sie eine gut lesbare Schrift verwenden.

Farbe

Nicht nur die Schrift, auch die Farbe muss passend sein. Um ein Gefühl für die Wirkung der Farben zu bekommen, machen Sie einen Ausflug in die Farblehre bzw. der Farbpsychologie.

Durch den Lichteinfall ins Auge werden die Farbrezeptoren der Netzhaut gereizt. Diese Reizung des Auges ist die Basis dafür, dass Farbe im menschlichen Gehirn wahrgenommen werden kann. Das Gehirn verknüpft mit den Farben bestimmte Empfindungen, ausgelöst durch bereits Erlebtes, also gesammelte Erfahrungen. Die Erfahrung wiederum verbindet Farbe mit Gegenständen (grünes Gras, blauer Himmel) oder Zuständen (gelb vor Neid, rot vor Zorn). Zudem ist auch Temperatur mit Farbe verbunden, blau wird beispielsweise als kühl empfunden (eisblau), orange-rot als warm (feuerrot) und auch Eindrücke lassen sich mit Farbe beschreiben (tiefrot, blassgelb). Schließlich kann Farbe auch mit den Erfahrungen aus der Umwelt beschrieben werden (honiggelb, erdig-braun). Sie ahnen also schon, dass Farben einen nicht unwesentlichen Anteil in der Werbung allgemein und speziell in Ihrer künftigen Unternehmenspräsentation ausmachen.

Die seelischen Wirkungen der Farben kann man sich in der visuellen Darstellung und vor allem in der Werbung zunutze machen.

Farbe	Wirkung
Rot	Signalwirkung, Energie, Wärme, Freude, Leidenschaft, Liebe, aber auch Zorn, Wut
Gelb	Signalwirkung (eingeschränkt), Frische, Lebensfreude, Goldgelb aber auch Neid, Eifersucht
Grün	Hauptfarbe der Natur, Leben, Wachstum, Hoffnung, Positives, intensives Grün wird als giftgrün bezeichnet
Blau	Kälte (eisblau), Sehnsucht (himmelblau), Harmonie, beruhigend
Violett	Mischfarbe aus warmem Rot und kühlem Blau: geheimnisvoll, kreativ, außergewöhnlich
Türkis	Kälteste Farbe, Meerwasser, Gletscher
Orange	Jugend, Freude, Kommunikation, stimmungsaufhellend
Braun	Erde, Natur, Wärme, Geborgenheit, Tradition
Weiß	Hellste unbunte Farbe, Freude, Unschuld, Jungfräulichkeit, Neutral, Frieden
Grau	Unbunte reizarme Farbe, Neutralität, vornehm, elegant, langweilig, traurig, eintönig
Schwarz	Unbunte Farbe, Fehlen des Lichts, Trauer, Macht, Pessimismus, Seriosität

Dazu kommen noch Mischungen und Abstufungen dieser Farben. Eine Mischung mit unbunten Farben wie Grau oder Weiß können eine mildernde oder unaufdringliche Wirkung erzeugen. Der Farbeindruck schwankt je nach Kontrast zu anderen Farben. Dies sollten Sie berücksichtigen, wenn Sie Farben kombinieren. Finden Sie eine gelungene Farbkombination, kann Ihre Botschaft wieder besser transportiert werden. Legen Sie die Entwürfe wieder anderen Menschen vor, denn mit einer schlechten Zusammensetzung können Sie auch das Gegenteil erreichen.

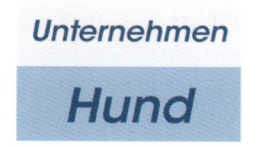

Mit dieser kleinen Hilfestellung können Sie ausprobieren, welche Farben Ihre Botschaft am besten unterstreichen. Jedoch sollten Sie nicht zu viele Farben kombinieren, da es sonst zu bunt und unübersichtlich wird, was wiederum eine geringere Einprägsamkeit bedingt. Testen Sie die verschiedenen Varianten an Ihrem PC. Sie können unbegrenzt viele Kombinationen aus Farbe und Schrift zusammensetzen. Viele Schriften finden Sie in Ihrem Textverarbeitungsprogramm. Es gibt darüber hinaus noch weitere Schriften, die Sie sogar zum Teil kostenlos bei einigen Internetseiten herunterladen können. Hilfreich ist hier der Suchbegriff »fonts«.

Corporate Design
Um Ihr Markenzeichen bekannt zu machen und einen Wiedererkennungseffekt zu erzielen, verwenden Sie Ihr Logo und die gewählte Schrift und Farbe von nun an IMMER AUF ALLEN Kommunikationsmitteln wie z. B. Geschäftsbriefen, Homepage, E-Mails, Visitenkarten, Stempeln, Werbemitteln, Flyer, Autoaufklebern usw.

Das Corporate Design ist Bestandteil der Unternehmensidentität (Corporate Identity).

Corporate Identity
Unter Corporate Identity versteht man die Identität oder auch die Persönlichkeit eines Unternehmens, die durch die Unternehmenskommunikation nach außen getragen wird. Mit der Darstellung des Unternehmens und eines dauerhaft beständigen Auftretens verknüpfen sich Eigenschaften wie Konsistenz, Zuverlässigkeit oder Vertrauenswürdigkeit. Damit können Sie Ihren Kunden ein Gefühl der Sicherheit geben und sie an Ihr Unternehmen binden.

Neben dem Corporate Design gehören noch weitere Tätigkeiten zur Corporate Identity:

- die Unternehmenskommunikation, also Werbung und Öffentlichkeitsarbeit, die das Image unterstreichen sollen,

- die Unternehmensphilosophie, der Grundgedanke des Unternehmers,

- das Unternehmensverhalten gegenüber Kunden, Lieferanten, Mitarbeitern und Kooperationspartnern.

Die Unternehmensphilosophie (Mission Statement, Definition des Unternehmenszwecks) beschreibt die Grundprinzipien des Unternehmens. Damit definiert sie die langfristigen Pläne und Ziele, beeinflusst die Strategie und auch die Führungsgrundsätze. Die Schwerpunkte einer Unternehmensphilosophie könnten z. B. lauten: Verantwortungsbewusstsein, Respekt vor Mensch und Tier, Vertrauen. Konflikte entstehen z. B. dann, wenn Sie mit Ihrem Mitarbeiter nicht respektvoll umgehen, dessen persönliche Wünsche und Ziele nicht berücksichtigen. Kunden werden bemerken, dass der Mitarbeiter sich nicht mit dem Unternehmen identifizieren kann und auch die Qualität der Arbeit wird von solch einer Situation maßgeblich negativ beeinflusst.

Wichtig für Ihre Kundenbindung mit Hilfe der Corporate Identity ist also, die Philosophie nicht nur zu formulieren, sondern sie tagtäglich zu leben!

Slogan

Der Slogan (Wahlspruch) soll die Kernbotschaft Ihres Unternehmens transportieren. Als einprägsame und kompakte Aussage soll der Slogan Ihre Kunden beeinflussen. Er kann nicht allen, sollte aber einigen dieser Anforderungen genügen: einprägsam sein, eine klare Botschaft transportieren, den Unterschied zum Wettbewerb darstellen, einen Bedarf vermitteln, eine ausgewählte Zielgruppe ansprechen, lustig sein oder provozieren. Beispiele für bekannte Slogans sind:

»Vorsprung durch Technik« (Audi)

»Katzen würden Whiskas kaufen« (Whiskas Katzenfutter)

Slogans, die sich reimen oder anderer sprachlicher Mittel bedienen, sind besonders einprägsam. Es gibt Metaphern (übertragene Bedeutung), Neologismen (Neuerfindungen), Widersprüche (»weniger ist mehr«), Wortspiele (z. B. Klang fremdsprachlicher Wörter »Ming Schuh« ist Kölsch und heißt »Mein Schuh«).

Einige Beispiele aus dem Hundesektor:

»Ein ganzer Kerl dank Chappi« (Chappi Hundefutter)

»Schecker … weiß was Hunde wollen« (Schecker)

»We make dogs work« (www.k9-shop.com)

»Wissen und Respekt« (Royal Canin)

»Ihr Weg zum Erfolg!« (Kölner Hunde-Akademie)

»Hundebücher für Spürnasen« (Kynos Verlag)

Jetzt sind Sie wieder gefragt! Kreieren Sie Ihren eigenen Slogan, am besten wieder in einem Brainstorming mit Freunden. Überlegen Sie dabei, welches Motto Ihre Kernaussage perfekt befördert.

Hier noch ein Beispiel für einen gelungenen Unternehmensnamen mit passendem Logo und Slogan:

Preisbildung

Die Gestaltung des Verkaufspreises (Pricing) ist auch Teil des Marketings, gehört also zum sogenannten Marketing-Mix. Im klassischen kaufmännischen Rechnungswesen wird der Stückpreis nach folgendem Schema berechnet:

Nettoeinkaufspreis + Gewinnspanne = Nettoverkaufspreis

Praktisch anwendbar ist diese Formel allerdings kaum. Denn der Preis wird durch verschiedene Faktoren mitbestimmt.

Faktor 1: Der Kunde – ihm ist egal, welchen Preis Sie erzielen müssen. Der Preis bestimmt sich danach, wie viel der Kunde bereit ist, auszugeben. Hier schließt sich der Kreis zur Marktforschung wieder. Denn mit Hilfe der Marktforschung finden Sie heraus, was der Kunde bezahlen würde. Beispielsweise könnten Sie mit online-Auktionshäusern die Zahlungsbereitschaft Ihrer Kunden evaluieren. Aber Vorsicht, denn manchmal bieten sich die Käufer gegenseitig hoch, nur um die Versteigerung zu gewinnen. Besser ist eine direkte Kundenbefragung.

Faktor 2: Der Wettbewerb – Ihre Mitwettbewerber haben den Marktpreis schon herausgefunden. Dieser Preis dient Ihnen zur Orientierung. Sie sollten mit Ihrem Produkt nun nicht sehr viel teurer sein. Es sei denn, Ihr Produkt hat ein entscheidendes Differenzierungsmerkmal und dieser Unterschied ist es dem Kunden wert, mehr dafür auszugeben.

Kommunikationsmittel: Maßnahmen und Durchführung

Bevor Sie voller Enthusiasmus Ihre Flyer oder Ihre Homepage gestalten, rufen Sie sich noch einmal in Erinnerung, wie Sie Ihre Zielgruppe definiert haben. Welche Kommunikationsmittel könnten Sie verwenden, um Ihre Zielgruppe zu erreichen? Denken Sie hierbei auch an die Nebenzielgruppen wie Banken, Geschäftspartner oder Behörden.

Die Palette der möglichen Maßnahmen ist vielfältig. Die Möglichkeiten reichen von Flyer und Homepage über Mailings, Plakatwerbung, Pressemeldungen und Anzeigenschaltung in Zeitungen und Internetportalen bis zu Sponsoring, Messen, Promotion-Aktionen und Radio- bzw. Fernsehwerbung.

Um die Wirkung und Nachhaltigkeit Ihrer Maßnahmen zu bewerten, müssen Sie wissen, dass durch die tägliche Überflutung mit Werbebotschaften nur noch ein Bruchteil dieser Botschaften wahrgenommen wird. Nur durch stetige Wiederholung prägt sie sich dem Kunden ein. Es ist also fraglich, ob Mailings oder Anzeigenschaltung überhaupt erfolgreich sein können. Erreichen Sie damit genau die gewünschte Zielgruppe?

Notieren Sie sich zunächst die Maßnahmen, die Sie durchführen möchten und versuchen Sie Vor- und Nachteile (z. B. Leserschaft, Streuverluste, Gestaltungsmöglichkeiten, Informationsgehalt, Qualität, Reichweite) sowie Kosten zusammenzutragen.

A	Attention – Aufmerksamkeit erregen
I	Interest – Interesse wecken
D	Desire – Verlangen erzeugen
A	Action – (Kauf)Aktion

Für die Gestaltung der Marketinginstrumente sollten Sie die AIDA-Formel anwenden.

Die zeitliche Abfolge der einzelnen Stufen kann nicht streng eingehalten werden, Ihre Werbemittel sollten aber diese Anforderungen erfüllen. Das Werbemittel soll die Botschaft an Ihre Kunden transportieren. Das Alleinstellungsmerkmal und der Kundennutzen müssen erkennbar sein und somit das Interesse wecken. Im günstigsten Fall haben Sie die Probleme oder Wünsche der Kunden angesprochen und die Interessenten kommen zu der Ansicht, dass Ihr Produkt ihre Bedürfnisse befriedigt. Nun müssen Sie den Kunden noch zum Handeln, also Kaufen, auffordern.

Bilder
Für Ihre Werbung sind Bilder wichtig, da sie vom Gehirn schneller erfasst werden als ein Text. Die Kontaktaufnahme zwischen Bild und Betrachter geht schneller als bei einem Text. Auch kann sich der Betrachter leichter an Bilder erinnern. Besonders stark wahrgenommen werden große Bilder, Kontraste und Nahaufnahmen. Für Sie als Werbenden besteht der Vorteil, dass sich im Bild Botschaften einfacher transportieren lassen. Mit Bildern gelingt häufig eine emotionale Ansprache. Besonders Gesichter von Kindern (Kindchenschema), Erwachsenen und auch Tieren wirken stark und lösen Emotionen aus. Wer kann schon den treu blickenden Augen eines Hundes widerstehen?

Texte
Der Werbetext greift die emotionale Ansprache des Bildes auf. Nach der AIDA-Formel erregt der Text (die Überschrift) die Aufmerksamkeit des Lesers und weckt sein Interesse. Sprechen Sie den Kunden persönlich an, stellen Sie den Kundenvorteil heraus, so dass der Kunde erkennt,

dass er das Produkt wirklich benötigt (Verlangen erzeugen). Und vergessen Sie nicht, dass der Kunde nur handeln (kaufen) kann, wenn er einfach zum Produkt gelangt. Das kann im Internet der »Jetzt-Bestellen-Button« sein oder bei Flyern ein Rabattcoupon. Ebenso lösen zeitlich befristete Sonderangebote Kaufhandlungen aus. »Nur für kurze Zeit!«, »Rabatt für Neukunden!«, »Versandkostenfrei!«

Handlungsaufforderung: Hundeschule Lieblingsviecher – Nicole Brinkmann: »... Machen Sie sich ein Bild von uns, unserem Lieblingsrudel und unserer Arbeit in einem kostenfreien Kennenlerntermin ...«

Kundennutzen: Kölner Hunde-Akademie: »... Unsere Schulungen sind das Handwerkszeug für Ihren nachhaltigen wirtschaftlichen Erfolg!« ...

Aufgabe: Lassen Sie Werbung, mit der Sie täglich konfrontiert werden, auf sich wirken. Welche Anzeigenwerbung nehmen Sie wahr? Welche Plakatwerbung beeindruckt Sie? Welche Emotionen werden dabei geweckt? Was gefällt Ihnen besonders daran (Farbe, Schrift, Botschaft)?

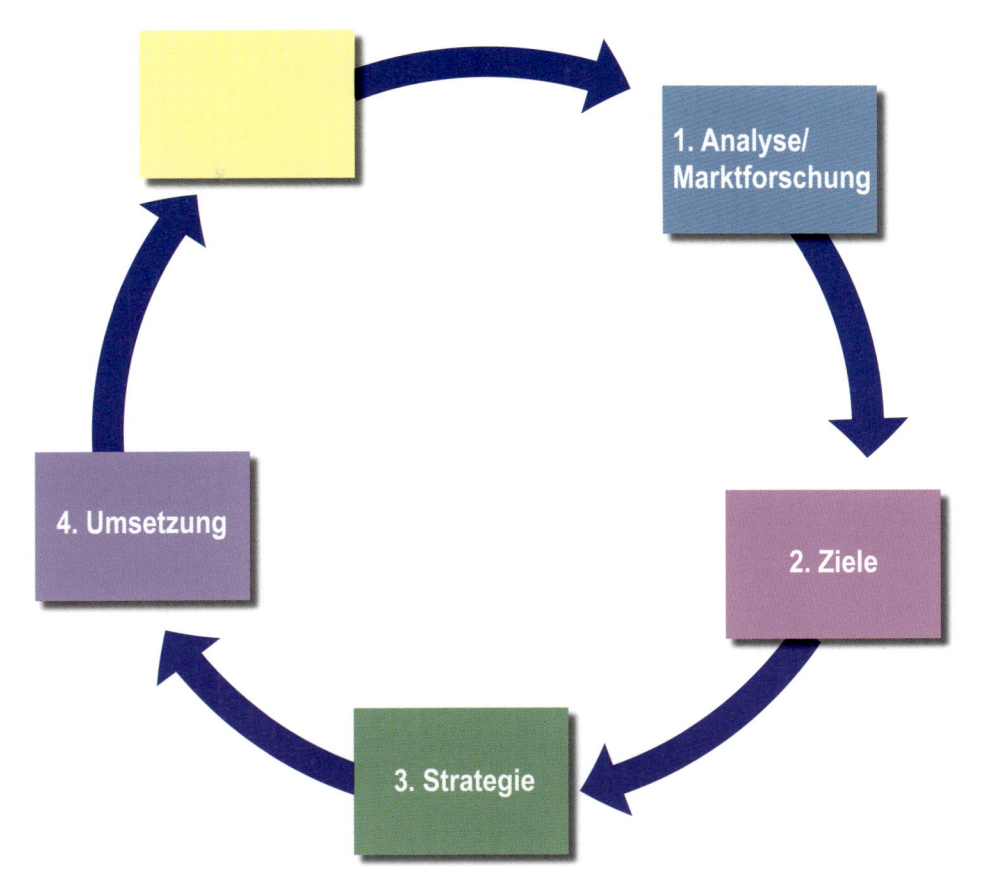

Gestaltung der Werbemittel

Flyer

Flyer bieten die Möglichkeit, Ihr Unternehmen und Ihre Leistungen in Kurzform vorzustellen. Gleichzeitig haben sie den Vorteil, dass sie durch ihr handliches Format gerne mitgenommen werden. Üblich ist, den Flyer so zu falten, dass er das Format DIN-lang erhält. Das hat zudem den Vorteil, dass der Flyer auch der Post beigelegt werden kann. Müssen die Flyer nicht unbedingt in einen Briefumschlag passen, können Sie auch über andere Formen nachdenken. Runde oder schräge Formate werden mehr Aufmerksamkeit auf sich ziehen.

Voraussetzung ist hier natürlich, wie bei allen anderen Werbemitteln auch, dass schon die erste Seite die Aufmerksamkeit des Betrachters weckt (AIDA-Formel beachten!). Auf das Deckblatt müssen Ihr Logo und Ihr Slogan, die Sie ja bereits entwickelt haben. Wer sind Ihre Kunden? Sprechen Sie diese auf der ersten Seite bereits an. Auf der Rückseite sollten Ihre Kontaktdaten und die Anfahrt stehen. Bei den Kontaktdaten wäre auch ein guter Raum für ein Foto von Ihnen (abhängig vom Geschäftsfeld). Auf jeder Seite des Flyers sollte Ihre Web-Adresse stehen. Wenn die Leser nicht erst suchen müssen, machen Sie es Ihren Kunden einfach, Ihre Webseite zu besuchen.

Im Innenteil ist Platz für die Beschreibung Ihres Unternehmens, Ihres Angebots oder Ihrer Dienstleistung. Stellen Sie Ihr Alleinstellungsmerkmal und den Kundennutzen heraus und formulieren Sie dabei kurz und treffend. Bei geschickter Formulierung können auch Stichpunkte ausreichend sein. Lange Texte, womöglich noch in kleiner Schrift, werden nicht durchgelesen. Das wäre bei der täglichen Reizüberflutung auch zu viel verlangt vom Leser. Nutzen Sie den Platz im Innenteil lieber für aussagekräftige Bilder. Die Bilder müssen Ihre Botschaft unterstreichen, dabei müssen diese nicht zwangsläufig eckig sein, runde Formen wirken für den Betrachter oft gefälliger.

Je nach Falztechnik bleibt ein drittes Blatt übrig. Dieses Blatt bietet sich als Rückantwortkarte oder als Rabattcoupon an. Damit komplettieren Sie die AIDA-Formel! Sie bringen den Kunden zum Handeln, indem Sie es ihm leicht machen, weitere Informationen anzufordern oder mit Rabatt zu kaufen. Und Ihnen dient die dritte Seite damit als Response-Element, an dem Sie den Erfolg Ihrer Flyer-Aktion messen können.

Symmetrie ist für das menschliche Auge wichtig. Deshalb achten Sie darauf, dass Überschriften auf jeder Seite gleich groß sind und möglichst auf der gleichen Zeile stehen. Dasselbe gilt für die www-Adresse, die Sie auf jede Seite drucken. Grundsätzlich sollten Sie nicht mehr als drei verschiedene Schriftgrößen und Schriftarten verwenden.

Im Internet finden Sie viele Anbieter, die auch bei geringeren Stückzahlen kostengünstig Druckaufträge ausführen. Vergleichen Sie die Angebote, auch ortsansässige Druckereien oder Print-Services haben gute Preise. Hinzu kommt, dass Sie das Setzen vor dem Druck meist nur einmal bezahlen müssen. Bei einem erneuten Druckauftrag (sofern die Vorlage nicht verändert wird) entfällt diese Position dann, so dass letztendlich ein günstigerer Preis entsteht.

Wichtig ist, dass Sie sich stets einen Korrekturabzug vor der Druckfreigabe senden lassen und diesen akribisch auf Fehler prüfen. Noch besser ist, wenn diesen Abzug jemand durchliest, der den Entwurf noch nicht kennt.

Coupons
Mit Rabattcoupons haben Sie die Möglichkeit, die Kaufbereitschaft Ihrer Kunden zu erhöhen. Coupons können Sie an Ihren Flyer broschieren oder in Zeitschriften oder Beilegern in Form einer Anzeige zum Ausschneiden abdrucken. Im Einzelhandel ist es üblich Coupons an die Kunden auszugeben, während Sie dann von den Herstellern einen Zuschuss zu den Werbekosten erhalten können. Im Internet gibt es Portale, in denen die Coupons zum Download bzw. Gutscheincodes zum Einlösen bereitgestellt werden. Zu den Coupons im Internet finden Sie weitere Erläuterungen im Kapitel »Kommunikationsmittel Internet«.

Verkehrsmittelwerbung
Eine kostenlose Werbefläche für die Außenwerbung ist Ihr Auto. Ihr Fahrzeug ist ohnehin vorhanden und Sie zahlen keine Miete für die Nutzung dieser Fläche. Ebenso lässt sich die Plane eines PKW-Anhängers nutzen. Sie sprechen mit der Beschriftung der Fahrzeuge zwar nicht die von Ihnen bestimmte Zielgruppe an, dennoch machen Sie Ihr Unternehmen in der Region bekannt. Außerdem wird Ihr Auto wahrscheinlich auch oft dort stehen, wo sich Ihre Zielgruppe aufhält: an Hundeplätzen, vor Tierfuttermärkten, bei Wettbewerben und bei Shows.

Beschriften Sie in erster Linie das Heck Ihres Fahrzeugs. Derjenige, der hinter Ihnen her fährt, hat genügend Zeit zum Lesen, spätestens an der nächsten Roten Ampel oder im Stau. Selbstverständlich muss die Beschriftung groß genug sein. Nutzen Sie für Ihre www-Adresse die ganze Breite des Fahrzeughecks. Die Schriftfarbe muss in gutem Kontrast zur Lackfarbe stehen, um die Lesbarkeit zu erhöhen. Auf die Heckscheibe könnten auch noch Ihr Logo und der Slogan.

Bedenken Sie aber, dass Ihr Fahrzeug von nun an immer sauber und gepflegt aussehen sollte, damit kein negativer Eindruck entsteht!

Bei einer teuren Verkehrsmittelwerbung im öffentlichen Nahverkehr müssen Sie sich die Frage stellen, ob diese für Ihr Unternehmen Sinn macht, da Sie nicht nur Ihre bestimmte Zielgruppe ansprechen.

Gratispostkarten

Haben Sie schon einmal über eine Postkarte nachgedacht, die Ihre Kunden verschicken können? Ein schönes Motiv oder ein witziger Spruch auf der Bildseite erfreut Ihre Kunden und regt sie zur Mitnahme der Postkarte an. Auf der Rückseite ist noch Raum für Ihre Kontaktdaten und vor allem Ihre www-Adresse. Solche Postkarten können Sie auf Messen, Wettbewerben oder in Tierarztpraxen verteilen.

Werbegeschenke

Sogenannte Streuartikel oder Give-Aways eignen sich, um Ihren Unternehmensnamen und eine kleine Botschaft oder Ihr Logo zu tragen. Das sind z. B. Kugelschreiber, Schlüsselanhänger, Feuerzeuge, aber auch Kappen oder Einweg-Regenmäntel. Sie eignen sich hervorragend zum Verschenken und steigern durch die breite Verteilung den Bekanntheitsgrad Ihres Unternehmens. Messen und ähnliche Veranstaltungen sind besonders gute Möglichkeiten, um die Streuartikel ans Publikum zu verteilen. Es gibt spezielle Anbieter, die diese Streuartikel auch gleich bedrucken.

Messeauftritte

Historisch gesehen ist die Messe ein Markt, der zu bestimmten Tagen im Jahr abgehalten wird. Auf einer Messe bietet sich Ihnen die Möglichkeit, Ihr Unternehmen bekannt zu machen, Kundenkontakte zu pflegen und neue Kunden zu gewinnen. Die Kunden wiederum können sich ein Bild von den verschiedenen Anbietern machen, vergleichen und Informationen einholen. Heute unterscheidet man Fachmessen für Fachpublikum und Besucher- oder Verbrauchermessen. Die Grenzen zwischen einer Messe und einer Ausstellung sind häufig fließend. Im Hundebereich gibt es auch die Kombination aus verschiedenen Bereichen, z. B. »Hund & Pferd« in Dortmund, die eine Bundessieger-Ausstellung und gleichzeitig Messe für Pferdefreunde ist oder »Jagd & Hund« in Dortmund, die Jäger, Angler und Naturfreunde ansprechen soll. Es gibt auch viele kleinere regionale Messen und Ausstellungen, bei denen die Anmietung einer Standfläche im bezahlbaren Rahmen bleibt.

Auf einer Messe oder Ausstellung können Sie vom Veranstalter eine Ausstellungfläche für Ihren eigenen Messestand mieten. Die Preise variieren hierbei je nach Größe und Lage in den Messehallen.

Achten Sie bei der Anmietung eines Standes auf den Messeplan, damit Sie Ihr Unternehmen im richtigen Fachbereich platzieren können. Außerdem sollte sich Ihr Stand an den großen Gängen und nicht versteckt in irgendeiner Ecke befinden, damit möglichst viele Besucher an Ihrem Stand vorbei kommen. Bei der Gestaltung des Messestandes gilt natürlich wieder die AIDA-Formel: begonnen bei Aufmerksamkeit Wecken bis hin zum Handeln – nämlich den Kunden zum Verweilen und Beraten einladen! Es muss nicht immer nur ein Beratungsgespräch sein. Auch kleine Gewinnspiele oder Vorführungen bringen Ihnen Aufmerksamkeit.

Auf kleineren Ausstellungen oder Veranstaltungen wie Wettbewerben sollten Sie Ihren Stand ebenso ansprechend gestalten.

Public Relations
Public Relations oder PR ist Teil der Kommunikationspolitik von Unternehmen. Sie dient hauptsächlich dem Aufbau und der Pflege des Images Ihres Betriebes in der Öffentlichkeit. Das bedeutet, dass Sie damit die Sympathien der Kunden, Lieferanten und auch Behörden erreichen können. Ein positives Bild Ihres Unternehmens in der Öffentlichkeit ist wichtig, auch im Hinblick darauf, dass eventuelle Krisen besser gemeistert werden können, ohne einen totalen Imageverlust zu erleiden.

Pressearbeit
Durch redaktionelle Beiträge oder Pressemeldungen steigen Ihre Chancen, dass Ihr Unternehmen oder Ihre Produkte in den Medien beachtet werden. Veröffentlichungen sollten aber ein breites öffentliches Interesse haben und frei von Werbung sein. Das ist ein Punkt des Pressekodex, herausgegeben vom Deutschen Presserat. Die Richtlinien zu Ziffer 7 des Pressekodex beschreiben die Trennung von Werbung und Redaktion.

Artikel müssen also klar von Werbung abzugrenzen sein. Das ist keine leichte Aufgabe. Über welche Ereignisse oder Innovationen könnten Sie also schreiben, über die ein Redakteur die breite Öffentlichkeit informieren würde?

Zum Glück gibt es Dienstleister, die als PR-Agenturen Ihre Pressetexte schreiben. Wenn Ihr Marketingbudget das erlaubt, sollten Sie diese Dienstleistung in Anspruch nehmen. Denn die Agenturen haben viele Vorteile:

- PR-Agenturen haben große Datenbanken mit Kontakten zu Presseagenturen und Redaktionen – es ist unerlässlich, die Kontakte zu den richtigen Ansprechpartnern zu pflegen, sonst landet Ihr Schreiben direkt im Papierkorb.

- PR-Agenturen beherrschen den korrekten Aufbau einer Pressemeldung und die journalistische Sprache.

- Die PR-Berater können einfach und verständlich schreiben, so dass die Information von den Redakteuren und auch vom Leser leicht aufgenommen werden kann.

- Professionelle Berater können echte Neuigkeiten gut von Werbung trennen.

- Sie können Ihnen helfen, gute Pressefotos auszuwählen.

- Sie können sich jeweils die jährlichen Themenpläne der Redaktionen beschaffen und so gezielte Pressemeldungen verfassen.

Journalisten haben einen stressigen Arbeitstag, einen großen Termindruck und sind täglich einer Flut von Informationen ausgesetzt. Daraus müssen sie dann die wichtigen und für die breite Masse interessanten Artikel herausfiltern. Sie sind ihrem Berufsethos verpflichtet und möchten aufklärend arbeiten. Sie wollen nicht von der Wirtschaft instrumentalisiert werden. Aus diesen Gründen setzen sie auf eine professionelle und vertrauensvolle Zusammenarbeit.

Möchten Sie Ihre Pressemeldungen selbst verfassen, sollten Sie deshalb die folgenden Regeln beachten.

Aufbau:

- Umfang: ca. 1800 Zeichen

- Pro Zeile ca. 40 Zeichen (inkl. Leerzeichen)

- Zeilenabstand 1,5 bis 2-fach

- Breiter Rand für Notizen

- Am Schluss Hinweis auf die Gesamtzeichen- und Zeilenzahl

- Dateiformat: rtf, PDF, HTML (doc nicht geeignet, da die gesamte Verlaufsform und Formate mit abgespeichert werden)

Inhalt:

- Überschrift oder Titel: gezielt und kurz (Aufmerksamkeit wecken!)

- Der Aufhänger: der aktuelle Anlass des Artikels muss den Nutzen für den Leser herausstellen

- Vorspann oder erster Satz des Textes: Fettdruck und als eigener Absatz – soll nicht zu viel verraten, aber neugierig machen auf den weiteren Text

- Ende: Kontaktdaten mit Telefon und E-Mail für Rückfragen

Formulierung:

- Formuliert in der dritten Person
- Kurz, treffend, objektiv
- Fremd- und Fachwörter vermeiden, wenn nötig Fachausdrücke erklären
- Verständliche Sätze
- Keine Extreme in der Sprache (nicht zu überzogen, aber auch nicht zu langweilig)
- Keine Allgemeinplätze, sondern Fakten
- Unternehmen, Produkt oder Mitarbeiter nur kurz nennen, Mitarbeiter mit vollem Namen und Funktion

Bilder:

- Ein schönes Pressefoto zu jedem Artikel
- Bei elektronischer Datenübermittlung Text und Bild getrennt verschicken, da E-Mails sonst zu groß werden oder vom Anti-Viren-Programm der Redaktion »geschluckt« werden
- Im Artikel den Hinweis auf das Bild mit Dateigröße geben.
- Druckfähige Auflösung (min. 300 dpi) des Bildes ist wichtig.
- *Tipp:* Foto mit Link auf der Homepage zum Download zur Verfügung stellen.

Wichtig!

Trotz der Rechtschreibprüfung durch Ihr Textprogramm, sollten Sie Korrektur lesen oder von anderen Personen lesen lassen. Rechtschreibfehler oder ungenaue Formulierungen sind vermeidbar!

Legen Sie nicht involvierten Testpersonen den Text zum Lesen vor: Wie kam der Artikel an? Was haben sich die Testleser aus dem Bericht merken können?

Sponsoring
Ein weiteres Kommunikationsmittel, um den Bekanntheitsgrad und die Beliebtheit Ihres Unternehmens zu steigern, ist das Sponsoring. Als Sponsor unterstützen Sie Veranstaltungen oder Verbände bis hin zu Einzelpersonen. Das kann sowohl in Form von finanzieller Unterstützung geschehen als auch mit Sachleistungen wie z.B. sportlicher Ausrüstung. Dafür werden Sie als Sponsor bei Veranstaltungen oder anderen Ereignissen genannt, im Veranstaltungsheft abgedruckt oder erhalten gar eine Bannerwerbung. Noch vorteilhafter ist eine Berichterstattung durch die Medien, da dies maßgeblich zur positiven Imagebildung Ihres Unternehmens in der Öffentlichkeit beiträgt.

Kommunikationsmittel Internet
Durch das Internet ist ein Datenaustausch innerhalb von Sekunden auf der ganzen Welt möglich. Ganz exakt lässt sich die Zahl der Internetnutzer nicht bestimmen. In Deutschland wird davon ausgegangen, dass knapp 70 % der Bevölkerung das Internet nutzen. Dabei ist der Anteil der jungen Nutzer größer als der Anteil der älteren Bevölkerung. Inzwischen ist es für Unternehmen essentiell, sich im Internet zu präsentieren.

Die eigene Homepage
Die eigene Homepage ist die Grundvoraussetzung für eine Unternehmenspräsentation im Internet. Sie dient sowohl der Kundenbindung als auch der Neukundengewinnung und ist gleichzeitig Teil der Öffentlichkeitsarbeit.

Ganz gleich ob Sie die Seite von einer Agentur programmieren lassen oder mit einem Content-Management-System Ihren Internetauftritt selbst gestalten – gewisse Grundsätze zum Aufbau und Inhalt sollten Sie beachten.

Struktur:

1. Der Kopf jeder Seite muss Ihren Unternehmensnamen, das Logo und den Slogan enthalten.

2. Die Navigationsleiste mit den Links zu den verschiedenen Seiten Ihrer Homepage befindet sich oben oder am Rand. Bauen Sie nicht zu viele Buttons ein, damit die Übersichtlichkeit nicht verloren geht. Damit der Nutzer Ihre Website gerne besucht, müssen Sie ihm eine bequeme Navigation zur Verfügung stellen, die es leicht macht, sich zu orientieren.

3. Der jeweilige Text steht in einem Rahmen in der Mitte, damit er sich im direkten Blickfeld des Lesers befindet. Schreiben Sie nicht allzu lange Texte, sondern bauen Sie lieber Links mit Unterpunkten ein. (»weiter zur nächsten Seite«, »mehr lesen«).

4. Je nachdem wo sich die Navigationsleiste befindet, haben Sie im rechten oder linken Rand noch freie Flächen. Diese bieten Raum für Werbung oder Textauszüge mit dem Link zur jeweiligen Seite.

5. Ganz unten auf jeder Seite ist Raum für den Footer, die Fußzeile. Hier hinein schreiben Sie Copyrights, das Erstelldatum der Website und einen Link zum Impressum.

Beispiel für den Homepage-Aufbau:

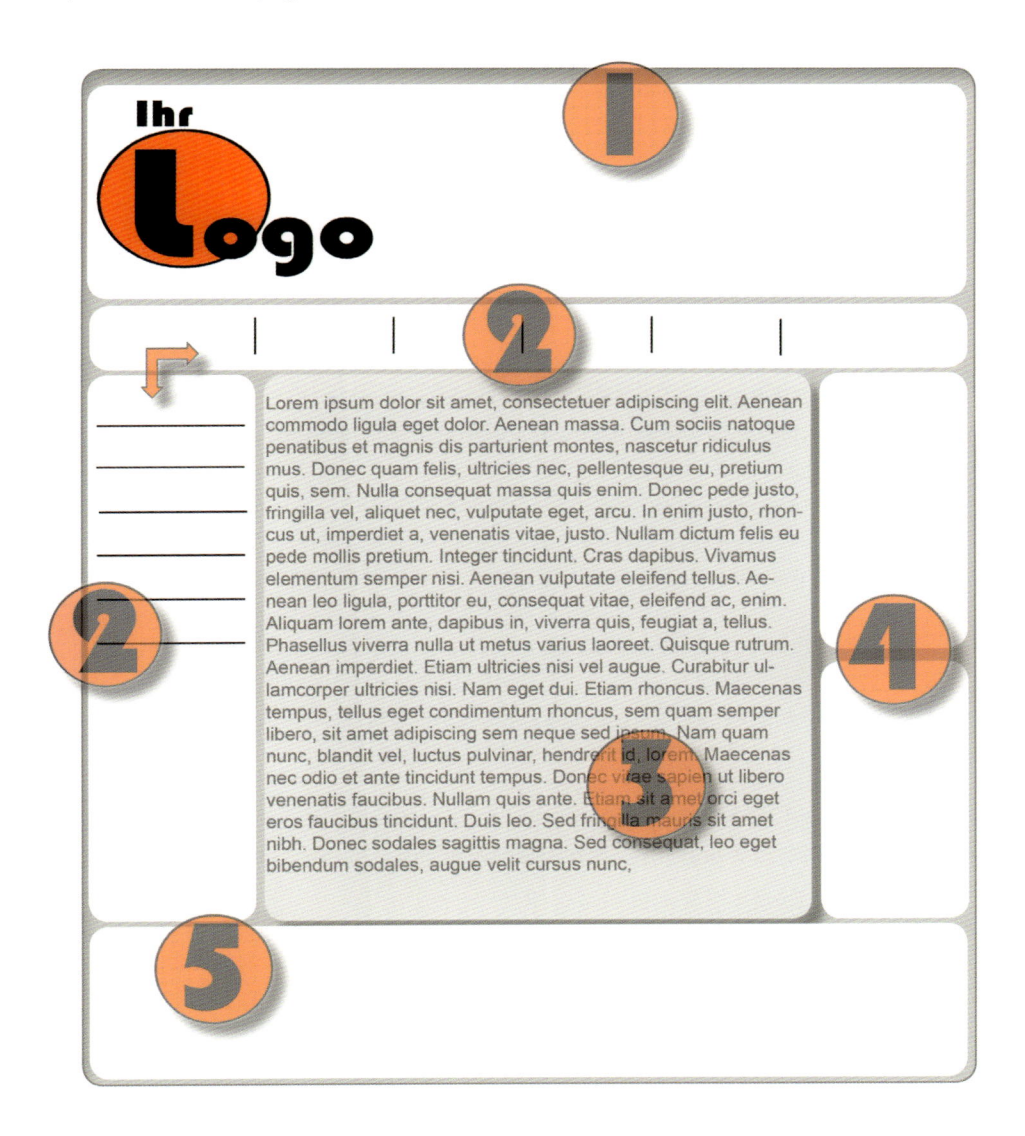

Gestaltung:
- Farbe und Schrift: Ihre Homepage muss natürlich die Farben und Schriften haben, für die Sie sich schon bei Ihrer Corporate Identity entschieden haben. Farben können am Bildschirm anders wirken. Als Regel gilt: heller Hintergrund und dunkle Schriftfarbe, um eine Tunnelwirkung zu vermeiden. Gestalten Sie den Hintergrund mit einer möglichst hellen Farbe. Es kann ja auch ein aufgehellter Farbton Ihrer Firmenfarben sein. Die Schrift wählen Sie am besten schwarz, da sie leicht lesbar ist. Das ist Ihnen ja bereits aus dem Kapitel »Schrift« bekannt. Wählen Sie die Schriftgröße nicht zu klein, sondern machen Sie Ihren Kunden das Lesen bequem. Überschriften und Zwischentitel dürfen natürlich größer, in Fettdruck oder farbig sein.

- Bilder: Bilder lockern den Text auf und können Ihre Botschaften transportieren. Platzieren Sie die Fotos so, dass sie beim Lesen den Textfluss nicht stören (rechts, links oder in die Ecken). Verzichten Sie auf Animationen, sie machen unruhig und wirken eher irritierend.

Inhalt:
- Grundsätzlich gilt, weniger ist mehr, trotzdem müssen Sie ein paar Seiten aufbauen, die für eine vollständige Homepage unverzichtbar sind.

- Die Startseite eignet sich bestens, um den Kundennutzen, Ihr Unternehmen und die Unternehmensphilosophie darzustellen. Erkennt der User nicht seinen Vorteil, wird er Ihre Website schnell wieder verlassen. Denken Sie an die AIDA-Formel! Die Kopfzeile ist auch gut geeignet, um ein Eingabe-Feld für Suchbegriffe einzubauen. So finden Ihre Kunden schnell und einfach das gesuchte Produkt oder den Textabschnitt.

- Stellen Sie Ihre Produkte oder Dienstleistungen auf einer weiteren Seite vor.

- Damit der Kunde leicht mit Ihnen in Kontakt treten kann, bauen Sie ein Kontakt-Formular ein. Wichtig ist dann aber, dass Sie schnell auf Anfragen über das Formular reagieren. Zusätzlich zum Kontakt-Formular sollten Sie auf dieser Seite den Ansprechpartner mit Telefonnummer und E-Mail sowie die vollständige Firmenanschrift nennen.

- Für Webseiten gibt es eine Impressumspflicht. Verstöße dagegen sind abmahnfähig! Die Angaben müssen leicht erreichbar sein, deshalb sollten Sie eine Seite für das Impressum vorbehalten.

Zu den Pflichtangaben gehören:	der Betreiber der Website (Vorname, Name, Unternehmensname),
	die vollständige ladungsfähige Anschrift des Unternehmens,

bei Kapitalgesellschaften die vertretungsberechtigten Personen,

ggf. der Registereintrag,

die Telefonnummer und E-Mail-Adresse, (Achten Sie hierbei auf eine Codierung, um sich vor Spam-Mails zu schützen!)

die Steuer-Nummer und wenn vorhanden die Ust.-ID,

bei zur Verfügung gestellten redaktionellen Texten (Presse-Seite) die für den Inhalt verantwortliche Person,

ggf. die behördliche Zulassung (z. B. Veterinäramt),

bei Freiberuflern (reglementierte Berufe) die Berufsbezeichnung, Kammerzugehörigkeit und Bundesland,

Disclaimer (Haftungsausschluss) mit Erläuterungen zu Inhalten, Links, Urheberrecht etc. Lassen Sie Ihr Impressum von einem Anwalt prüfen! Es gibt Personen, die systematisch Websites nach Impressumsverstößen durchsuchen und Geld mit Abmahnungen verdienen!

- Für Ihre PR bietet sich eine Presse-Seite an, auf der Sie der Presse redaktionelle Beiträge, Pressemeldungen und dazugehörige Bilder zur Verfügung stellen. Wenn Sie die Texte und Bilder zum Download bereitstellen, geben Sie immer die Dateigröße mit an, damit der Redakteur die Download-Zeit abschätzen kann.

- Planen Sie eine Link-Liste mit ein. Setzen Sie Links zu Ihren Kooperationspartnern oder auch zu Portalen, die Ihre Kunden ebenfalls interessieren könnten. Damit haben Ihre User einen zusätzlichen Nutzen.

Marketing im Internet
Webmarketing oder Online-Marketing umfasst alle Marketingaktivitäten, die im Internet erfolgen. Dazu zählen Suchmaschinenmarketing, Social Networks, Internetportale, Bannerwerbung, Weblogs (Blogs) und viele weitere Möglichkeiten.

Suchmaschinen

Das Suchmaschinenmarketing ist eines der wichtigsten Hilfsmittel zur Gewinnung von Besuchern für Ihre Website. Sie sollten alles daran setzen, dass Ihre Seite im Ranking der Suchmaschinen oben steht, d. h. auf den vordersten Plätzen der Ergebnislisten der Suchmaschinen angezeigt wird. Dies beginnt schon mit der Auswahl des richtigen Domain-Namens. Der Name Ihrer Domain sollte das wichtigste Suchwort bereits enthalten. Beispiel: www.welpe.de. Gibt ein User also einen Suchbegriff ein, der »Welpe« enthält, hat diese Domain bereits einen Suchergebnisvorteil. Somit eignen sich Domainnamen mit ausgeschriebenen Wörtern besser als Abkürzungen für das Ranking. Zusätzlich könnten Sie noch Subdomains benutzen, um weitere passende Suchworte in der Webadresse zu verwenden. Die Subdomain ist für den User nicht sichtbar, da er mit der Subdomain auch direkt auf die Startdatei gelenkt wird.

Haben Sie sich einen passenden Namen ausgedacht, können Sie bei verschiedenen Anbietern kostenlos prüfen, ob die Domain noch frei oder bereits registriert ist. Mit dem Suchwort »Domaincheck« finden Sie solche Services. Manche Namen sind nur registriert, werden aber nicht benutzt. Sie können dann mit dem Domainnamen-Inhaber Kontakt aufnehmen und klären, ob er bereit ist, Ihnen diesen Namen zu verkaufen.

Ein weiterer Bestandteil zur Suchmaschinenoptimierung sind die sogenannten Metatags. Diese Metatags sind in der Kopfzeile der Website verborgen und für den User unsichtbar, werden aber von den Suchmaschinen ausgewertet. Man kann sie mit einem Stichwortverzeichnis vergleichen. In die Metatags gehören üblicherweise diese Angaben: der Titel der Seite (Title), eine kurze Beschreibung mit weniger als 100 Zeichen (Description) z. B. Hunde und Hunderassen, Hundezüchter und Welpen auf Hunde.de, und die Schlüsselwörter (Keywords), die den Inhalt der Seite stichwortartig wiedergeben. Diese Wörter sind die Begriffe, nach denen die Nutzer der Suchmaschinen suchen.

Suchmaschinen kennen Ihre neu erstellte Website noch nicht und durchsuchen sie bei einer Anfrage folglich auch nicht. Sie müssen Ihre Seite also erst bekannt machen. Das nennt man Website-Promotion. Eine Möglichkeit ist das manuelle Anmelden bei den Suchmaschinen. Das ist aber relativ aufwändig. Es werden auch Software-Tools, also Programme, die den Eintrag bei den Suchmaschinen für Sie vornehmen, angeboten.

Sie können Ihre Seite kostenlos in Webkataloge oder Webverzeichnisse eintragen. Nutzen Sie hier die Verzeichnisse, die im »Google PageRank™« weit oben stehen.

Wichtig ist auch der Linkaustausch oder Bannertausch mit anderen Webseiten. Achten Sie hier darauf, dass Ihre Linkpartner auch auf ihre Seiten den Link zu Ihnen setzen, denn nur so wird Ihre Suchmaschinenpopularität gesteigert.

Ihre Presseseite, die von Journalisten bei der Online-Recherche benutzt wird, erhöht ebenso Ihr Suchmaschinen-Ranking.

Google Adwords
Mit »Google Adwords« können Sie bei der Suchmaschine »Google« kleine Anzeigen schalten, die bei Übereinstimmung von relevanten Suchwörtern rechts neben den kostenlosen Suchergebnissen erscheinen. Das bedeutet, dass die Inserate in Ihrer Zielgruppe platziert werden. Sie bezahlen für die Anzeige mit Preis-pro-Klick, also nur, wenn diese auch angeklickt wird. Sie legen ein Budget (Tages-, Wochen- oder Monatsbudget) fest, ist dieses aufgebraucht, erscheint Ihre Anzeige nicht mehr. Außerdem können Sie die Anzeigenschaltung noch auf bestimmte Regionen beschränken, z. B. wenn nur Nutzer im Umkreis von 50 km für Sie relevant sind. Andere Suchmaschinen bieten diese Art der Anzeigen ebenfalls an.

Social Networks
Soziale Netzwerke sind Kollektive von Usern, die sich in Gemeinschaftsportalen bewegen und Informationen sowie selbst eingestellte Inhalte miteinander teilen. Die Nutzer legen ein persönliches Profil an, welches dann von bestimmten Teilnehmern oder der ganzen Öffentlichkeit eingesehen werden kann. Die Nutzer können in ihren Konten Adressbücher anlegen, E-Mails empfangen und versenden, Bilder einstellen und ansehen sowie Statusmeldungen eintragen und lesen.

Für Unternehmen ist Werbung in Social Networks äußerst interessant, da durch die Preisgabe der persönlichen Daten auf Zielgruppen gerichtete Werbung durchführbar ist. Wie bei den Adwords, wird auch bei diesen Werbeanzeigen meist der Preis-pro-Klick abgerechnet.

Bei vielen Anbietern gibt es die Möglichkeit Lesezeichen zu setzen, das sogenannte Social Bookmarking. Network-Mitglieder setzen Lesezeichen, die Ihnen wiederum mehr Besucher bringen und gleichzeitig Ihr Suchmaschinen-Ranking verbessert. Damit die Leser Ihrer Website ein Bookmark in ihre Plattform setzen können, müssen Sie auf Ihre Website Buttons für die verschiedenen Social Boomark Dienste setzen. Es gibt Dienste, die die Buttons für den Einbau in Ihre Homepage kostenlos generieren.

Anzeigenportale
Zu den unterschiedlichsten Themengebieten gibt es im Internet unzählige Anzeigenportale. Viele von ihnen bieten die Möglichkeit, kostenlos zu inserieren. Das sind zum einen Foren oder Portale zum Thema Hund, die eine Anzeigenplattform haben. Auch Verlage, die Anzeigenblätter herausgeben, betreiben Anzeigenportale.

Zum Beispiel betreibt der Verlag »Der heiße Draht« das Portal »DeineTierwelt.de«. Einerseits stellt dies ein riesiges (kostenloses) Anzeigenportal nur zum Thema Tier dar, andererseits können die Nutzer hier Gruppen bilden, in Foren diskutieren, Fotos und Videos austauschen und in

Tierblogs schreiben. Vorteil einer solchen Plattform ist die zielgruppengenaue Ansprache. Auch »ebay« betreibt inzwischen ein kostenloses Kleinanzeigenportal. Dieses ist zwar nicht nur auf Tiere spezialisiert, dennoch gilt auch hier, dass Sie genau Ihre Zielgruppe bewerben können, wenn Sie die Inserate in den richtigen Kategorien platzieren. In einigen dieser Portale können Sie sogar die Anzahl der Besucher Ihrer Anzeige sehen, also wie oft die Anzeige von Interessenten angeklickt wurde.

Coupons und Social Networks
Eine ganz innovative Möglichkeit, neue Kunden zu gewinnen, bietet das Portal:
www.groupon.de
Registrierte Mitglieder werden täglich über neue Rabatt-Aktionen in ihrer Stadt informiert und können Rabattgutscheine erwerben und so Rabatte bis zu 80% erreichen. Diese Deals kommen aber nur zustande, wenn eine festgelegte Anzahl Kunden die Gutscheine kauft. Die Mitglieder sind also an einer Verbreitung der Angebote interessiert und empfehlen die Aktionen ihren Freunden und Bekannten per E-Mail, facebook oder Twitter weiter. Dadurch wird ein weitaus größerer potenzieller Kundenkreis angesprochen, der weit über die Kundendatenbanken hinausgeht. Die Mitglieder kaufen die Gutscheine einfach per Mausklick und lösen sie dann bei den Anbietern ein.

Blogs (Weblogs)
Blogs oder Weblogs sind im Internet geführte Tagebücher, oft auch mit Links auf andere Websites, Bildern und Videos. Eine oder mehrere Personen können hier Einträge schreiben und Blog-Einträge kommentieren. Als Unternehmer können Sie ein Online-Tagebuch führen, den Corporate Blog. Aber schreiben Sie stets nur, was die Öffentlichkeit interessiert, denn das Internet ist voll von langweiligen und uninteressanten Postings.

Kommerzielle Anbieter oder auch Social Networks stellen solche Weblogs den Nutzern zur Verfügung oder private Blogger betreiben eines unter ihrer eigenen Domain.

Fazit
Auch wenn das Internet, Social Networks und Blogs nicht Ihr Ding sind, sollten Sie es dennoch nicht ablehnen, sondern möglichst zu einem Teil Ihres Unternehmens machen. Denn nur so können Sie Anteil an der Kommunikation Ihrer Zielgruppe haben. Beispielsweise ist die Zahl der deutschen Facebook-Nutzer in kurzer Zeit auf 18 Millionen angewachsen. Beteiligen Sie sich am Dialog, bleiben Sie up to date. Sie können auf die Bedürfnisse Ihrer Kunden besser eingehen und erfahren darüber hinaus, wie über Ihr Unternehmen gesprochen wird.

Marketingplanung und Budget

Nach Durcharbeiten des Marketing-Kapitels konnten Sie nun Ihre Strategie festlegen und haben verschiedene Werbemaßnahmen kennengelernt. Die Arbeit, die Sie mit der Marktforschung, der Ausarbeitung der Unternehmensziele, sowie der Strategie und Festlegung der einzelnen Werbemaßnahmen hatten, macht nur Sinn, wenn Sie die Maßnahmen nun gut planen und strukturieren.

Legen Sie sich einen Zeitplan über 3 Jahre für Ihre Marketingaktivitäten an. Benennen Sie in der ersten Spalte die Maßnahmen und tragen Sie dann die Termine für die einzelnen Aktionen ein.

	2012											
	1	2	3	4	5	6	7	8	9	10	11	12
Maßnahme												
...												

In einem zweiten Schritt bewerten Sie die Kosten der einzelnen Maßnahmen. Mit Hilfe des eben erstellten Zeitplans, können Sie nun die Kosten in Ihren Businessplan übertragen und abgleichen, ob die anfallenden Kosten in das von Ihnen ursprünglich festgelegte Marketingbudget passen. Gegebenenfalls müssen Sie den Businessplan nachbessern und mehr Geld für das Marketing einplanen oder, wenn das nicht geht, Ihre Maßnahmen überarbeiten. Letztere ist allerdings immer die ungünstigere Variante, denn ohne ein gutes Marketing werden Sie nicht genügend Kunden gewinnen und entsprechend weniger Einnahmen haben.

Diversifikation - Sortimentserweiterung

Wie könnten Sie noch mehr Kunden gewinnen und Ihre Einnahmen steigern? Sie müssen die Probleme Ihrer Kunden kennen und diese lösen können. Das gelingt Ihnen oft mit Nebensortimenten, die im Zusammenhang mit Ihrem Unternehmen stehen. So könnte beispielsweise eine Hundetagesstätte auch Tiernahrung verkaufen – Sie nehmen Ihrem Kunden damit nach einem langen Arbeitstag die Fahrt zum Tierfutterhändler ab. Oder eine Hundeschule verkauft die nötigen Ausrüstungsgegenstände vom Leckerchen bis zur Feldleine. Genauso könnten Sie in Ihrer Hundeschule Merchandising-Produkte anbieten. Das sind Waren mit Ihrem Firmenlogo, z. B. Kappen, T-Shirts, Regenjacken.

Die Kooperation mit Vertriebspartnern oder Verbänden bietet Ihnen eine weitere Chance der Kundengewinnung und somit der Umsatzsteigerung. Warum sollte ein Trainer nicht einmal einen Kurs für einen Verband anbieten? Die zufriedenen Teilnehmer sind Multiplikatoren, die ihre positiven Eindrücke gerne weiter erzählen.

Kontrolle

Sie haben Ihr Unternehmen gegründet und sind schon einige Zeit am Markt aktiv. Vergleichen Sie Ihre gesteckten Ziele mit der tatsächlichen Ist-Situation. Haben Ihre Maßnahmen zur Erreichung der Ziele gewirkt? Wie viele Kunden konnten Sie generieren? Wurden Ihre Coupons oder Antwortkarten benutzt? Wie viele Besuche hat Ihre Homepage und welchen Page-Rank konnte sie inzwischen erreichen, das heißt, wie oft wurde sie auf anderen Seiten verlinkt und hat infolgedessen mehr Gewicht bei der Suchmaschinen-Anzeige? Und nicht zuletzt: sind Ihre Umsatzerwartungen erfüllt worden?

Schreiben Sie sich eine Übersicht, am besten in Form einer Tabelle:

1. Geschäftsjahr

Kunden							
gesamt:		davon regional:		überregional:		bundesweit:	
neu:		davon regional:		überregional:		bundesweit:	
Umsatz							
gesamt:		davon Produkt A:		Produkt B:		Produkt C:	
Gewinn							
gesamt:							
Kosten							
gesamt:							

Für die weiteren Geschäftsjahre führen Sie die Tabelle fort und vergleichen jeweils mit dem vorangegangenem Zeitraum. Was verändert sich? Gibt es eine positive oder negative Entwicklung?

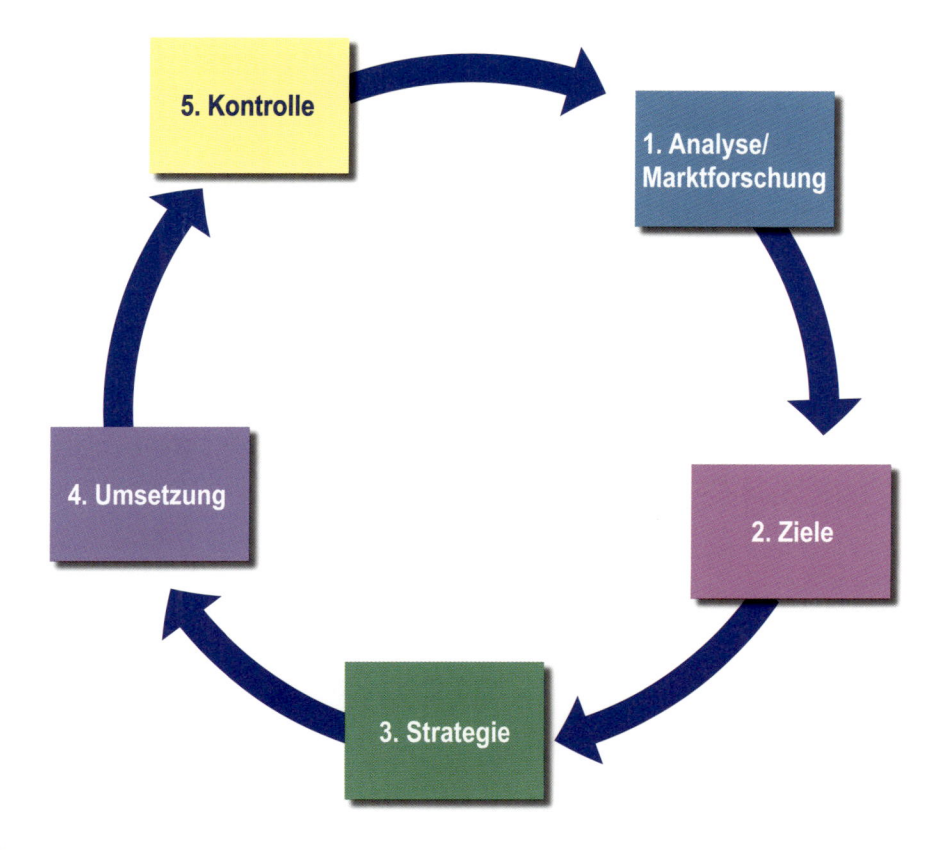

```
         5. Kontrolle  →  1. Analyse/
                          Marktforschung
              ↑                ↓
         4. Umsetzung      2. Ziele
              ↑                ↓
              ←── 3. Strategie ──
```

Customer Relationship Management – Kundenbindung

Bisher orientierte sich die Ausarbeitung der Marketing-Strategie am Neukunden. Die Kunden, die Sie schon haben, müssen aber ebenso gehegt und gepflegt werden. Leider wird dieser Teil oft vernachlässigt, ist aber ebenso Teil des Marketings. Gerade den Kunden, die Ihnen viel Umsatz bringen, die loyal sind und stets zu Ihnen kommen, sollten Sie Aufmerksamkeit entgegen bringen. Verankern Sie die Kundenperspektive in Ihren Unternehmensgrundsätzen!

In der Kundenforschung als Teil der Marktforschung hat sich herausgestellt, dass die Rentabilität der Bestandskunden mit der Dauer der Geschäftsbeziehung zunimmt, die Neukundengewinnung mit den hohen Kommunikationskosten im Vergleich dazu weniger rentabel erscheint. Das Ihnen aus dem Zeitmanagement bekannte PARETO-Prinzip lässt sich auch auf den Kundenwert anwenden: 80 % des Umsatzes werden meist von nur 20 % der Kunden erbracht. Die restlichen 80 % der Kunden kosten den Unternehmer zwar die meiste Zeit, erbringen aber nur 20 % an Umsatz.

Die 20 % der Kunden, die Ihnen den größten Teil des Umsatzes bringen, sind so gesehen also wertvoller als die, die weniger Umsatz bringen, dafür aber einen großen Teil Ihrer Zeit binden. Hier wird deutlich, dass es Ihr Ziel sein sollte, auf Dauer möglichst viele dieser »wertvollen« Kunden zu generieren. Wird der Wert eines Kunden nur durch den Umsatz bestimmt? Ganz so einfach ist es nicht, andere Faktoren müssen Sie hinzuziehen. Neben Umsatz spielt die Loyalität und die Entwicklung des Kunden eine wichtige Rolle, ebenso seine Kooperation und Information. Also kauft er nur bei Ihnen oder wechselt er gerne die Anbieter, ist er Multiplikator und trägt er seine Zufriedenheit in die Öffentlichkeit?

Mit verschiedenen Verfahren können Kunden analysiert werden. Häufig, weil einfach anzuwenden, wird die ABC-Analyse verwendet. Sie ist ein universell einsetzbares Verfahren zur Klassifizierung von Mengen nach bestimmten Kriterien. Universell einsatzbar deshalb, weil sie auch Anwendung in der Materialwirtschaft oder in der Bewertung von Aufgaben findet.

Die Einteilung sollte so aussehen:
- A – Umsatzstark
- B – Durchschnittlicher Umsatz
- C – Umsatzschwach

Die nachfolgende Abbildung zeigt eine mögliche Klassifizierung. Die Grenzen zwischen A-, B- und C-Kunden sind unternehmensspezifisch und müssen von Ihnen selbst festgelegt werden.

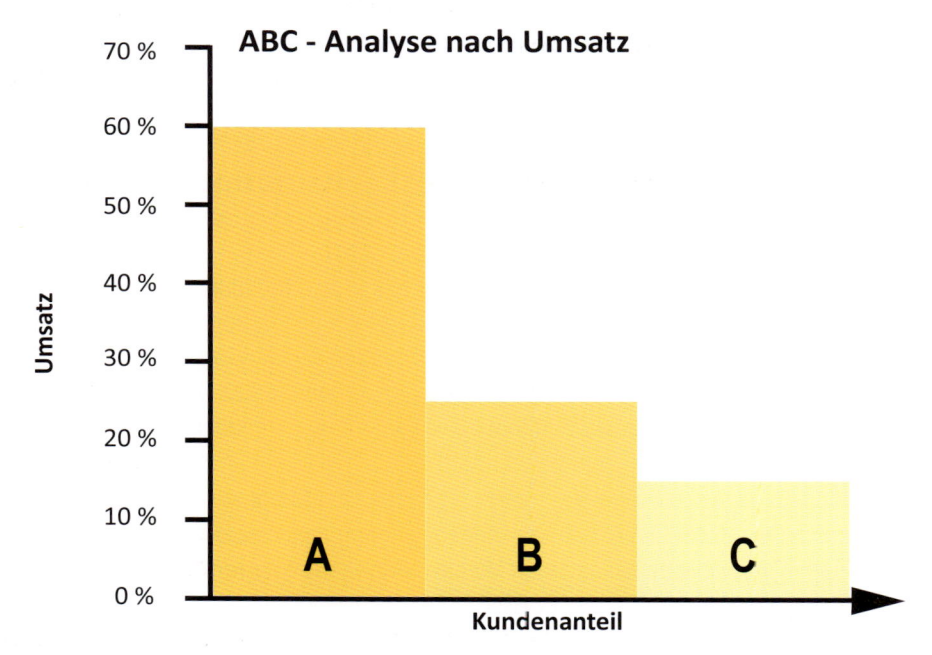

ABC - Analyse nach Umsatz

Wenn Ihre Analyse so aussähe, wäre Ihnen sicherlich sofort bewusst, wie wichtig die Beachtung und Pflege der A-Kunden ist.

Der Nachteil dieser Analyse ist, dass sie sich auf nur ein Kriterium bezieht. So einfach sind Kundenbeziehungen jedoch nicht strukturiert. Eine Kombination aus mehreren Größen wird notwendig. Es lohnt sich auch einen Blick auf die Kundentreue in Relation zum Umsatz zu werfen. Kunden mit hohem Umsatz und großer Treue müssen Sie unbedingt an Ihr Unternehmen binden. Die Kunden mit hohem Umsatz, aber nur mittlerer Treue müssen Sie halten und die Beziehung festigen. Und die Kunden mit großer Treue, aber noch geringem Umsatz sollten Sie reizen, mehr bei Ihnen zu kaufen.

Weitere Verfahren der Kundenbewertung sind Customer Lifetime Value, Kunden-Deckungsbeitragsrechnung, Kunden-Portfolio, Scoring-Modelle.

Marketingziel CRM (Customer Relationship Management)

Kundenzufriedenheit, Kundenorientierung, Kundenbindung und Kundenmanagement haben also eine große Bedeutung, wenn Ihr Unternehmen langfristig erfolgreich wirtschaften soll. Ein weiteres Marketingziel ist, den Kunden zum Wiederkauf anzuregen.

Voraussetzung für ein gutes Kundenmanagement ist der Aufbau einer aussagekräftigen und stets aktuellen Kundendatenbank. Mit der Dokumentation von Name, Adresse, Produktkäufen, Lebensstil etc. wird der anonyme Kunde zum bekannten Kunden, was die Grundvoraussetzung für eine Beziehung (relationship) zum Kunden bildet, die wiederum Einfluss auf Ihre Marketingaktivitäten haben wird. Diese Beziehung stützt sich auf Vertrauen und Treue und wird durch laufende Kontakte und Dialoge aufrecht erhalten. Sie benötigen den Dialog, um die Probleme und Wünsche des Kunden zu erkennen und ihm Lösungen anzubieten. Integrieren Sie Ihre Kunden in Ihre Entscheidungsprozesse oder beteiligen Sie sie bei der Entwicklung neuer Produkte oder Dienstleistungen. War zum Beispiel ein Workshop einer Hundeschule erfolgreich und die Teilnehmer wünschen einen Aufbau-Kurs – organisieren Sie diesen und signalisieren Sie damit, dass die Wünsche Ihrer Kunden gehört werden!

Kundenorientierung

Richten Sie Ihr unternehmerisches Handeln auf Ihre Kunden aus. Wenn Sie Mitarbeiter beschäftigen, müssen auch diese nach der gleichen Philosophie handeln. Stellen Sie Regeln im Umgang mit den Kunden auf, die alle Mitarbeiter zu befolgen haben. Die Kundenfreundlichkeit und Authentizität sind oberstes Gebot für eine gute Kundenbeziehung. Auch die Mitarbeiter müssen die Bedürfnisse, den Markt und den Wettbewerb kennen, um in Ihrem Sinne zu arbeiten und zu handeln. Ihre Mitarbeiter sollten sich einbringen dürfen und selbst nach Verbesserungen suchen.

Notieren Sie sich in Ihrer Datenbank stets die Anfragen und Wünsche Ihrer Kunden. Sie lernen durch die Kundenerwartungen dazu, dringen tiefer in die Bedürfnisse des Marktes ein und verschaffen sich damit Wettbewerbsvorteile. Aber auch Beschwerden und Kritik sind wichtig für

Ihren Erfolg. Fragen Sie die Kunden nach ihrer Meinung. Sie können Ihre Leistungen nur verbessern, wenn Sie konstruktive Kritik ernst nehmen und bereit für Veränderungen sind.

Beschwerden und Reklamationen sind ebenfalls Kundenkontakte und wichtige Dialoge. Sie sind eine riesige Chance zur Verbesserung. Ihr Kunde wird in dem Moment zu Ihrem Berater und zeigt Ihnen Schwächen und mögliche Stärken auf. Kümmern Sie sich zügig um die Anliegen, damit Ihr Kunde sich nicht in der Zwischenzeit verärgert vom Unternehmen abwendet. Verarbeiten Sie die Hinweise und verbessern Sie damit die Qualität Ihres Angebots und Ihres Services.

Qualitätsorientierung
Die Produktbeschaffenheit, also die Qualität, spielt bei der Kaufentscheidung eine wichtige Rolle. Der Kunde bewertet das Produkt durch den Vergleich mit verschiedenen Anbietern. Stehen Kosten und Nutzen in einem für den Kunden akzeptablen Verhältnis, haben Sie die Chance, dass Ihr Produkt ausgewählt wird. Sie sollten also die Qualitätsanforderungen nicht nur gerade so erfüllen, vorteilhafter wäre, diese zu übertreffen. Auch hier ist die Meinung der Kunden gefragt, um Qualitätsverbesserungen vorzunehmen. Hören Sie an dieser Stelle auch Ihren Mitarbeitern zu. Deren Ideen können Ihnen noch nicht ersonnene Neuerungen bringen. Schaffen Sie weitere Werte für den Kunden, indem Sie besonders schnell liefern oder Garantien geben. Eine Hundetagesstätte könnte beispielsweise die Tiere bei den Kunden abholen. Oder denken Sie an Umweltverträglichkeit: gibt es in Ihrem Sortiment biologisch abbaubare Kotbeutel?

Kundenzufriedenheit
Stimmen Qualität und Service und werden die Erwartungen des Kunden erfüllt oder gar übertroffen, ist der Kunde zufrieden und zum Wiederkauf bereit. Das ist der Grundstein für die Bindung des Kunden an Ihr Unternehmen. Wer unzufrieden war, wird nicht wiederkommen und kann somit auch nicht Stammkunde werden.

Kundenzufriedenheitsanalyse
Bei der Befragung der Kunden nach Ihrer Zufriedenheit wird nicht nur die Qualität des Produkts beurteilt. Vielmehr spielt die subjektive Wahrnehmung eine Rolle. Sie sollten regelmäßig Befragungen mittels Feedback-Bögen oder persönlichem Gespräch durchführen. Nur der zufriedene Kunde kann Stammkunde werden. Zufriedene Kunden werden zu Multiplikatoren, wenn sie ihre positiven Erfahrungen weitererzählen. Und zufriedene Kunden sind potenziell bereit, hochpreisige Produkte oder Dienstleistungen (Premiumprodukte) bei Ihnen zu kaufen.

Kundenbindung
Gerade im Hundebereich brauchen die Kunden Geschäftspartner, denen sie vertrauen können. Es geht ja um ihren Hund! Deshalb entsteht über das Vertrauen in Ihre Leistungen eine emotionale Kundenbindung. Dazu gehört auch, dass Sie Anliegen, Kritik und Beschwerden ernst nehmen, darauf eingehen und um gute Lösungen bemüht sind.

Gerade wenn sich die Kunden mit Ihrem Unternehmen identifizieren sollen, sind Instrumente wie Kundenzeitschriften, Kundenklubs und spezielle Kundenkarten sinnvoll.

- **Kundenzeitschriften:** Sie können in einer Kundenzeitschrift die Neuigkeiten des Unternehmens vorstellen. Gleichzeitig sollten Sie für den zusätzlichen Kundennutzen informative und interessante redaktionelle Beiträge hinzufügen. Die Kunden sollen sich über den Erhalt der Zeitschrift freuen und sie nicht zusammen mit der restlichen Werbung aus dem Briefkasten in den Papierkorb werfen.

- **Kundenklubs:** Machen Sie Ihre Kunden zu Mitgliedern. Nur Mitglieder erhalten Vergünstigungen, werden als erste über besondere Angebote informiert oder werden zu besonderen Events eingeladen. Als Hundeschule könnten Sie mit Ihren Mitgliedern beispielsweise einen gemeinsamen Ausflug mit Hundewanderung und organisiertem Picknick machen oder gemeinsam eine Veranstaltung besuchen.

- **Kundenkarten:** Mit Kundenkarten erhalten die Karteninhaber Vorteile, wenn Sie bei Ihnen kaufen. Das kann im Einzelhandel Rabatt sein, der direkt an der Kasse abgezogen wird. Aber auch Sammelkarten binden und animieren zum Wiederkauf. Das könnte in einer Hundeschule beispielsweise die Zehnerkarte sein. Ist sie voll, ist die elfte Stunde kostenlos.

CRM als Teil der Strategie

Nach der Bewertung Ihrer Kunden und der Erwägung der notwendigen Instrumente für die Bindung der Stammkunden wird deutlich, dass das Customer Relationship Management erheblichen Einfluss auf Ihre Marketing-Strategie hat. Ihre anfangs entwickelte Strategie muss im zweiten Schritt (nach der Neukundengewinnung) verändert und angepasst werden.

Sie sollten in Ihrem Unternehmen kundenorientiert handeln und stets nach Problemlösungen suchen, um die Bedürfnisse Ihrer Kunden zu befriedigen. Erwirtschaftet Ihr Geschäft langfristig Gewinn, steigt der Wert Ihres Unternehmens. Nicht nur der Gewinn bzw. die Rentabilität sind ausschlaggebend, auch die Kundenzufriedenheit bestimmt den Unternehmenswert. Denn mit zufriedenen Kunden steigt der Absatz (Wiederkäufe) und Sie können eventuell sogar höhere Preise durchsetzen (Premium-Effekt).

Die Ausrichtung der Strategie in Richtung Kunden- bzw. Marktorientierung beeinflusst nun Ihr gesamtes Marketing. Bleiben Sie stets im Dialog mit Ihren Kunden. Behalten Sie damit die Bedürfnisse Ihrer Kunden im Auge, wenn Sie über neue Geschäftsfelder und Kooperationen nachdenken.

Bei der Orientierung an den Wünschen der Kunden müssen Sie den Kundenlebenszyklus mit einbeziehen. Dieser teilt sich wie der Produktlebenszyklus in mehrere Phasen:

- Neukundengewinnung mit Anbahnung und Sozialisation (Akquise und Gewöhnung): Ihre Marketingaktivitäten dienen erstens der Gewinnung von Neukunden durch eine intensive Kommunikation (Werbung) und zweitens der Anregung zum Wiederkauf.

- Kundenbindung mit Wachstum und Reifung (Individualisierung und Effizienzsteigerung, Cross-Selling): Kunden, die Wiederkäufer geworden sind, müssen Sie mit den Instrumenten der Kundenbindung zu Stammkunden machen. Die Beziehung zum Kunden intensivieren Sie. Wichtig ist der Dialog, um auf spezielle Bedürfnisse eingehen zu können. Dann haben Sie die Möglichkeit, zusätzliche Produkte zu verkaufen.

- Kundenrückgewinnung mit Krisen- und Trennungsphase (Fehlerkorrektur, Überzeugung, Entwöhnung): Durch stark veränderte Bedürfnisse, Fehler Ihrerseits oder Unzufriedenheit droht die Abwanderung der Kunden. Jetzt müssen Sie Krisenmanagement betreiben und versuchen, die Kunden zurückzugewinnen.

Kundenrückgewinnung

Kunden können aus den verschiedensten Gründen abwandern: Veränderung der Lebenssituation und der Bedürfnisse, Unzufriedenheit, Fehler Ihres Unternehmens, starker Wettbewerb, der die Kundenbedürfnisse besser befriedigen kann oder einfach die Suche nach Abwechslung. Unterschätzen Sie nicht das Potenzial von abgewanderten Käufern. Sie sind ein Verlust für Ihren Betrieb. Und schlussendlich ist die Rückgewinnung eines bekannten Kunden oft wirtschaftlicher als eine aufwändige Neukundengewinnung.

Zuerst stellen Sie sich die Fragen: Warum ist der Kunde abgewandert? Möchte ich diesen Kunden zurück haben? (Kundenanalyse)

Danach suchen Sie nach einer Lösung oder einer Strategie, diesen Kunden zurück zu gewinnen. Viele Kunden sind zur Rückkehr bereit, wenn Sie sie bitten und Sie mit kleinen Gefälligkeiten ein wenig nachhelfen. Fassen Sie sich ein Herz, fragen Sie nach, was den Kunden gestört hat und seien Sie bereit, sich Fehler einzugestehen. Der persönliche Kontakt oder ein Anruf zeigt ihm, dass er Ihnen wichtig ist. Fragen Sie aber nicht nur nach den Gründen der Trennung, sondern auch, was Ihr Kunde sich besonders wünschen würde und worauf er nicht verzichten möchte. Die Antworten aus diesem Gespräch helfen Ihnen, Ihre Leistungen den Wünschen entsprechend zu verbessern. Außerdem erfahren Sie in einem offenen Gespräch viel darüber, was der Wettbewerb anders oder besser macht.

Haben Sie den Kunden zurückgewonnen, behandeln Sie ihn fürsorglich. Er kennt Ihr Unternehmen bereits und die emotionale Bindung wird sich schneller und stärker wieder einstellen, wenn sich der Kunde ernst genommen fühlt. Mit der Rückgewinnung begegnen Sie auch der Gefahr der negativen Werbung bei anderen Kunden und deren darauffolgende Abwanderung.

Schlussendlich hilft Ihnen der Dialog mit abgewanderten und zurückgewonnenen Kunden, Fehler in Zukunft zu vermeiden und Ihre Leistung zu verbessern. Das kommt der Bindung und der Beziehungsqualität zu allen Ihren Kunden zugute.

Marketingkreislauf

Nach allen diesen Kapiteln hat sich der Kreislauf Ihres Marketings geschlossen und Sie erkennen, dass Marketing ein andauernder dynamischer Prozess ist. Sie müssen immer wieder analysieren, Ziele festlegen, Strategien entwickeln oder anpassen, Maßnahmen zur Umsetzung ergreifen, die Ergebnisse auswerten und erneut analysieren…

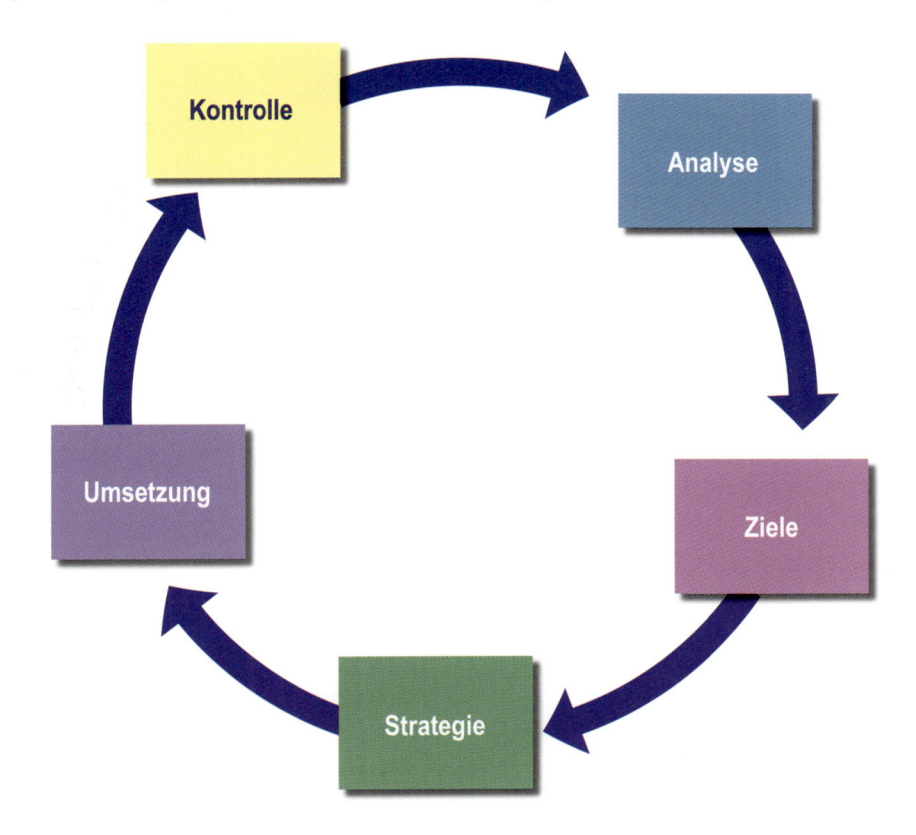

Checkliste: Marketing – Analyse – Strategie – Kontrolle

Die Schritte zum erfolgreichen Marketing finden Sie hier auf einen Blick. Arbeiten Sie alle Punkte ab, damit Sie Ihr Unternehmen erfolgreich aufstellen können.

Unternehmenszweck	
Welche sind Ihre übergeordneten Unternehmensziele?	Wirtschaftlichkeit, Gewinnsteigerung, Leidenschaft, Existenzsicherung etc.
Sind wirtschaftliche Ziele und persönliche Interessen vereinbar?	Vergleich: monetäre Interessen / persönliche Ziele
Analyse	
Marktforschung	Welche Methoden? Befragung, Diskussionen, Auswertung von Statistiken
Unternehmen	Stärken / Schwächen
Markt	Ist ein Markt für Ihr Produkt vorhanden? Wie groß ist der Markt? Ist er unter Wettbewerbern aufgeteilt?
Kunden	Wird das Angebot nachgefragt? Welche und wie viele potenzielle Kunden sind vorhanden?
Wettbewerb	Gibt es Wettbewerb? Stärken / Schwächen des Wettbewerbs
Umfeld	Gesellschaftliche Akzeptanz / Rechtliche Beschränkungen
Bewertung des Produkts / der Dienstleistung	
Produktlebenszyklus	In welcher Phase befindet sich das Produkt? Welche Maßnahmen könnten notwendig sein?
Unternehmensziele und Marketingziele	
Quantitative / Qualitative Ziele	Umsatz, Preis, Marktanteil, Bekanntheit, Kundenzufriedenheit, Image
Ziele ausformulieren	SMART: spezifisch, messbar, attraktiv, realisierbar, terminiert

Zielgruppen festlegen	Erkenntnisse aus der Marktforschung nutzen
Marketing-Strategie	
Wie wollen Sie angreifen?	Differenzierung: Einzigartigkeit Ihrer Produkte Kostenführerschaft: günstige Preise Konzentration: auf Schwerpunkte
Alleinstellungsmerkmal (USP)	Was speziell unterscheidet das Produkt / die Tätigkeit vom Wettbewerb? Besondere Botschaft herausstellen
Kundennutzen (Consumer Benefit)	Grundnutzen / Zusatznutzen, der emotionale Ebene anspricht
Umsetzung / Maßnahmen	
Marketing-Mix	Produkt-, Distributions-, Kommunikations- und Entgeltpolitik: Qualität, Stil, Marke, Absatzkanäle, Werbung, PR, Preis, Rabatt
Markenname	Besonderes Merkmal herausstellen, Wiedererkennungseffekt schaffen.
Logo	Auf einen Blick erkennbar Wiedererkennungseffekt schaffen
Slogan	Soll Kernbotschaft transportieren
Kommunikationsmittel	Welche Zielgruppe kann über welches Medium am besten erreicht werden? Davon hängt die Kombination Ihrer Maßnahmen ab. AIDA: Aufmerksamkeit erregen, Interesse wecken, Verlangen erzeugen, Aktion (Handlung) auslösen
Maßnahmen planen und Budget festlegen	Zeitplan anlegen Kosten ermitteln und planen
Kontrolle	
Vergleich Soll – Ist	Welches waren die gesteckten Ziele? Wie viel davon konnte erreicht werden?
Prüfen / Anpassen	Wieder beginnen bei der Analyse: Muss die Strategie verändert werden? Bewertung der Kunden / Kundenbindung und Kundenpflege

Kapitel 6
Das **Tierschutzgesetz** und der **Sachkundenachweis**

Das Tierschutzgesetz ist, wie aus dem Namen abzuleiten ist, zum Schutz der Tiere erlassen worden. Der Grundsatz ist in § 1 manifestiert:

§ 1

Zweck dieses Gesetzes ist es, aus der Verantwortung des Menschen für das Tier als Mitgeschöpf dessen Leben und Wohlbefinden zu schützen. Niemand darf einem Tier ohne vernünftigen Grund Schmerzen, Leiden oder Schäden zufügen.

Deshalb sind im Tierschutzgesetz Regelungen zur Haltung von Tieren, dem Töten von Tieren, dem Eingriff an Tieren, Tierversuchen, Tiertransporten und sonstige Bestimmungen zum Tierschutz festgesetzt.

Für Unternehmer im Hundebereich ist der achte Abschnitt mit dem § 11 wichtigste Grundlage zur Zucht oder Haltung oder dem Handel mit Wirbeltieren. Der entsprechende Auszug aus dem TierSchG lautet:

§ 11

(1) *Wer*

...

2. Tiere für andere in einem **Tierheim oder in einer ähnlichen Einrichtung** *halten,*

...

2b. für Dritte Hunde zu Schutzzwecken ausbilden oder hierfür Einrichtungen unterhalten,

...

3. ***gewerbsmäßig***

    a) **Wirbeltiere**, *außer landwirtschaftliche Nutztiere und Gehegewild, züchten oder halten,*
    b) *mit* **Wirbeltieren handeln,**

...

will, bedarf der **Erlaubnis der zuständigen Behörde***. In dem Antrag auf Erteilung der Erlaubnis sind anzugeben:*

1. die Art der betroffenen Tiere,

2. die für die Tätigkeit verantwortliche Person,

...

*Dem Antrag sind **Nachweise über die Sachkunde** im Sinne des Absatzes 2 Nr. 1 beizufügen. (2) Die Erlaubnis darf nur erteilt werden, wenn*

1. *... die für die Tätigkeit verantwortliche Person auf Grund ihrer Ausbildung oder ihres bisherigen beruflichen oder sonstigen Umgangs mit Tieren die für die Tätigkeit erforderlichen **fachlichen Kenntnisse und Fähigkeiten** hat; der Nachweis hierüber ist auf Verlangen in einem Fachgespräch bei der zuständigen Behörde zu führen,*

2. *die für die Tätigkeit verantwortliche Person die erforderliche **Zuverlässigkeit** hat,*

3. *die der Tätigkeit dienenden **Räume und Einrichtungen** eine den Anforderungen des § 2 entsprechende Ernährung, Pflege und Unterbringung der Tiere ermöglichen und*

...

Laut der Allgemeinen Verwaltungsvorschrift zur Durchführung des Tierschutzgesetzes gilt nach Ziffer 12.2.1.5 als **gewerbsmäßig**, wer die genannten Tätigkeiten selbständig, planmäßig, fortgesetzt und mit der Absicht der Gewinnerzielung ausübt.

Entspricht Ihr Unternehmen der Definition des § 11 TierSchG (z. B. Hundepension, Hundetagesstätte, Züchter, ggf. auch Hundetrainer, Tierschutzorganisation etc.), müssen Sie bei der für Sie zuständigen Behörde (meist Veterinäramt) einen **Antrag auf Erteilung einer Erlaubnis gemäß § 11 des Tierschutzgesetzes** stellen. Diesem Antrag müssen Sie u. a. den Nachweis Ihrer Sachkunde beilegen. **Sachkundig** im Sinne des TierSchG ist, wer

AVV Ziffer 12.2.2.2 ...

- eine abgeschlossene staatlich anerkannte oder sonstige Aus- oder Weiterbildung absolviert hat, die zum Umgang mit den Tierarten befähigt, auf die sich die Tätigkeit erstreckt, oder

- auf Grund ihres bisherigen beruflichen oder sonstigen Umgangs mit Tieren, beispielsweise durch langjährige erfolgreiche Haltung der betreffenden Tierarten, die für die Tätigkeit erforderlichen fachlichen Kenntnisse hat.

Nicht alle Gründer im Hundebereich haben eine entsprechende staatliche Ausbildung absolviert. Für diese Antragsteller gilt dann AVV Ziffer 12.2.2.3:

Die zuständige Behörde kann verlangen, dass unter Beteiligung des beamteten Tierarztes und erforderlichenfalls weiterer Sachverständiger im Rahmen eines Fachgesprächs der Nachweis über die erforderlichen fachlichen Kenntnisse und Fähigkeiten hinsichtlich Haltung, Pflege und Unterbringung der betreffenden Tierarten geführt wird (§ 11 Abs. 2 Nr. 1). Ein solches Gespräch ist insbesondere dann zu verlangen, wenn die für die Tätigkeit verantwortliche Person keine abgeschlossene staatlich anerkannte oder sonstige Aus- oder Weiterbildung absolviert hat, die zum Umgang mit den entsprechenden Tierarten befähigt.

In einigen Bundesländern werden gleichwertige Lehrgänge mit Abschlussprüfung bei Verbänden oder Bildungsträgern als Ersatz zu einem Fachgespräch anerkannt. Klären Sie dies am besten vor der Antragstellung mit dem für Sie zuständigen Amtsveterinär. Zeigen Sie Eigeninitiative! Sie werden sicherlich einen positiven Eindruck hinterlassen, wenn Sie sich bemühen, alle notwendigen Unterlagen und Nachweise vorzubereiten und wenn Sie sich vor Beginn Ihrer Tätigkeit durch Fortbildungen entsprechend qualifizieren. Denn ein Antrag mit vollständigen aussagekräftigen Unterlagen spart Ihrem Amtsveterinär wertvolle Arbeitszeit.

Schweiz: Auch hier gibt es einen Sachkundenachweis auf Grundlage des Tierschutzgesetzes. Ausführliche Informationen erteilt das Bundesamt für Veterinärwesen BVET **www.bvet.admin.ch**

Kapitel 7
Checkliste zur Unternehmensgründung

1. Die Idee
Sprechen Sie mit Ihrer Familie, Freunden und Bekannten über Ihre Geschäftsidee.
Wie kommt Ihre Idee an? Gibt es Einwände oder Verbesserungsvorschläge?

2. Ihre Person
Prüfen Sie sich selbst. Sind Sie ein »Unternehmertyp«? Halten Sie den Belastungen stand?
Ist die Selbständigkeit mit Ihrer Lebenssituation vereinbar?
Sind Sie (zeitlich) flexibel?
Haben Sie Rückhalt in der Familie / im Freundeskreis?
Sind Sie ausreichend qualifiziert?

3. Der Zweck Ihres Unternehmens
Warum wollen Sie dieses Unternehmen gründen?
Was ist das Besondere daran?
Was ist Ihre eigene Intention?

4. Beratung
Besprechen Sie mit einem Gründungscoach oder Steuerberater Ihr Vorhaben.
Er kann Ihnen wertvolle Tipps zur Finanzplanung geben.

5. Marketingstrategie
Betreiben Sie intensive Marktforschung!
Denn ohne potenzielle Kunden wird die beste Idee keinen Umsatz bringen.
Erstellen Sie anhand dieser Ergebnisse Ihre Marketingstrategie.

6. Der Businessplan
Planen Sie Ihr Vorhaben mit Hilfe des Businessplans.
Erstellen Sie eine objektive Finanzplanung als Teil des Businessplans, um die Tragfähigkeit Ihres Vorhabens zu prüfen.

7. Prüfung / Korrektur
Beim Erstellen des Businessplans werden Sie feststellen, ob Ihr Vorhaben umsetzbar ist und welche Dinge gegebenenfalls nachgebessert werden müssen.
Fehlen noch Qualifikationen, behördliche Genehmigungen etc.?

8. Beantragung von Fördermitteln / Darlehen

Wenn Sie Anspruch auf Fördermittel haben, müssen Sie diese meist vor der Gründung beantragen. Das Gleiche gilt für bestimmte Darlehen.

Grundsätzlich müssen Sie vor der Gründung abklären, ob Sie benötigtes Fremdkapital überhaupt bekommen, denn damit steht und fällt Ihre Gründung.

9. Kommunikationsmittel vorbereiten

Bevor Sie das Gewerbe anmelden, sollten Sie die Mittel zur Kommunikation mit Kunden und Lieferanten vorbereiten (Homepage, Visitenkarten, Flyer).

So können Sie schon vor Geschäftseröffnung Interessenten und Kunden gewinnen.

10. Gewerbe anmelden

Wenn Sie alle Vorbereitungen getroffen haben melden Sie (je nach Rechtsform) Ihr Gewerbe an.

11. Versicherungen / Haftung

Schließen Sie vor Beginn Ihrer betrieblichen Tätigkeiten alle notwendigen Versicherungen ab. Klären Sie Haftungsfragen und arbeiten Sie ggf. AGB aus.

12. Gas geben!

Ab dem Tag Ihrer Geschäftseröffnung stecken Sie Ihre ganze Energie in Ihr Unternehmen!

Es muss wachsen, damit Sie recht bald davon leben können und unternehmerisch erfolgreich werden!

VIEL ERFOLG!

Praxisteil
Selbständige Hundeberufe
im Überblick

von Martina Schöps

Hundeschule / Hundetrainer/-in

Für diesen Beruf ist nicht nur viel Erfahrung im Umgang mit Hunden Voraussetzung, sondern auch Kommunikationsfähigkeit mit Menschen, Durchsetzungsvermögen und Verständnis für Psychologie, um die Probleme zwischen Mensch und Hund in den Griff zu bekommen.

Der Beruf des Hundetrainers ist einer der wichtigsten und verantwortungsvollsten Berufe im Hundebereich. Fehler, die bei der Erziehung eines Hundes gemacht werden, lassen sich nur schwer, wenn überhaupt, wieder korrigieren und beeinflussen die Beziehung zwischen Mensch und Hund das ganze Hundeleben lang.

Auf einen Blick

Formale Qualifikation erforderlich:
Derzeit noch kein anerkannter Beruf (D/CH/A), Sachkundenachweis §11 Tierschutzgesetz erforderlich bei stationärer Ausbildung der Hunde. (D)

Empfehlenswert: Qualifikation in 1. Hilfe Mensch und Hund

Zertifizierungsmöglichkeiten und Verbände:

🇩🇪 Internationaler Berufsverband der Hundetrainer (IBH), Berufsverband der Hundeerzieher und Verhaltensberater e.V. (BHV), Berufsverband zertifizierter Hundeschulen e.V. (BZV)

🇨🇭 Schweizerische Kynologische Gesellschaft (SKG), Zertifizierung über Certodog

🇦🇹 Österreichischer Kynologenverband (ÖKV), Vereinigung österreichischer Hundeverhaltenstrainer/innen (VOEHT)

Ausbildungsmöglichkeiten:

🇩🇪 Hundefachwirt IHK Potsdam, Hundetrainer Canis-Kynos, Hundetrainer ATN Schweiz – s. Serviceteil. Mehrere private Ausbildungen, Praktika in zahlreichen Hundeschulen möglich

🇨🇭 In der Schweiz dürfen nur vom Bundesamt für Veterinärwesen anerkannte Personen oder Institute Ausbildungen zum Hundetrainer anbieten (s. Serviceteil).

🇦🇹 Hundesportvereine innerhalb des ÖKV, Vereinigung Österreichischer Hundeverhaltenstrainerinnen (VÖHT), s. Serviceteil

Versicherungen:
Betriebshaftpflichtversicherung, Berufsunfähigkeitsversicherung, Gebäudeversicherung, Rechtsschutzversicherung mit Vertragsrecht, Hundehaftpflicht

Vollerwerb / Nebenerwerb:
Beides möglich

Räumliche und materielle Voraussetzungen:
Außengelände mit Unterstand, evtl. Seminarraum mit Vorführtechnik, Büro für Kundendatenpflege etc., PKW in geeigneter Größe, Trainingsgeräte, Hundezubehör

Leider ist der Beruf des Hundetrainers in Deutschland noch immer nicht geschützt, was bedeutet, dass der Beruf theoretisch auch ohne fundierte Ausbildung ausgeübt werden kann. Jedoch sollte man sich der Verantwortung bewusst sein, die man bei der Hunde- oder besser gesagt Mensch-Hunde-Ausbildung übernimmt.

Ausbildungsmöglichkeiten gibt es viele. Die beiden fundiertesten Ausbildungen in Deutschland werden von der IHK Potsdam und Canis – Institut für Kynologie, angeboten. Beide machen sich für eine einheitliche und fundierte Hundetrainerausbildung stark und bei beiden ist eine freiwillige Zertifizierung möglich. Daneben gibt es zahlreiche weitere private Ausbildungen sowie Weiterbildungsseminare von bekannten Hundetrainern. Man sollte die Angebote zur Hundetrainerausbildung jedoch immer gut prüfen, im Internet tummeln sich bekanntlich viele Scharlatane, die zu horrenden Preisen die absolute »Top-Ausbildung« anbieten. Am besten sprechen Sie mit erfahrenen Kollegen oder holen sich bei einem der Berufsverbände Rat. Wichtig ist also einerseits, dass die Ausbildung anerkannt ist, andererseits sollte man sich aber auch mit den jeweils gelehrten Inhalten identifizieren können, betont Claudia Hussong von der Fiffi Company: »Bei allen Ausbildungen ist darauf zu achten, dass diese artgerecht, ohne Gewalt und Starkzwangmittel durchgeführt werden. Keine Ausbildung mit Fremdbestimmung, sondern immer Handlungen aus persönlicher Überzeugung.«

Nachdem man sich für ein geeignetes Ausbildungsinstitut entschieden hat, gibt es jedoch noch weitere Dinge zu beachten, wie beispielsweise die recht hohen Investitionskosten. Neben einer guten Ausbildung, der Anmietung eines Geländes, evtl. dem Kauf eines PKW und der Anschaffung von verschiedenen Spiel- und Trainingsgeräten sollte auf jeden Fall ein finanzielles Polster für die ersten Monate der Selbständigkeit eingeplant werden. Zudem sind Investitionen für Büroeinrichtung, vielleicht sogar ein Seminarraum für den theoretischen Teil der Lehrgänge oder eine Halle für Schlechtwettertage einzuplanen. Ebenso dürfen Versicherungen, Kosten für Marketing und Steuerberater sowie Rücklagen nicht vergessen werden.

Der Standort einer Hundeschule ist der vielleicht schwierigste Punkt der Selbständigkeit, denn der Hundeplatz sollte gut erreichbar sein, gleichzeitig aber keine Anwohner stören und schön im Grünen liegen, genau hier stößt man jedoch auf die meisten Probleme. Zusätzlich sollten Auslaufgebiete für die Vierbeiner vorhanden sein sowie Parkplätze und im Idealfall ein Strom- und Wasseranschluss. Mindestens ebenso wichtig ist das Umfeld, denn gute Tierärzte, Physiotherapeuten, Hundefachgeschäfte oder Hundepensionen können sich positiv für Sie auswirken, während andere Hundeschulen eine große Konkurrenz bedeuten.

Die meisten Hundetrainer geben an, eher die Besitzer als deren Hunde zu schulen. Man sollte also auch Spaß am Umgang mit Menschen haben, denn die notwendigen Trainingsschritte müssen dem Kunden klar vermittelt werden, damit er diese auch selbst umsetzen kann.

»Wer Hundetrainer werden möchte, sollte dem Umgang mit Menschen positiv gegenüber stehen und gleichzeitig gerne mit Tieren arbeiten. Eine ruhige Ausstrahlung gegenüber Hunden und Menschen sowie die Fähigkeit, den Kunden zu motivieren und Erklärungen verständlich zu vermitteln, gehören zu den Basiskompetenzen«, meint auch *D.O.G.S.* - Coach Dieter Asendorf. Er erklärt, dass auch das Interesse an ständiger Fortbildung für einen Hundetrainer dazu gehört und gibt weitere Tipps: »Interessierte sollten sich darüber im Klaren sein, dass die Arbeitszeiten sehr flexibel gestaltet werden müssen. Unsere Kunden können wir nur für uns gewinnen, wenn wir ein Training anbieten, nachdem diese selber Feierabend oder Wochenende haben. Auch sollte der Büroaufwand wie Kundenverwaltung, Planung von Trainingsstunden, Seminaren, Werbemaßnahmen und Buchhaltung nicht unterschätzt werden. Sollten auch noch Mitarbeiter im Betrieb tätig sein, erhöht sich der zeitliche Aufwand weiter. Wer nicht bereit ist, das alles zu leisten und Einschränkungen hinzunehmen, sollte sich besser beruflich anders orientieren.«

Persönliche Erfahrungen
von Claudia Hussong, Fiffi Company

Eigentlich wurde die Idee der Hundeschule durch meine eigenen Hunde und deren unterschiedliche Interessen geboren. Zudem fand ich das Angebot der umliegenden Hundeschulen nicht befriedigend, denn leider stieß ich immer wieder auf veraltete Trainingsmethoden oder den Einsatz von Stachelhalsbändern. Ich machte die Erfahrung, dass nur sehr wenige Trainer die Hunde wirklich lesen und deren Kommunikation deuten sowie sinnvoll umsetzen konnten. Lernen mit Spaß für Hund und Mensch war oft gar nicht zu erkennen. Aus dieser Unzufriedenheit heraus entstand mein Unternehmen, mit dem Anspruch, etwas in dieser Hinsicht zu verändern. Was mich an meiner Arbeit so begeistert, ist die Arbeit mit den unterschiedlichen Hunden, die Erfolgserlebnisse, die Vermittlung der Hundesprache an meine Kunden, die Vermeidung von Verhaltensfehlern und nicht zuletzt der Kontakt mit den Menschen. Auch die zusätzlichen Seminare und Workshops bringen immer wieder Schwung in den Hundealltag. Was mich verärgert, sind unüberlegte Hundekäufe, unverbesserliche Hundehalter und Trainer, die Gewalt und Druck dem logischen Denken vorziehen. Jedoch motivieren mich solche Erlebnisse gleichzeitig, mit meinem Trainingskonzept aufzuzeigen, dass es auch anders geht.

Fiffi Company, Claudia Hussong
Velsenstr. 8B, 45731 Waltrop
Tel. 0171/8335501,
www.fiffi-company.de

Persönliche Erfahrungen
von Dieter Asendorf, D.O.G.S. Coach für Menschen mit Hund

Als in meiner damaligen Branche, der Telekommunikation, das Personal reduziert wurde, war ich nach 34 Jahren Betriebszugehörigkeit plötzlich arbeitslos. Da ich mich seit 1998 stark mit der Hundezucht beschäftige, ergab sich hieraus auch die Beschäftigung mit dem Training von Hunden. So kam es dazu, dass ich im Laufe der Zeit Training für Hundebesitzer anbot – und der Wunsch geboren wurde, das Hobby zum Beruf zu machen. Ich beschäftigte mich mit verschiedenen Ausbildungen zum Hundetrainer, die mir aber nicht zusagten. So kam es, dass die Ausbildung bei Martin Rütter, bei dem ich mit meiner Lebensgefährtin schon Seminare besucht hatte und dessen Trainingsphilosophie meinen Vorstellung entsprach, zum Tragen kam und ich diesen Entschluss bis zum heutigen Tag nie bereut habe.

Ich wusste von Anfang an, was es heißt, in die Selbständigkeit zu gehen, da ich dieses von meinen Eltern her kenne. Auch dass der Arbeitstag oftmals länger sein wird als ich es als Arbeitnehmer gewohnt war, ist mir von vornherein klar gewesen und auch dass das Geschäftliche fortan immer im Vordergrund steht.

Natürlich macht man sich auch Sorgen, ob das Geschäft so anläuft wie man es sich erhofft hat. Dass es nicht gleich mit dem »großen« Geldverdienen angehen würde, war mir auch klar und auch dass man diese Zeit noch überstehen muss.

D.O.G.S. Zentrum für Menschen mit Hund
Dieter Asendorf
Blumenlage 9, 31234 Edemissen-Eddesse
Tel. 05176/922728,
www.peine.ruetters-dogs.de

Zusatzinfo: Verhaltenstherapeut

Da die Ausbildung zum Hundetrainer wie oben beschrieben nicht geschützt ist, gibt es eine Fülle von Bezeichnungen für dieses Berufsfeld, die den ratsuchenden Hundehalter meist noch mehr verwirren. Es tummeln sich also Hundetrainer, Hundepsychologen, Hundeflüsterer, Verhaltensberater und viele mehr in den zahlreichen Hundeschulen. Der Name allein sagt jedoch nichts über die Qualifikationen des jeweiligen Trainers aus.

Eine Ausnahme stellen Tierärzte dar, die an der Universität eine Zusatzausbildung in Verhaltenstherapie absolviert haben und sich aufgrund dessen »Verhaltenstherapeut« nennen dürfen. Viele wissen jedoch nicht, dass der Begriff geschützt ist und so findet man ihn auf der Homepage von so manchem selbsternannten Hundetrainer. Sind Sie sich also nicht sicher, fragen Sie ruhig nach den Qualifikationen. Die Zusatzausbildung erfolgt in der Regel als Aufbaustudium, nachdem das Studium der Tiermedizin abgeschlossen wurde. Zudem gibt es Weiterbildungsangebote in Praxen mit der Berechtigung auf Weiterbildung in der Verhaltenstherapie oder von der ATF (Akademie für tierärztliche Fortbildung).

Grundsätzlich gelten für tierverhaltenstherapeutische Praxen die gleichen Bestimmungen wie für normale Tierarztpraxen. Ob die Verhaltenstherapie dabei im Nebenerwerb geführt wird oder im Vollerwerb ausgeübt werden kann, liegt meistens an der Kundenfülle im jeweiligen Einzugsbereich. Die Eigenschaften, die der tiermedizinische Verhaltenstherapeut mitbringen sollte, unterscheiden sich dabei nicht von denen des ›normalen‹ Hundetrainers. Ein gutes Einfühlungsvermögen, eine Ausbildung in Gesprächsführung und Kommunikation sowie die Bereitschaft neben den Hunden vor allem mit Menschen zu arbeiten, nennt die Tierärztin mit Zusatzausbildung in Verhaltenstherapie Viviane Theby als wichtigste Voraussetzungen für den Beruf. Sie selbst findet, dass viel zu viele Hundetrainer und auch Tierärzte schon meinen, gerade im Bereich der Verhaltenstherapie schon alles zu wissen und zu können. Dabei ist es wie überall – um in einem Bereich wirklich gut zu sein, muss man sich spezialisieren und ständig weiterbilden. Mit einem verhaltensauffälligen Kind geht man schließlich auch nicht zum Allgemeinarzt. Das führt dazu, dass viele Halter erst dann mit ihrem Hund zu einem echten Spezialisten kommen, wenn das Problem schon sehr weit fortgeschritten ist und der Hundetrainer – oder mehrere Trainer – nicht helfen konnten. »Aber mittlerweile erkennen zum Glück auch viele Tierärzte an, dass die Verhaltenstherapie ein eigenes Spezialgebiet ist und nicht etwas, was jeder Tierarzt automatisch kann,« so Viviane Theby.

Scheuerhof, Viviane Theby
54516 Wittlich
Tel: 06571 260290, www.tierakademie.de

Hundebetreuung / Gassiservice

Mehr als nur eine Runde spazieren gehen: Der verantwortungsvolle Hundebetreuer braucht umfangreiche Kenntnisse rund um den Hund und trägt eine große Verantwortung für die ihm anvertrauten Tiere.

Auf einen Blick

Formale Qualifikation erforderlich:

🇩🇪 Kein geschützter Beruf, aber Sachkundeprüfung §11 Tierschutzgesetz, selbst bei nur kurzzeitiger Betreuung oder Gassiservice, oder abgeschlossene Ausbildung (3 J.) z.B. als Tierarzthelfer oder Tierpfleger. Tierpensionen brauchen amtstierärztliche Erlaubnis nach §11 Tierschutzgesetz.

🇨🇭 In Tierheimen mit mehr als 19 Plätzen muss die für die Betreuung der Tiere verantwortliche Person ausgebildeter Tierpfleger sein. In kleineren Tierpensionen (bis max. 19 Plätze) ist eine fachspezifische, berufsunabhängige Ausbildung (FBA) nach Art. 102 Abs. 2 TSchV ausreichend.

🇦🇹 Die Betreuungsperson muss Fachkenntnisse nachweisen, entweder durch eine abgeschlossene Ausbildung zum Tierpfleger o.Ä. oder einen Lehrgang gemäß BGBl I. Nr 487/2004 über Tierhaltung und Tierschutz. Räumlichkeiten werden überprüft.

Ausbildungsmöglichkeiten:

🇩🇪 Ausbildung nur bei Privatpersonen möglich. Empfehlenswert: Praktika in Tierheimen, Hundeschulen o.Ä., evtl. Ausbildung zum Hundetrainer.

🇨🇭 Ausbildung bei vom Bundesamt für das Veterinärwesen (BVET) anerkannten Ausbildern für die FBA (s.o) oder dreijährige Ausbildung zum Tierpfleger beim SVBT (s. Serviceteil).

🇦🇹 Für Betreiber von Hundepensionen Lehrgang »Tierhaltung und Tierschutz« zur Vorbereitung auf die Prüfung laut Tierhaltungs-Gewerbeverordnung, Adressen von Anbietern bei den WIFIs (Wirtschaftsförderungsinstituten).

Versicherungen:
- Tierhaftpflichtversicherung für Hundesitter. (VORSICHT: in der normalen Hundehaftpflicht sind gewerbliche Hundesitter und Hundetagesbetreuung u.Ä. nicht versichert.)
- Berufshaftpflichtversicherung

Vollerwerb:
Sollte angestrebt werden, reiner Gassiservice auch als Nebenerwerb denkbar.

Räumliche und materielle Voraussetzung:
- Für den Gassiservice: PKW in ausreichender Größe
- Für die Betreuung zuhause: geeignetes Grundstück zur Unterbringung der Hunde, Büro und Lagerräume, evtl. Aufenthaltsraum für die Kunden, PKW entsprechender Größe
- Achtung: die Voraussetzungen werden vom Veterinäramt überprüft.

Nahezu jeder Hundehalter ist schon einmal in die Situation geraten, dass er seinen Liebling zu einem Termin nicht mitnehmen konnte oder ihm einen Urlaub nicht zumuten wollte. Da die meisten ihren Schützling nicht einfach allein zu Hause lassen wollen oder können, wurden in den letzten Jahren immer mehr Hundepensionen gegründet und auch Hundesitter, die den Hund lediglich einmal täglich ausführen oder stundenweise zu sich nehmen, bieten ihre Dienste an. Egal ob stundenweise Betreuung oder Unterbringung in einer Hundetagesstätte, gesucht wird immer ein verantwortungsvoller, möglichst erfahrener Betreuer, bei dem die Besitzer ihren Liebling in den besten Händen wissen. Auch wenn es verlockend scheint, seinen Lebensunterhalt mit der Betreuung und Beschäftigung von Besuchshunden zu verdienen, werden heutzutage immer mehr Ansprüche an eine qualitativ hochwertige Hundebetreuung gestellt.

Leider gibt es auch in der Hundebetreuung in Deutschland noch keine fundierte Ausbildung, sodass sich am Markt viele selbsternannte Hundebetreuer tummeln, die weder fachlich qualifiziert noch gewerblich gemeldet sind und mit der Prämisse »So ein bisschen spazieren gehen kann doch jedes Kind« ihre Dienste anbieten. Doch gerade hier beginnen schon die Mängel, denn die Betreuung sollte sich eben nicht nur auf die körperliche Auslastung des Hundes beschränken. Viel wichtiger ist eine ganzheitliche Beschäftigung des Hundes. Somit sollte der Betreuer Kenntnisse in der Hundeerziehung und -ausbildung haben, sich mit den einzelnen Rassen, deren rassetypischen Merkmalen und Hunde- bzw. Rudelverhalten auskennen, um auch mehrere Hunde gleichzeitig händeln zu können. Auch Kenntnisse in Erster Hilfe sind wichtig. Ein Praktikum oder noch besser eine Ausbildung in einer Hundeschule, einem Tierheim und / oder einer Hundepension sind hier zu empfehlen.

Des Weiteren sind körperliche Fitness und Ausdauer eine Grundvoraussetzung. »Bei sechs bis acht Stunden laufen und bis zu 30 km Wegstrecke pro Tag sollte man gut zu Fuß sein«, gibt Claudia Pick von der Hundebetreuung mit Herz zu bedenken. Außerdem sollte der Hundebetreuer natürlich wetterfest sein, denn die meisten Hunde wollen sich in der freien Natur bewegen, egal ob es stürmt oder schneit. Die wichtigsten Voraussetzungen für einen Hundebetreuer sind jedoch »Geduld und Aufmerksamkeit, die Gabe sich ständig auf neue Situationen einstellen zu können, sowie eine ruhige und positive Ausstrahlung«, verrät Claudia Pick.

Für eine qualitativ hochwertige Betreuung ist dabei wichtig, dass die Gruppen nicht zu groß gehalten werden. Jeder Hund hat seine eigene Persönlichkeit und muss dementsprechend gefördert und behandelt werden. Da sich oft nicht alle Hunde untereinander vertragen, muss auch dafür gesorgt werden, dass sich die Kontrahenten aus dem Weg gehen können, eine läufige Hündin separiert werden kann und Rückzugsräume für Einzelgänger geschaffen werden. Letztendlich muss für jeden Hund auch ein Vertrag abgeschlossen werden, in dem genau festgehalten wird, wie in bestimmten Situationen, beispielsweise bei Krankheit oder Entlaufen des Tieres vorgegangen wird.

Nicht zu unterschätzen sind zudem die materiellen Voraussetzungen. Es ist beispielsweise schon sehr schwierig, ein geeignetes Grundstück für die Betreuung zu finden, da sich Nachbarn schnell durch die Lärmbelästigung gestört fühlen und die Gewerbeanmeldung in einem reinen Wohngebiet daher problematisch sein könnte. Haben Sie jedoch ein Gelände gefunden, kommen eventuell noch hohe Investitionskosten in Bezug auf Umbauten auf Sie zu. Dazu zählen neben den entsprechenden Unterbringungsmöglichkeiten für die Hunde ein ausbruchsicheres Gelände, ein Raum für medizinische Behandlungen, eine Futterküche, ein »Badezimmer« für die Hunde, ein Quarantäneraum, ein Büro sowie ein Aufenthaltsraum für die Kunden.

Persönliche Erfahrungen
von Claudia Pick, Hundebetreuung mit Herz

Schon in meiner Kindheit war ich in Tiere vernarrt, und obwohl ich keinen eigenen Hund halten durfte, habe ich sehr schnell angefangen, sämtliche Hunde unserer Nachbarn auszuführen und auch einige Tierheimhunde durften mit mir die Gegend erkunden, doch der Wunsch nach einem eigenen Hund blieb zunächst unerfüllt. Als ich dann meinen Mann kennenlernte, der ebenfalls ein großer Tierfreund ist, stand für uns sehr schnell fest, dass wir gerne eigene Hunde hätten. Nach einiger Zeit mit unseren ersten Hunden gab es hier und da Situationen, in denen wir eine verantwortungsvolle, zuverlässige, fachkundige und herzvolle Person benötigt hätten, der wir unsere Hunde mit einem guten Gefühl anvertrauen hätten können. Eine solche Betreuungsperson fanden wir damals jedoch nicht. So entstand nach und nach die Idee, diesen Mangel zu beheben und selbst einen solchen Service anzubieten. Dafür habe ich zunächst zahlreiche Seminare und Fortbildungen besucht und lernte somit immer mehr über Hunde, deren Verhalten und Kommunikation, was in meinen Augen eine der wichtigsten Voraussetzungen ist, um den Beruf des Hundebetreuers verantwortungsvoll ausführen zu können.

Bei meiner täglichen Arbeit mit den Hunden stelle ich immer wieder fest, welchen Spaß die Hunde bei unseren gemeinsamen Aktivitäten haben und schon immer ganz aufgeregt auf mich warten, wenn ich sie abhole. Besonders schön ist es zu sehen, dass gerade ältere Hunde wieder aufblühen und Interesse daran haben, Neues zu lernen. Denn es ist enorm wichtig, auch unsere »Grauen Schnauzen« mit sinnvollen Aufgaben zu beschäftigen.

Hundebetreuung mit Herz, Claudia Pick,
Hülsenanger 9, 51467 Bergisch Gladbach
Tel. 02202/982767, www.hundebetreuungmitherz.de

Tierheilpraktiker/-in

Liebe, Verantwortungsbewusstsein und Respekt gegenüber Tieren, Lernwille sowie Zeit und Geduld für die Suche nach den Krankheitsursachen sind die besten Voraussetzungen für Tierheilpraktiker.

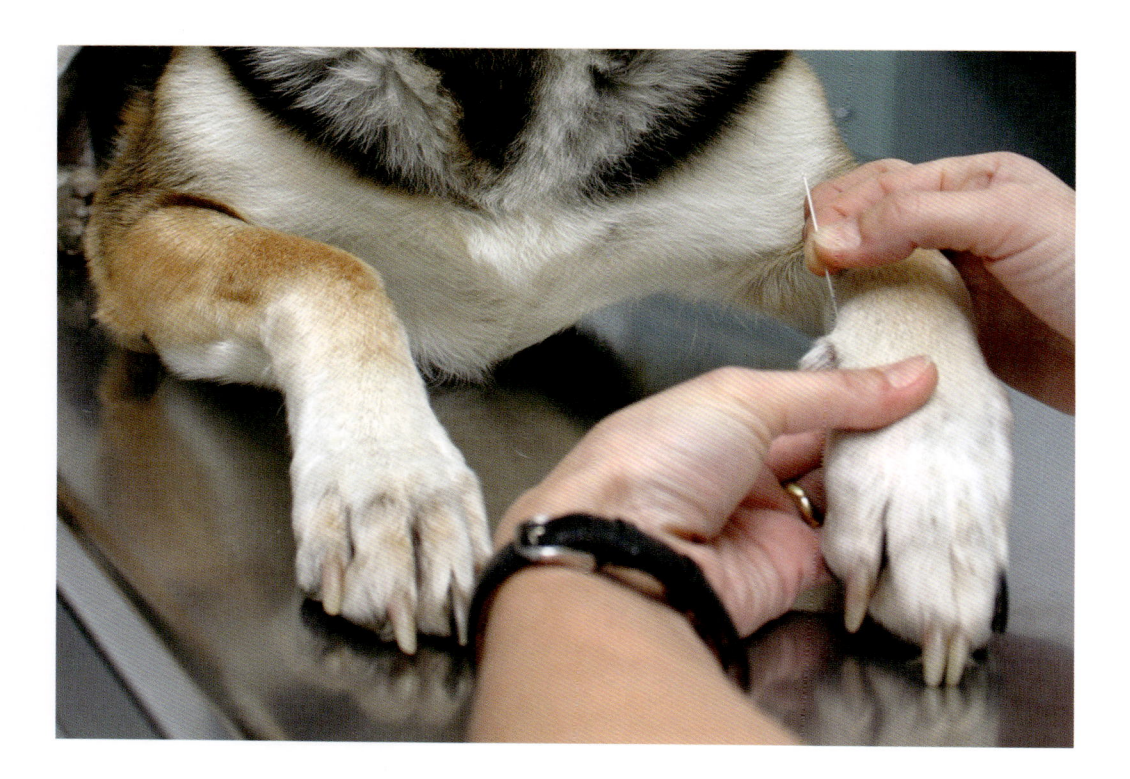

Auf einen Blick

Formale Qualifikation erforderlich:

🇩🇪 Nein, ggf. aber Sachkundenachweis freiverkäufliche Arzneimittel gem. § 44 AMG (Arzneimittelgesetzes) erforderlich

🇨🇭 Nein

🇦🇹 Ausbildung und Ausübung der Berufsbezeichnung »Tierheilpraktiker« sind verboten, da gem. §12 des Tierärztegesetzes nur Tierärzte Tiere untersuchen und behandeln dürfen. Alle anderen dürfen lediglich »Hilfestellung zu Erreichung einer körperlichen bzw. energetischen Ausgewogenheit« leisten, z.B. durch Bachblüten, Musik o.Ä..

Behördliche Genehmigungen:
Meldung beim Veterinäramt erforderlich (D)

Empfehlenswert:
Ausbildung und Zertifizierung bei privaten Ausbildungsbetrieben

Ausbildungsmöglichkeiten:
ATM Akademie für Naturheilkunde, Sanara Fachschule, Paracelsus Heilpraktikerschulen, s. Serviceteil

Versicherungen:
Berufshaftpflichtversicherung

Voll- oder Nebenerwerb:
Hauptsächlich Nebenerwerb, aber auch Haupterwerb möglich

Räumliche und materielle Voraussetzungen:
Praxisräume, PKW für mobile Behandlungen, Geräte, Maschinen, diverse Verbrauchsmaterialien, Büroeinrichtung, Software für Abrechnungen etc.

Die Anwendung naturheilkundlicher Prinzipien auch für Tiere ist nichts Neues – Akupunktur und Kräuterheilkunde beispielsweise sind schon seit vielen Tausend Jahren als wirksam bewährt. Aber erst in letzter Zeit wurde viel von diesem alten Wissen auch bei uns wiederentdeckt und Neues kam hinzu. Heute ist die Tiernaturheilkunde ein umfassendes Gebiet, das viel Wissen und Ausbildung verlangt. Sie kann die klassische Schulmedizin gut unterstützen und ergänzen.

»Naturmedizin kann vieles leisten, oft sogar kleine Wunder bewirken, aber man sollte auch ihre Grenzen kennen, was die gute Zusammenarbeit mit einem Tierarzt oft unumgänglich macht,« betont Tierheilpraktikerin Gaby Haag.

Wer eine eigene Praxis eröffnen will, sollte sich zunächst einmal um eine fundierte Ausbildung bemühen. Da der Beruf bis heute leider noch nicht anerkannt ist, sollten Sie sich durch besondere Qualifikationen von Ihren Bewerbern abheben und durch Fachwissen überzeugen. Doch auch die Ausbildungen sind nicht einheitlich, deshalb sollten Sie die Ausbildungsinhalte vor Beginn wirklich genau prüfen. Achten Sie bei der Auswahl einer Ausbildung unbedingt darauf, dass diese auch einen Praxisteil beinhaltet. Am besten wenden Sie sich noch vor Ausbildungsbeginn an bereits langjährig tätige Tierheilpraktiker und bitten diese um Empfehlung zu Ausbildungsmöglichkeiten. Denn man kann mit Sicherheit sagen, dass eine qualifizierte Ausbildung nicht in zwei Wochen, drei Monaten oder sogar in einem Urlaubskurs abgeschlossen werden kann. Eine gute Ausbildung dauert mindestens zwei Jahre und auch dann ist man noch nicht fertig, der Tierheilpraktiker sollte sich ständig weiterbilden und kann nur durch jahrelange Berufserfahrung sowie Weiterbildung seine Qualifikation erweitern und festigen. Denn die Verantwortung, die der Tierheilpraktiker trägt, sollte nicht unterschätzt werden. Die AG-THP (Arbeitsgruppe für Tierheilpraktiker) ringt seit Jahren für diesen Beruf um die staatliche Anerkennung.

Die materiellen Voraussetzungen sind zwar überschaubar, sollten jedoch dennoch nicht unterschätzt werden. Neben den geeigneten Praxisräumen, die natürlich gut erreichbar sein und über entsprechende Parkmöglichkeiten verfügen sollten, ist eine gute Ausrüstung unabdingbar. Auch wenn Sie einen mobilen Service anbieten möchten, sollte Ihr Transportwagen hervorragend ausgerüstet sein und Sie bei Ihrer professionellen Tätigkeit unterstützen. Wichtig ist zudem eine Anmeldung beim Kreisveterinäramt. Die Praxisräume können auch vom Veterinäramt in unregelmäßigen Abständen kontrolliert werden.

Wichtig ist viel Einfühlungsvermögen. Vor allem Sachkenntnisse sind von höchster Wichtigkeit, denn ein Tier kann sich im Gegensatz zum Menschen nicht mitteilen. Man muss also vorsichtig vorgehen und eine genaue Beobachtungsgabe besitzen, um zu merken, was dem Tier gut tut und was nicht. Um letztendlich herauszufinden, welche Ursachen für eine Krankheit vorliegen, braucht es sehr viel Zeit, Geduld und das nötige Fachwissen.

Persönliche Erfahrungen
von Gaby Haag, Heilpraktikerin/Tierheilpraktikerin

Der Beruf des Tierheilpraktikers erfordert sehr viel Verantwortungsgefühl und Flexibilität, auch bezüglich der Zeit, und Hingabe. Reichtum ist nicht zu erlangen, aber die Tiere sind dankbar für Hilfe und zeigen das auch sehr liebevoll.

Da der Tierheilpraktiker immer um die ganzheitliche Sicht einer Erkrankung bemüht sein sollte, können die Behandlungen sehr zeitaufwändig sein. Er muss nicht nur die Vorgeschichte des Tieres, rassebedingte Schwächen und Stärken, vorgeburtliche Schäden usw. beachten, oft sind auch die Lebensumstände des Halters und seine Einstellung zum Tier maßgebend. Nicht nur für die sehr menschenverbundenen Hunde spielt es zum Beispiel bei manchen Erkrankungen eine maßgebliche Rolle, ob das Herrchen gerade in Scheidung lebt, krank ist oder Sorgen hat.

Vom Therapeuten wird viel Einfühlungsvermögen in die Lage des Tieres, seine Haltung und die Verbindung zu seinem Menschen gefordert. Nicht selten ist der THP als Tier- und Menschenpsychologe gefordert. Kenntnisse über die Bedürfnisse und Verhaltensweisen der einzelnen Tierarten, ihre gesunde Fütterung sind grundsätzlich. Sehr viele Krankheiten sind heute fütterungsbedingt. Das bedeutet Beratung und Motivierung des Halters zur Futterumstellung, aber auch die Aufklärung über nötige Verhaltensänderungen gegenüber seinem Tier.

Das ist oft schwierig, da die Tierbesitzer ihre Tiere lieben und ihr Bestes wollen. Hier heißt es sensibel klarzumachen, dass dem Tier bestimmte Arten der Liebe nicht gut tun, fehl am Platz und oft sogar schädigend bzw. krankmachend sind. Umso befriedigender ist oft das Ergebnis der meist langen Beratungen, denn das Tier und sein Mensch haben dadurch gelernt, auf einer neuen Ebene miteinander zu kommunizieren, Vertrauen aufzubauen und sich neu wahrzunehmen.

Frustrierende Situationen bleiben aber auch nicht aus: Manchmal steht man hilflos Besitzern gegenüber, erkennt das Leid des Tieres, z.B. wegen schlechter, unverständiger Haltung, kann es aber nicht ändern, weil sein Mensch nicht verändern will.

Und nicht zuletzt muss man auch bereit sein, einem Tier und seinen Menschen bis zu seinem Tod wegen Alter oder Krankheit tröstend und helfend zur Seite zur stehen.

Meine Hauptaufgabe sehe ich neben der Heilung von Krankheiten darin, Mensch und Tier einander wieder näher zu bringen und den Tieren zu helfen, mit mehr Liebe, Güte und Verständnis behandelt zu werden.

Hundephysiotherapeut/-in

Gesund werden durch gezielte Bewegungen und Training. Physiotherapie und diverse Massagetechniken können helfen.

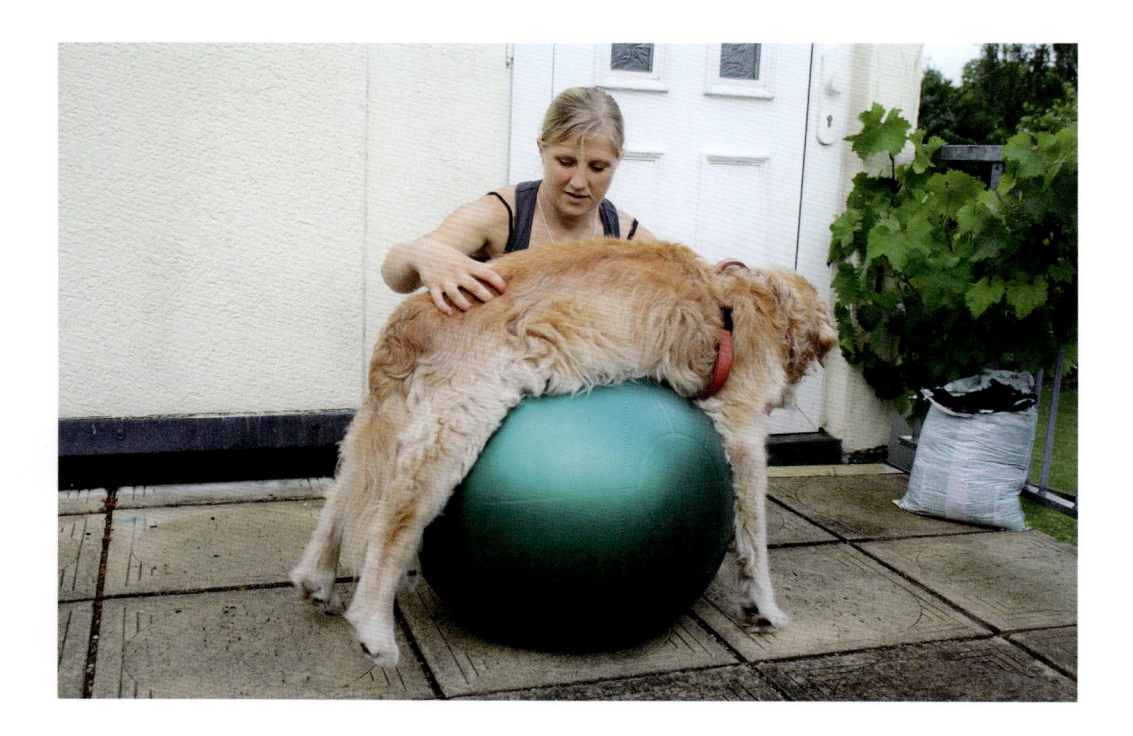

Auf einen Blick

Formale Qualifikation erforderlich:
🇩🇪 Nein, kein geschützter Beruf

🇨🇭 Ja, eidg. genehmigte Prüfungsordnung

🇦🇹 Kein geschütztes Berufsbild, aber durch das geltende Ausbildungsvorbehaltsgesetz dürfen die Kleintierphysiotherapeuten keine Heilmassagen durchführen bzw. nur in Zusammenarbeit mit einem Tierarzt. Bei Gewerbeanmeldung ist »Tiermassage« anzugeben.

Empfehlenswert:
Ausbildung oder Fernstudium bei anerkannten Instituten, Praktikum bei einem langjährig tätigen Hundephysiotherapeuten/-in

Ausbildungsmöglichkeiten:
🇩🇪 IfT – Institut für Tierheilkunde, ATM – Akademie für Tiernaturheilkunde, DAHP – Deutsche Ausbildungsstätte für Hundekrankengymnastik nach Blümchen/Woßlick – s. Serviceteil

🇨🇭 Ausbildung 1 ½ Jahre berufsbegleitend beim SVTPT – Schweizerischer Verband für Tierphysiotherapie, siehe Serviceteil

🇦🇹 Zertifizierte Ausbildung zum Kleintierphysiotherapeut/in bei der ÖGVPT (Österreichische Gesellschaft für Veterinär-Physiotherapie) – siehe Serviceteil

Versicherungen:
Berufshaftpflichtversicherung, Rechtsschutzversicherung

Vollerwerb / Nebenerwerb:
Beides möglich

Räumliche und materielle Voraussetzungen:
Abhängig davon, ob man mobil oder in einer Praxis arbeiten möchte.

Wenn die Hüfte schmerzt oder die Schultern und der Rücken verspannt sind oder man nach einer Operation wieder »in Gang« kommen muss, gehen wir Menschen zur Krankengymnastik und lernen durch gezielte Bewegungen und Übungen unsere Muskeln, Sehnen und Bänder zu dehnen und zu kräftigen und können so dem Schmerz entgegenwirken. Diese Therapie ist auch bei Hunden sehr erfolgreich. Leider kann der Hund sich nicht zu seinen Schmerzpunkten und Verspannungen äußern, was ein enormes Maß an Einfühlungsvermögen und Beurteilungskraft des Hundephysiotherapeuten voraussetzt.

Leider ist auch dieser Beruf, wie viele andere im Hundewesen, in Deutschland nicht geschützt und somit frei zugänglich. Besser geregelt ist die Ausbildung in der Schweiz. Jedoch ist es fast schon fahrlässig, sich ohne eine Ausbildung in dieser Branche selbständig zu machen. Dem Therapeuten obliegt eine große Verantwortung und durch Unkenntnis können hier sehr große und auch irreparable Schäden verursacht werden. »Ich fände es gut, wenn die verschiedenen Ausbildungsinstitutionen ein einheitliches Lehrmaterial vermitteln würden. Dies finde ich wichtig, damit die Therapeuten ein gleiches Wissen besitzen. Ebenfalls sollte die Ausbildung mindestens zwei Jahre betragen, da ich festgestellt habe, dass die Zeit schon benötigt wird, wenn man keine Vorkenntnisse, zum Beispiel als Tierarzthelferin, hat«, so Britta Hengesbach, Mobile Düsseldogs.

In der Schweiz verlangt man von angehenden Tierphysiotherapeuten hingegen viel: Vor Antritt der Ausbildung mit Höherer Fachprüfung und eidgenössischem Diplom müssen eine abgeschlossene Ausbildung zum Humanphysiotherapeuten oder Arzt mit Zusatzausbildung in Manueller Medizin oder Tierarzt, Erfahrung im Umgang mit Tieren sowie 3 Jahre Berufserfahrung im angestammten Beruf zum Zeitpunkt des Prüfungsbeginns nachgewiesen werden.

Voraussetzungen für diesen Beruf sind natürlich ein großes Einfühlungsvermögen sowie sehr viel Hundeerfahrung hinsichtlich der Körpersprache des Hundes. Auch sollte man nicht zimperlich sein, denn ein sehr schmerzempfindlicher Hund kann schon auch mal »zupacken«. Britta Hengesbach erklärt weiterhin: »Ein gesunder Rücken ist von größtem Vorteil, denn hauptsächlich wird in der Therapie in gebückter Haltung gearbeitet.«

Nachdem man sich über die Art, Dauer und Kosten einer Ausbildung informiert hat, diese abgeschlossen und wenn möglich noch ein oder mehrere Praktika gemacht hat, kann's losgehen. Die Entscheidung, ob mobile oder stationäre Praxis, hängt von vielen Faktoren ab. Beispielsweise davon, ob man den Beruf neben- oder hauptberuflich ausüben möchte, ob man eine Praxis überhaupt finanzieren kann und einen geeigneten Standort dafür findet. Auch ist zu bedenken, dass man im ländlichen Bereich wahrscheinlich öfter zu seinen Klienten hinfahren muss, während diese in der Stadt meist »um die Ecke« wohnen. Letztendlich liegt die Entscheidung für oder gegen die stationäre Praxis bei einem selbst.

Ein wichtiger Aspekt sind Fortbildungen. Diese sind nicht nur wichtig, sondern erforderlich, ebenso wie Zusatzausbildungen beispielsweise in Manueller Therapie oder Tellington-Touch®, denn bei den Patienten schlagen verschiedene Therapien oft unterschiedlich gut an. Dennoch zählt auch hier: Qualität statt Quantität – viel hilft viel ist hier nicht die richtige Devise. Ihre Patienten können sich nicht verbal äußern und somit auch nicht mitteilen, ob die angewandte Therapie die Richtige ist. Für Patientenbesitzer sind Sie dagegen oftmals die letzte Hilfe und somit ist ihnen fast egal, was Sie machen, Hauptsache es hilft. Daher sollten Sie die Therapieform wirklich mit Bedacht auswählen und mit Kollegen sprechen, welche Therapien hilfreich sind und welche nicht.

Persönliche Erfahrungen
von Britta Hengesbach, Mobile Düsseldogs

Damals stand für mich eine berufliche Neuorientierung an und bin bei Internetrecherchen auf diesen Beruf gestoßen. Ich habe mich dann ausführlich über die Aus- und Weiterbildung informiert, das heißt, ich habe nach anerkannten Ausbildungsinstituten geforscht, als Gasthörer an verschiedenen Schulen teilgenommen sowie Gespräche mit ausgebildeten Hundephysiotherapeuten geführt. Meine große Motivation war es damals, endlich eine Arbeit mit Tieren auszuführen, was ich schon mit 16 Jahren vorhatte. Heute bin ich selbständige Physiotherapeutin für Hunde im Einzugsgebiet Düsseldorf. Für mich ist es einfach toll zu sehen, wie gut die Hunde die Rehamaßnahmen annehmen und merken, dass ihnen geholfen wird. Auch wenn es manchmal ein langwieriger Prozess ist und man viel Geduld als Therapeut und als Besitzer braucht, so ist es doch schön zu sehen, wie hilfreich die Physiotherapie ist. Beispielsweise habe ich selbst schon Hunde therapiert, die nach einer Bandscheiben-OP in den Hinterläufen gelähmt sind und nach meiner Behandlung wieder laufen konnten. Außerdem entschädigen die positiven Rückmeldungen und die Dankbarkeit der Besitzer sowie die freudige Begrüßung der Hunde für die oft schwierigen Rehaprozesse.

Da ich selber in einer Großstadt praktiziere, kann ich auch nur aus dieser Sichtweise meine Erfahrung weitergeben. Es ist mit Sicherheit einfacher in einer größeren Stadt, in der tendenziell mehr Hunde leben (in Düsseldorf ca. 19.000 Hunde), an Kunden zu kommen und die Akzeptanz gegenüber der Reha ist vielleicht auch größer – schon durch die Empfehlungen der kooperierenden Tierärzte – aber ich würde dies nicht verallgemeinern.

Mit Sicherheit gibt es auch genauso gute Möglichkeiten in ländlicher Gegend für die Hundephysiotherapie. Wichtig ist nur, wie offen die Hundebesitzer solchen Rehamaßnahmen gegenüber sind.

Mobile Düsseldogs – Reha für Ihren Hund
Britta Hengesbach
Düsseldorf
Tel. 0211 – 2610020, www.mobileduesseldogs.de

Ernährungsberater/-in für Hunde

Kritische und von Futterfirmen unabhängige Ernährungsberater sind heutzutage immer noch rar gesät, doch das Interesse an Inhaltsstoffen und Wirkungsweisen des Hundefutters wächst.

Auf einen Blick

Formale Qualifikation erforderlich:
Nein

Empfehlenswert:
Kritische Fachliteratur, unabhängige Seminare und/oder eine fundierte Ausbildung

Ausbildungsmöglichkeiten:
- Akademie der Naturheilkunde
- Hundewelten
- Eventuell tiermedizinisches oder pharmazeutisches Hochschulstudium

Versicherungen:
Haftpflichtversicherung

Voll- oder Nebenerwerb:
Eher Nebenerwerb

Räumliche und materielle Voraussetzung:
Abhängig von der Art der Beratung, zumindest ein Büro mit PC, Telefon und Internetanschluss

Die Futtermittelindustrie ist so groß wie nie zuvor. Es gibt unzählige verschiedene Futtermittelanbieter und von Trocken- über Dosen- bis zu Frischfutter kann man seinen Hund mit allem verköstigen, was man sich vorstellen kann. Es gibt Futtersorten für Hunde in einem bestimmten Entwicklungsstadium und Futtersorten für bestimmte Rassen. Auch Diätfuttermittel werden ob der vielen übergewichtigen Hunde in steigendem Maße produziert und sogar verschiedene Geschmacksrichtungen mit entsprechend ausgefallenen Fleischsorten werden angeboten. Auch das BARFen, die angeblich einzige natürliche Methode seinen Hund zu ernähren, bekommt jeden Tag mehr Anhänger. Was aber sollte man seinem Hund tatsächlich füttern? Was macht Sinn und was nicht? Darüber informiert der Ernährungsberater, der sich nicht nur mit den verschiedenen Inhaltsstoffen und deren Verwertbarkeit auskennt, sondern auch Stoffwechselbesonderheiten und Krankheiten unserer Vierbeiner berücksichtigen können sollte.

Ein Ernährungsberater sollte »großes Interesse an der Sache und nur in zweiter Linie an finanziellem Erfolg« mitbringen, gibt Gabriela Behling, studierte Pharmazeutin, zu bedenken. Eigentlich wären gerade Tierärzte für die Beratung prädestiniert. Meist sind sie jedoch nicht dementsprechend ausgebildet, denn eine ernsthafte Beratung macht viel Mühe und bringt wenig ein. Eine Ausbildung zum Ernährungsberater gibt es jedoch nicht. Möglich sind Fachbücher und Seminare, die zum Thema Ernährung angeboten werden. Diese sind jedoch auch sehr kritisch zu betrachten, weiß Gabriela Behling. Man sollte immer wissen, wer der Auftraggeber oder Sponsor einer solchen Veranstaltung ist, denn organisiert eine Hundefutterfirma oder ein Ernährungsshop, der beispielsweise Frischfleisch verkauft, ein solches Seminar, werden die Inhalte natürlich darauf abzielen, das eigene Angebot in einem möglichst positiven Licht darzustellen. Wichtig sind also von der Industrie unabhängige und fachlich qualifizierte Informationen, um sich möglichst gut fortzubilden. Allerdings sollte man bedenken, dass es sich bei der Beratung eher um einen Nebenerwerb, denn um einen Vollerwerb handelt. »Eine Vollexistenz wäre nur denkbar in Kombination mit dem Vertrieb von Futter. So würde man sich jedoch wieder an bestimmte Firmen binden, was einer individuellen Beratung im Wege steht«, erklärt Gabriela Behling. Die Investitionskosten für Ernährungsberater sind dagegen denkbar gering. Eigentlich reichen PC, Internetanschluss und ein Telefon aus und im Zeitalter des Internet ist auch der Standort unwichtig geworden, meint die Apothekerin, Hundezüchterin und Ernährungsspezialistin.

Auf jeden Fall aber sollte man auf eine sehr fundierte Ausbildung bedacht sein, denn in den meisten Fällen hat man es als Ernährungsberater mit Krankheitsfällen zu tun. »Basis ist Tierliebe und der Wunsch hilflosen Kreaturen zu helfen, denn fast 90 % meines Hundeklientels ist sehr krank«, sagt Gabriela Behling. Noch immer ist die falsche Ernährung ein häufiger Grund, weshalb Hunde unter Allergien, Hautkrankheiten, Verdauungsproblemen oder noch viel schlimmeren Krankheiten leiden. Oft wird erst zuletzt daran gedacht, das Futter umzustellen.

Wichtig wäre auch eine gute Kommunikation zwischen Tierarzt, Ernährungsberater und Heilpraktiker, diese beschuldigen sich jedoch meist gegenseitig, statt Hand in Hand zu arbeiten. In vielen Tierarztpraxen werden nach wie vor bestimmte Trockenfutterprodukte verkauft, die jedoch selten zum Erfolg führen. Heilpraktiker dagegen üben meist Kritik an den Tierärzten und ziehen grundsätzlich das Allheilmittel BARF aus der Schublade. Wichtig ist es für den Ernährungsberater also möglichst unabhängig zu arbeiten, dabei die Wünsche seines Kunden und besonders die Erfordernisse des Hundes in den Vordergrund zu stellen und nach Möglichkeit sogar mit qualifizierten Tierärzten und Heilpraktikern zusammenzuarbeiten.

Persönliche Erfahrungen
von Gabriela Behling, Futterschüssel für den Hund

Meine Ausbildung begann mit meinem Pharmaziestudium und meiner anschließenden, inzwischen über zwanzigjährigen selbständigen Tätigkeit als Apothekerin mit dem Schwerpunkt der Ernährungsberatung. Hinzu kam das Durcharbeiten von Fachliteratur, diverse Gespräche mit mir kompetent erscheinenden Personen aus der Veterinärmedizin und nicht zuletzt 30 Jahre Erfahrung mit eigenen Hunden, vor allem mit der Rasse Dalmatiner, mit deren Stoffwechselanomalie ich mich besonders eingehend beschäftigt habe.

In meiner Apotheke sind Menschen mit Fragen bezüglich der Gesundheit ihrer Tiere auf mich zugekommen und mit zunehmendem Erfolg der Beratungen hat sich die Zahl der Fragenden stets vermehrt. Aus eigener Erfahrung wusste ich um die häufige Inkompetenz derjenigen Institutionen, die man zuerst fragen würde (hauptsächlich Tierärzte, die Fertigfutter verkaufen und Tierheilpraktiker, die kritiklos Barfen empfehlen). Aufgrund dessen habe ich dann beschlossen, mein Wissen weiterzugeben.

Immer wieder schlimm für mich sind die vielen kranken Tiere, denen oft so leicht geholfen werden kann, indem ihre Besitzer über Inhaltsstoffe und Wirkweisen von Hundefutter aufgeklärt werden. Insofern motiviert es mich am meisten, wenn Kunden diszipliniert meinen Vorgaben folgen und man die Erfolge sowohl subjektiv am Tier als auch objektiv bei der tierärztlichen Kontrolle im Labor sehen kann. So erhalte ich ein tolles Feedback – sowohl von meinen Kunden, als auch von ihren Tieren!

Futterschüssel für den Hund,
Gabriela Behling
Schlößchen
63776 Mömbris-Niedersteinbach
Tel. 06029-995763
www.futterschuessel-fuer-den-hund.de

Futter- und Zubehörshop

Der richtige Standort, ein großes Fachwissen und kaufmännisches Geschick sind der Schlüssel zum Erfolg.

Im Futter- und Zubehörhandel gibt es die verschiedensten Möglichkeiten: Ein klassischer Zoofachhandel mit Ladenlokal, der reine Internethandel, eine Kombination aus beiden oder auch der immer beliebter werdende Heimlieferservice. Da wir auf letzteren nochmals gesondert eingehen werden, sollen hier Zoofachhandel und Internethandel besondere Aufmerksamkeit erhalten. Beide unterscheiden sich zwar in der Form des Vertriebs, besitzen aber das gleiche Grundthema, denn beide wollen den Kunden mit allem versorgen, was das Heimtier so braucht.

Für einen Fachhandel mit Ladenlokal ist der richtige Standort enorm wichtig. Er muss gut zu erreichen sein, möglichst viele Heimtierbesitzer im Einzugsgebiet haben und über ausreichend

Auf einen Blick

Formale Qualifikation erforderlich:
Nein, aber je nach Sortiment (z.B. Anti-Floh-Halsbänder etc.) ggf. Sachkundenachweis freiverkäufliche Arzneimittel gem. § 44 AMG (Arzneimittelgesetzes) erforderlich

Empfehlenswert:
Kaufmännische Ausbildung

Ausbildungsmöglichkeiten:

🇩🇪 Einzelhandelskaufmann/ -frau Fachrichtung Zoo, 3 Jahre, IHK geprüft

🇨🇭 Detailhandelsfachmann/ -frau EFZ Zoofachhandel, 3 Jahre, Eidg. Fähigkeitszeugnis

🇦🇹 Nur allgem. kaufmännische Ausbildung

Versicherung:
Betriebshaftpflicht, Warenbestandsversicherung

Vollerwerb / Nebenerwerb:
Je nach Investitionsvolumen und Ladengröße

Räumliche und materielle Voraussetzungen:
Ladenlokal, Lager, Warenbestand, bei Internethandel: Verpackungstechnik sowie Verpackungsmaterial

---

Parkplätze verfügen. Der Internethandel dagegen kann sehr gut von zu Hause aus betrieben werden. »Wichtig ist ein geeigneter Lager- bzw. Verpackungsraum mit guter Anbindung an den Paketdienst sowie Zufahrtsmöglichkeiten für Speditions-LKWs. Daneben gehört ein fehlerlos funktionierendes Shopsystem mit SSL-Verschlüsselung zur Basisausstattung«, so Sandra Hoffmann und Marcus Schmidt von Blaufell. Für beide gilt, den Kunden mit Fachwissen im Bereich Ernährung, Pflege und Beschäftigung gut zu beraten. Die beste Werbung ist sinnlos, wenn die Kunden unzufrieden sind und Sie nicht weiterempfohlen werden.

Wenn man sich für einen Internethandel entscheidet, sollte man mit diesem Medium schon sehr gut vertraut sein. Aufgrund der Vielzahl von bereits bestehenden Angeboten ist es allerdings nicht leicht, seinen Platz am Markt zu finden. Hierbei helfen mit Sicherheit ein Alleinstellungsmerkmal, bestimmte Nischenprodukte oder die Spezialisierung z.B. auf Bio-Produkte (Achtung:

Als Händler von Bio-Produkten muss man sich von einer der Bio-Kontrollstellen zertifizieren lassen. Die Zertifizierung muss jedes Jahr erneut durchgeführt werden, was jedes Mal mit mehreren hundert Euro zu Buche schlägt!) Die Kosten für einen Internethandel sind verhältnismäßig gering. Nur ein Lager und ein Verpackungsraum müssen vorhanden sein bzw. angemietet werden, Verpackungsmaterial, Ware, Software sowie evtl. noch Büroeinrichtung, falls noch nicht vorhanden, beschafft werden. Daher kann man dieses Gewerbe gut im Nebenerwerb testen und ggf. ausbauen. Jedoch ist darauf zu achten, dass die Gewinnspanne, die sogenannte Marge, beim Verkauf recht gering ist.

Der Zoofachhandel dagegen benötigt etwas mehr Startkapital. Ist erstmal das geeignete Ladenlokal gefunden, geht die Arbeit erst richtig los. Sicherlich ist die Eröffnung eines Franchise-Unternehmens durch vorgefertigte Konzepte etwas leichter, jedoch nicht unbedingt günstiger. Hinzu kommt auch, dass der Geschäftsführer eines Franchise-Unternehmens nicht viele Möglichkeiten hat, seine eigenen Ideen umzusetzen.

Heutzutage möchte der Kunde beim Einkauf etwas erleben, daher haben es die kleinen Futter- und Zubehörläden sehr schwer, sich am Markt zu behaupten und mit den großen Zoofachgeschäften, auch in Bezug auf die Verkaufspreise, mitzuhalten. Wer sich daher Gedanken über einen kleinen, aber feinen Futter- und Zubehörhandel macht, muss durch exzellente Fachkenntnisse und ein einzigartiges Sortiment glänzen und sollte vor allem treue und zahlungskräftige Kundschaft haben. Das bedeutet, dass sich einer dieser besonderen kleinen Läden mit wunderschönen und ausgefallenen Artikeln, die man im Sortiment großer Zoofachmärkte vergeblich sucht, aus kaufmännischer Sicht nur in exponierten Verkaufsläden, wie beispielsweise der Münchner, Düsseldorfer oder Hamburger Innenstadt rechnet. Hier jedoch müssen Sie wieder horrende Mietpreise einkalkulieren.

Neben der fachlichen Kompetenz stehen bei einem großen Fachhandel die kaufmännischen Fähigkeiten eindeutig im Vordergrund. Der Großteil der Arbeit besteht im Einkauf, der Kalkulation, Verkauf, Buchhaltung und Werbung. Wer da keinen Spaß an kaufmännischer Arbeit hat und dies nur als lästiges Übel empfindet, sollte sich vielleicht anderweitig orientieren.

Eine weitere Einnahmequelle, die sich gut mit einem eigenen Laden kombinieren lassen, sind zusätzliche Dienstleistungen rund um das Tier. Beispielsweise könnte man regelmäßig Informationsveranstaltungen zu unterschiedlichen Themenbereichen wie Ernährung oder Pflege organisieren. So könnte man einen Hundfrisör einladen, der über Pflege der Vierbeiner informiert oder ein Tierarzt, der sich den allgemeinen Zustand des Hundes anschaut und Tipps zur Ernährung gibt. Zu besonderen Anlässen, beispielsweise in der Vorweihnachtszeit, könnte man auch einen Tierfotograf organisieren, der professionelle Fotos von den Lieblingen der Kunden macht. Oder Sie organisieren ein Sommerfest mit einem Streichelzoo für die Kinder Ihrer Kundschaft. Im Tiersektor gibt es wirklich unzählige Möglichkeiten, neue Kunden anzulocken und Stammkunden zu binden. Sie könnten auch gegen Provision die Vermittlung von Gassiservice und Hundebetreuung anbieten. Alle diese Ideen sind wertvolle Anreize für Ihre Kunden. Werden Sie kreativ und bringen Sie Ihr Geschäft in Schwung!

Persönliche Erfahrungen
von Sandra Hoffmann, Blaufell

Die Idee, einen Versandhandel für biologische Tiernahrung anzubieten, wuchs bei meinem Partner Marcus Schmidt und mir während des Studiums. Für unseren Retriever Finn war uns nicht nur ein Futter aus unbelasteten Zutaten wichtig, sondern auch, woher das verarbeitete Fleisch stammt. Liebe zum eigenen Tier gekoppelt an das Leiden der Nutztiere in Massentierhaltung war für uns keine Option. In unserem Versandhandel wollten wir deshalb nicht nur gesundes, sondern ökologisches Futter anbieten – Natur- und Tierschutz inklusive. Obwohl wir ausschließlich biozertifizierte Hersteller in unser Sortiment aufgenommen haben, spürten wir, dass unseren Kunden ein gutes Vertrauensverhältnis zu uns als Verkäufer wichtig war. Auf vielen Messen konnten uns Kunden persönlich kennenlernen, was eine gute Vertrauensbasis wachsen ließ. Wir profitieren nun von Weiterempfehlungen unserer Kunden. Tierärzte und Tierheilpraktiker empfehlen uns, da wir mit unserem speziellen Bio-Sortiment auf verschiedene Erkrankungen der Tiere reagieren können.

Seit 2011 haben wir in Köln zusätzlich einen einladenden Verkaufsraum. Dort ist es leichter, eine gute Kundenbindung aufzubauen. Wir legen aber auch im Internet Wert darauf, eine persönliche Atmosphäre aufzubauen und kompetent zu beraten. Das unterscheidet uns von anderen, anonym gehaltenen Onlineshops. Es ist unumgänglich, ein fundiertes Fachwissen zu haben und sein Sortiment zu kennen, um kompetent beraten zu können. Teure Werbemaßnahmen bringen keinen nachhaltigen Erfolg, wenn die so gewonnenen Kunden nicht zufrieden sind.

Durch die Möglichkeit, Bio-Frischfleisch vor Ort anzubieten, konnten wir zudem die Barfer als Kundengruppe gewinnen. Die Kombination aus Ladenlokal und Internetversand ist für die meisten Kundenwünsche ideal.

Blaufell
Sandra Hoffmann & Marcus Schmidt
Industriestr. 167, 50999 Köln
Tel. 02236/3289499, www.blaufell.de

Heimlieferservice für Futtermittel

Einsatzbereitschaft, Kontaktfreudigkeit, kaufmännisches Geschick und Fachkenntnisse führen zum Erfolg.

Wer einen Heimlieferservice anbietet, sollte nicht nur körperliche Fitness mitbringen, sondern auch kaufmännisch sehr geschickt sein. Da es für diesen Beruf keine erforderliche Ausbildung gibt, ist es umso wichtiger, sich im Vorfeld Gedanken über die auszuübende Tätigkeit zu machen. Empfehlenswert sind neben einer kaufmännischen Ausbildung körperliche Belastbarkeit, Einsatzbereitschaft, Kontaktfreudigkeit sowie ein entsprechendes Fachwissen über Ernährung. Der Heimlieferservice richtet sich nicht nach »normalen« Öffnungszeiten. Die Lieferungen erfolgen meist am Abend oder am Wochenende. Darüber sollte man sich von Anfang an im Klaren sein.

Auf einen Blick

Formale Qualifikation erforderlich:
Nein

Empfehlenswert:
Kaufmännisches Wissen, Fachwissen im Bereich Ernährung, Haltung, Pflege

Ausbildungsmöglichkeiten:
Einzelhandelskaufmann/ -frau Fachrichtung Zoo, 3 Jahre IHK geprüft

Versicherung:
Betriebshaftpflichtversicherung, Warenbestandsversicherung

Vollerwerb / Nebenerwerb:
Beides möglich. Nebenerwerb als Einstieg empfehlenswert.

Räumliche und materielle Voraussetzungen:

- Im Nebenerwerb: Garage evtl. mit Verkaufsraum, PKW Kombi oder Kleintransporter

- Im Vollerwerb: 100-200 qm Lagerfläche, Stapler, Verpackungstechnik, Transporter

Um die Kosten am Anfang relativ gering zu halten, empfiehlt sich der Einstieg als Nebenerwerb. »Ein Nebenerwerb lohnt sich immer«, glaubt Heinz Marx, Heimtiernahrung Marx aus Breitscheid, »danach muss man dann entscheiden, welche Größe man erreichen will«. Die Investitionen für einen Vollerwerb sind nicht zu unterschätzen. Es muss eine geeignete Lagerhalle, die etwa eine Größe von 100-200 qm haben sollte, angemietet werden. Weiterhin sind Stapler, Verpackungstechnik sowie ein Transporter nötig.

Neben einem hohen Startkapital, was sich bereits bei einem kleinen Heimlieferservice im Nebenerwerb auf 10.000 Euro belaufen kann, sind die zeitaufwändigen Arbeiten im kaufmännischen Bereich nicht zu unterschätzen. Die Büroarbeit umfasst Kundenakquise, Kundenbetreuung, Bestellannahme, Pflege des Internetshops, Abrechnung, Einkauf, Buchhaltung, Steuer, Warenbestandspflege usw.

Um dem Preisdumping der großen Heimtierketten standzuhalten, muss der Heimlieferservice mit Qualität und Kundenfreundlichkeit überzeugen. Er ist nicht nur Auslieferer, denn dann könnten die Kunden ihre Futtermittel ja auch in jedem beliebigen Internetshop bestellen, sondern er überzeugt durch Fachwissen. Ist der Hund zu dick, empfiehlt er das richtige Diätfutter und er weiß Rat, wenn der Hund sehr alt oder noch ein Welpe ist, wenn er eher aktiv oder doch schon etwas träge ist, und er hat auch Ideen, wenn der Hund unter Futtermittelunverträglichkeiten leidet. Es zahlt sich auf jeden Fall aus, für solche Beratungen verschiedene Seminare zum Thema Hundeernährung zu besuchen, um den Kunden ausreichend informieren zu können.

Auch im Bereich anderer Haustiere sollte er sich auskennen. Katzen, Vögel und Fische bieten ein großes Potenzial. Zudem kann man weitere Serviceleistungen rund um den Hund wie z.B. Hundebetreuung oder Gassiservice mit anbieten oder diese Dienstleistungen gegen Provision vermitteln. Ein weiteres Betätigungsfeld, mit dem man den Service rund um den Hund verknüpfen könnte, wären Pferde. Neben der Futterlieferung können wiederum weitere Dienstleistungen rund um Pferd und Reiter angeboten werden. Aber auch hier läuft ohne Erfahrung und Fachwissen gar nichts!

Persönliche Erfahrungen
von Heinz Marx, Heimtiernahrung-Marx

Vor mehr als 20 Jahren war ich lediglich Hundehalter mit einem ausgeprägten Interesse für gesunde und ausgewogene Ernährung. Dieses Hobby entwickelte sich dann zu einem Nebenerwerb, als ich meinen Heimlieferservice für Hunde und Katzen aufbaute. Mein Ziel war dabei, nicht auf meine Kunden zu warten, sondern meine Dienstleistungen und meine Produkte an die Kunden zu verkaufen und somit auf diese zuzugehen. Es folgte ein Testlauf mit Gutscheinen, die eine Woche freies Futter garantierten. Im Laufe der Zeit stellte sich heraus, dass wir mit unserem Angebot genau ins Schwarze trafen. Auch heute noch ist dieser Bereich auf dem deutschen Markt im Gegensatz zum Ausland nur schwach entwickelt. Gerade deshalb sehe ich den Heimliefermarkt in Bezug auf Futtermittel in Deutschland als vielversprechend und wachstums-orientiert. Auch wir haben im Laufe der Zeit natürlich dazugelernt und Verbesserungen vorgenommen. So können wir heute auf ein umfangreiches Heimlieferkonzept zurückgreifen, das auch gerne kostenfrei an Interessierte weitergegeben wird.

Heimtiernahrung Marx, Heinz Marx
Josef Reuschenbach Str. 6
53547 Breitscheid
Tel. 02687/1553
www.heimtiernahrung-marx.de

Persönliche Erfahrungen
Von Marion Labonde, futterecke24.de

Wir haben eine mittlerweile acht Jahre alte Beaglehündin, die auf verschiedene Futtermittelsorten mit Unverträglichkeiten oder Übergewicht reagierte. Da ich sowieso schon daran gedacht hatte, mich irgendwann mit einem Nebenerwerb selbständig zu machen, beschäftigte ich mich eingehender mit der Materie und eignete mir durch Fachliteratur und verschiedene Seminare ein großes Wissen an. Als ich schließlich meinen damaligen Nebenjob verlor, nutzte ich die Situation, um den Sprung in die Selbständigkeit zu wagen. Heute berate ich zahlreiche Kunden bezüglich gesunden Futters und die stetige positive Resonanz motiviert mich zusehends. Was mir allerdings Sorgen bereitet, sind die mangelnde Zahlungsmoral mancher Kunden bei Bestellungen in unserem Online-Shop und die Dumpingpreise diverser großer Anbieter.

Futterecke24.de, Marion Labonde
Drosselweg 7a, 56170 Bendorf
Tel. 02622/10921, www.futterecke24.de

Hundekeksbäcker/-in

Dann back ich eben Hundekekse – das kann doch jeder!

Der Beruf des »Hundebäckers« beschäftigt sich mit einem sehr umfassenden Aufgabenfeld. Es handelt sich hierbei nicht nur allein um die Produktion der Leckerlis, ein Großteil der Arbeit besteht aus Akquise, Kundenbetreuung, Einkauf, Lagerkontrolle, Kalkulationen, Buchhaltung, Steuer und vielem mehr. Selbstverständlich gibt es dabei auch einige Vorarbeit, die man vor der Geschäftsgründung leisten muss.

Auf einen Blick

Formale Qualifikation erforderlich:
Nein

Behördliche Genehmigungen:

🇩🇪 Abnahme der Betriebsstätte durch das Veterinäramt, Kontrolle durch Eichamt und Landesamt für Verbraucherschutz

🇨🇭 Genehmigung durch Bundesveterinäramt, unangemeldete Kontrollen durch Bundesamt für Verbraucherschutz und Eichamt

🇦🇹 Abnahme durch Veterinäramt und zuständige Stadt- oder Gemeindeverwaltung

Empfehlenswert:
Ausbildung als Bäcker oder Konditor

Versicherungen:
Betriebshaftpflichtversicherung, Berufsgenossenschaft Nahrungsmittel und Gastgewerbe

Vollerwerb / Nebenerwerb:
Ein Vollerwerb sollte aufgrund der hohen Investitionskosten angestrebt werden.

Räumliche und materielle Voraussetzungen:
Produktionsraum mit Maschinen und Backöfen, Lager,
entsprechend großer PKW für Auslieferungen, Waren für Produktion und Verpackung

---

Zunächst muss eine geeignete Produktionsstätte gefunden werden. Je nach Vorschriften des Veterinäramtes, welches die Produktionsstätte auch abnehmen und genehmigen muss, sind die Auflagen unterschiedlich und sehr umfassend. Es ist beispielsweise nicht möglich, die Produktion, sofern man eigene Haustiere besitzt, in der heimischen Küche einzurichten, denn Tiere sind in der Produktion verboten. Begründet ist dies darin, dass die Produktionsräume nach lebensmittelrechtlichen Kriterien kontrolliert werden. Da es sich bei den Produktionsräumen um Gewerbefläche handelt, muss diese, sofern nicht bereits geschehen, als Gewerbefläche angemeldet und eine Nutzungsänderung beantragt werden.

Neben Vorkenntnissen im Bäcker- oder Konditorhandwerk ist ein hohes Fachwissen über die Ernährung von Hunden erforderlich. Es gibt immer mehr Hunde mit Unverträglichkeiten – was dürfen diese Hunde fressen? Welche Produkte vertragen Sie? Um hier den Kunden ausreichend beraten zu können und die richtigen Produkte herzustellen, ist es sehr wichtig, eine hohe Fachkenntnis im Bereich Hundeernährung zu besitzen.

Sind diese Voraussetzungen erfüllt, geht es ans Einrichten der Backstube. Um die Produktion effektiv zu gestalten und konkurrenzfähig zu bleiben, müssen diverse Maschinen und Backöfen mit einer hohen Kapazität angeschafft werden. Hier sind schnell Investitionen im fünfstelligen Bereich fällig. Und kein noch so guter Maschinenpark ist sinnvoll, wenn nicht die entsprechenden Kundenaufträge vorliegen. Also sollte man neben der Einrichtung der Backstube und der Entwicklung der Produkte gleichzeitig mit der Akquise beginnen.

Ein sehr wichtiger und kostentechnisch nicht zu unterschätzender Posten sind die Produktanalysen. Jedes Produkt muss, bevor es in den Verkauf gelangt, analysiert werden. Das heißt: Bestimmung von Rohprotein, Rohfaser, Rohfett und Rohasche müssen von einem unabhängigen Institut ermittelt werden. Weiterhin wird die Kennzeichnung der Produkte sehr akribisch von den deutschen Behörden kontrolliert. Sollten diese Mängel bei der Kennzeichnung finden, drohen hohe Bußgelder.

Ein weiterer, nicht zu vernachlässigender Punkt in der Kostenaufstellung ist die Verpackung, also das Verpackungsmaterial und die dafür notwendigen Maschinen. Hierzu gibt es natürlich auch Vorschriften, die man tunlichst einhalten sollte. Hier gilt die Informationspflicht, das heißt, dass man sich selber immer wieder auf den neuesten Stand bringen muss und nicht automatisch von einer Änderung in Kenntnis gesetzt wird.

Wie kommen die Kekse an den Hund? Werbung, Werbung, Werbung. Jeder der etwas verkaufen will, muss sich mit dem Thema Werbung auseinandersetzen. Das ist nicht nur für Hundekekse ein Thema, sondern gilt eigentlich für alle. Ein Internetshop ist heutzutage unabdingbar. Wer diesen nicht selber einrichten kann, muss auch hier wieder mit Kosten rechnen. Weiterhin sind Zeitungsanzeigen und eventuell der Besuch diverser Hundemessen empfehlenswert. Jedoch sind die Kosten für Messen und Anzeigen sehr hoch und wollen gut überlegt sein.

Immer wichtiger wird auch das Thema »Bio« für zahlreiche Hundehalter. Strebt man eine reine Bio-Produktion an, muss man sich zertifizieren lassen. Auskünfte darüber erhalten Sie bei Unternehmen, die das Bio-Siegel vergeben. Im Bereich der kaufmännischen Tätigkeit gibt es auch in einer Hundebäckerei viel zu tun. Neben den üblichen Arbeiten wie Buchhaltung, Steuer, Kundenbetreuung und Wareneinkauf heißt es immer wieder Preise kalkulieren und Angebote schreiben.

Persönliche Erfahrungen
von Martina Schöps, Schöps-Feinkost für Hunde und Katzen

Durch unsere Familienhündin Lotte, die empfindlich auf diverse Konservierungsmittel reagierte, kam ich auf die Idee, Hundekekse selber zu backen. Nun bereitete mir das als Hunde- und Katzenbesitzerin und ausgebildete Konditorin nur wenig Mühe. Da die Kekse auch im Bekanntenkreis großen Anklang fanden, entschloss ich mich dazu, meine »Hundebäckerei« hauptberuflich zu betreiben. Nachdem ich alle Genehmigungen eingeholt hatte, was wirklich nicht einfach war, da ich meine Produktion im eigenen Haus haben wollte und hier eine Nutzungsänderung beantragt werden musste, ging es los mit dem Backen. Meine Erfahrung kam mir hier zugute, denn es kann sehr kompliziert sein, für jeden Hund das passende Leckerli zu machen. Zudem gibt es immer mehr Hunde, die empfindlich oder sogar allergisch auf verschiedene Zutaten reagieren.

Ich höre immer wieder auf Veranstaltungen, »ach eine Hundebäckerei, das kann doch jeder«. Mitnichten, denn wer nicht über kompetentes Fachwissen und das nicht nur im Bereich der Hundeernährung, sondern vor allem auch im Bereich der Herstellung besitzt, hat keine guten Aussichten, in diesem Beruf Fuß zu fassen.

Für mich ist es einer der schönsten Berufe der Welt, auch wenn es manchmal sehr anstrengend ist und ich nach einem 14-Stunden-Tag todmüde ins Bett falle. Aber ich darf meine Liebe zum Backen und dem Entwickeln neuer Produkte mit meiner Tierliebe verbinden. Alle meine Kundenhunde freuen sich, mich zu sehen und können es kaum erwarten, bis »ihr Paket« endlich ausgepackt wird.

Schöps-Feinkost für Hunde und Katzen
Martina Schöps
Bohnenhof 52, 53773 Hennef
Tel. 02248/446411, www.schoeps-feinkost.de

Luxusartikelhersteller/-in

Exklusive Accessoires für Hunde und deren Besitzer liegen im Trend, doch sinnvoll sollten sie schon sein.

Auf einen Blick

Formale Qualifikation erforderlich:
Abhängig vom Produkt, das hergestellt wird.

Empfehlenswert:
Handwerkliche und / oder kaufmännische Ausbildung

Ausbildungsmöglichkeiten:
Abhängig vom Produkt

Versicherungen:
Betriebshaftpflichtversicherung

Vollerwerb / Nebenerwerb:
Beides möglich

Räumliche und materielle Voraussetzungen:
Abhängig vom Produkt; unter Umständen sehr hohe Investitionskosten z.B. für Maschinen, Material, Werkstatt, Lager, Büroeinrichtung etc.

Heutzutage gibt es für den Hund fast nichts, was es nicht gibt. Angefangen bei Leinen und Mäntelchen über rückenschonende Betten und Kissen bis hin zu Kosmetik und Schmuck. Luxusartikelhersteller schießen wie Pilze aus dem Boden, jedoch steht die Frage im Raum: sind alle Produkte wirklich sinnvoll oder geht es nur darum, dem Kunden das Geld aus der Tasche zu ziehen? Stehen die Bedürfnisse des Hundes wirklich im Vordergrund?

Wenn man diesen Berufsweg einschlagen möchte, sollte man sich im Vorfeld sehr viel Gedanken über das Produkt machen, welches man herstellt. Der Hund sollte wirklich vom Produkt profitieren, gleichzeitig sollte es jedoch auch optisch ansprechend gestaltet sein, sonst hat es am Markt keine Chance. Zunächst muss deshalb eine umfangreiche Marktanalyse durchgeführt werden. Besteht ein Bedarf für dieses Produkt? Wie viele Mitbewerber gibt es und wie lange sind diese bereits auf dem Markt? Welche Vertriebswege existieren für solche Produkte?

Eine fundierte Ausbildung im spezifischen Gewerbe erleichtert den Einstieg. Dabei ist jedoch nicht nur die jeweils handwerkliche Ausbildung gemeint, sondern vor allem auch eine kaufmännische. Es nützt dem angehenden Luxusartikelhersteller leider nichts, wenn er die schönsten Produkte herstellen kann, aber von Kalkulation, Buchhaltung und Vertrieb keine Ahnung hat.

Als Luxusartikelhersteller kann man wunderbar zunächst einmal im Nebenerwerb starten. Jedoch sollten von Anfang an die Investitionskosten nicht unterschätzt werden. Es werden evtl. neben Material auch Maschinen für die Herstellung benötigt. Je nach Produkt braucht man eine Werkstatt oder ein Atelier, ein Lager oder einen Verkaufsraum. Auch Flyer und Visitenkarten werden benötigt und vielleicht sogar ein Messestand. Zu bedenken ist, dass dieser Berufszweig nichts für Menschen ist, die ein sicheres Einkommen erwarten. Man weiß nie, wie sich die Auftragslage entwickelt. Gerade im Bereich der Luxusartikel ist dies schwierig einzuschätzen, denn Futter und Ergänzungsfutter werden beispielsweise immer benötig, Luxusartikel dagegen werden in schwierigen Wirtschaftslagen meist als erstes eingespart.

»Kontaktfreudigkeit, Leidenschaft für neue Ideen, Mut, Kreativität, ein feines Gespür für die Kunden, handwerkliches Geschick und Flexibilität sind nur einige der Voraussetzungen, die für diesen Beruf erforderlich sind,« so Petra Wommack, La Lavande nature & handcraft. »Wer ein sicheres Einkommen bei geregelter Arbeitszeit erwartet, eher introvertiert ist, Menschansammlungen, beispielsweise auf Messen, meidet und nicht bereit ist, ein gewisses Risiko einzugehen, ist für diesen Beruf eher ungeeignet.«

Wenn alle Voraussetzungen erfüllt sind, heißt es noch, das Produkt am Markt zu platzieren. Schön ist es natürlich, wenn Sie Geschäfte finden, die Ihre Produkte verkaufen, aber darauf allein sollte man nicht vertrauen. Stattdessen sollten Sie selbst aktiv werden und Ihr Produkt am Markt etablieren. Sei es auf Veranstaltungen, an denen das Thema Hund im Vordergrund steht, oder auf Hundemessen. Aber auch hier sollten Sie die Kosten im Auge behalten. Schnell werden für ein Wochenende Hundemesse mit Anreise, Übernachtung und den Kosten für den Messestand bis zu 1.000,-- Euro fällig. Auch Anzeigen in Zeitungen und Werbung im Internet können zu Ihrem Erfolg beitragen.

Persönliche Erfahrungen
von Petra Wommack, La Lavande nature & handcraft

Durch meine eigene Hündin, die völlig fasziniert auf Lavendel reagierte und ganz versessen darauf war, den Blüten möglichst nah zu kommen, um dann völlig entspannt auszuruhen, kam ich auf den Gedanken, einen solchen Schlafplatz zu kreieren. Dieser sollte dann auch entsprechend funktionell, das heißt abwaschbar sein und ein ansprechendes Design besitzen, das sich möglichst leicht in den vorgegebenen Wohnraum einfügt. Wichtig war mir dabei vor allem, dass die von mir verwendeten Materialien hochwertig sind und aus Deutschland beziehungsweise Europa stammen.

Motiviert von dem Wunsch, genau eine solche naturnahe Rückzugszone für den Hund zu schaffen, begann ich damit, einen Gebrauchsmusterschutz sowie einen Wort- und Bildmarkenschutz zu beantragen und der Startschuss war gefallen. Seitdem ist die Resonanz meiner Kunden durchweg positiv, egal ob es sich um Welpen, Familien- und Freizeithunde oder Arbeitstiere handelt – traumatisierte Hunde kommen zur Ruhe, alte oder kranke Hunde profitieren von der Wirkung des Lavendels. Ängstliche Hunde werden gestärkt und hysterische Hunde beruhigen sich leichter – und das alles mit dem reinen Naturduft unbehandelter Lavendelblüten!

Glücklich bei meiner Arbeit machen mich ein schönes Feedback der Kunden oder Fotos von zufrieden lächelnden Hunden (die gibt es wirklich!). Das ist die beste Bestätigung meiner Tätigkeit. Ich freue mich darüber, ein an der Natur orientiertes Produkt herzustellen, das den Hund auf seinem Weg als Begleiter des Menschen unterstützt und der Mensch durch die Hilfe dieser einzigartigen Heilpflanze ein Dankeschön an diese wundervollen Tiere zurückgeben kann.

Mein persönliches Dankeschön für diese Geschäftsidee sowie deren Umsetzung gilt meiner großartig gewesenen Hündin Stacey!

LA LAVANDE nature & handcraft
Petra Wommack
Teckstraße 19, 72654 Neckartenzlingen
www.la-lavande.de

Hundefriseur/-in (Groomer)

Schön sein allein reicht nicht – keine spektakulären Hundefrisuren oder das Aussehen der Hunde allein stehen bei der Beschäftigung des Hundefrisörs im Mittelpunkt. Vielmehr bestimmen Fell-, Haut- und Krallenpflege den Alltag eines Groomers.

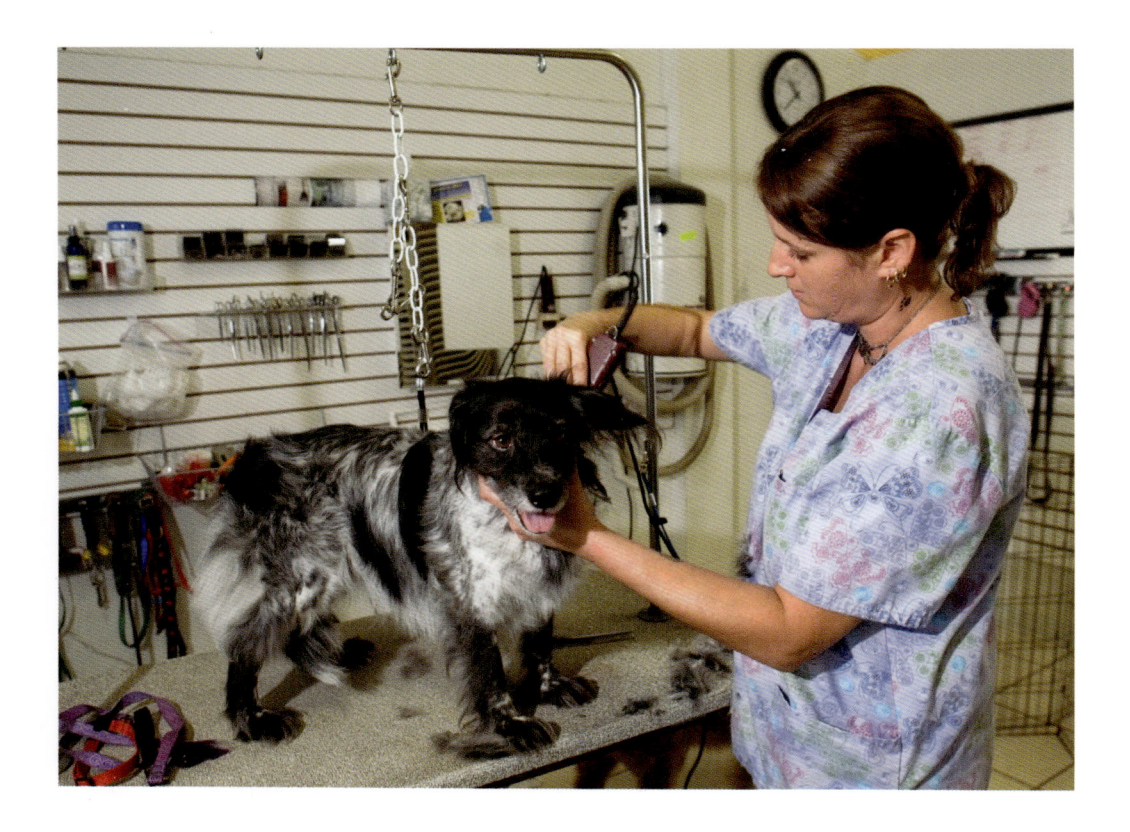

Auf einen Blick

Formale Qualifikation erforderlich:

🇩🇪 Nein

🇨🇭 »Hundecoiffeur/-coiffeuse« ist hier eine Spezialisierung innerhalb der dreijährigen beruflichen Grundbildung als Tierpfleger/in mit Fachprüfung beim Schweizerischen Verband für Berufsbildung der Tierpflege SVBT (s. Serviceteil). Quereinsteiger können den Lehrabschluss über die Nachholbildung erreichen.

🇦🇹 Nein

Ausbildungsmöglichkeiten:

🇩🇪 Ausbildung in Fachschulen, Teil- oder Vollzeit, Kosten ab ca. 1.800,00 Euro aufwärts, siehe Serviceteil, oder private Ausbildung in einem Hundesalon

🇨🇭 Dreijährige Lehrausbildung in einem Hundesalon (s.o.)

🇦🇹 Ausbildung in Fachschulen, siehe Serviceteil

Versicherungen:
Rechtschutzversicherung, Geschäftsinhaltsversicherung, Haftpflichtversicherung

Vollerwerb/Nebenerwerb:
Vollerwerb sollte angestrebt werden. Da die Kosten für Ausbildung, Geräte, Maschinen, Salonmiete etc. sehr hoch sind, wird sich der Nebenerwerb nur schwer rechnen.
Nebenerwerb ist eigentlich nur möglich, wenn man den Salon im eigenen Haus einrichten kann oder als mobiler Hundefriseur arbeitet.

Räumliche und materielle Voraussetzungen:
Diverse Geräte und Maschinen, Fön, höhenverstellbarer Tisch, Verbrauchsmaterial wie z.B. Desinfektionsmittel, Shampoo etc., Kämme, Bürsten, Scheren. Hinzu kommen je nach Vorhaben ein entsprechend großes Auto für den mobilen Service oder der Salon.

Hunde werden gebürstet, gebadet, geschoren oder getrimmt – manche werden auch mit einem auffälligen Haarschnitt versehen. Ein Hund sollte jedoch nicht nur gut aussehen, sondern in Bezug auf Fell und Haut auch gesund sein. So müssen Hautprobleme behandelt und Ohren sowie Krallen gepflegt werden. All das gehört zum Aufgabenbereich des so genannten Groomers, denn mangelnde Fellpflege kann für den Hund durchaus zu gesundheitlichen Problemen führen, sei es durch Parasiten oder aufgrund von Verfilzungen des ungepflegten Fells.

Nach Möglichkeit sollte ein Hundefrisör verschiedene Fähigkeiten in sich vereinen. Grundvoraussetzung ist natürlich ein inniger Bezug zu Tieren und der Wunsch, die Lebensqualität der Tiere zu verbessern, wie Marina Hennig, Inhaberin von Marinas Beauty Dogs aus Köln, betont: »Man sollte sehr, sehr tierlieb sein und viel Einfühlungsvermögen besitzen. Manche Pflegezustände sind schon sehr extrem und diese Fälle beschäftigen mich oft auch noch nach Feierabend. Es gibt Kunden, die überzeugt sind, dass der tägliche Auslauf alles ist, was ein Tier braucht und die Fellpflege bleibt dabei auf der Strecke.« Das bedeutet aber auch, dass man Fingerspitzengefühl im Umgang mit seinen Kunden besitzen muss, die man über die Fellpflege und mögliche Krankheiten aufklären muss, ohne sie dabei jedoch zu verärgern, denn man will die Kunden ja langfristig an sich binden. Zudem hat man es natürlich nicht immer mit einfachen Hunden zu tun, die die Pflegeprozedur im Salon brav über sich ergehen lassen. Manche Hunde sind unsicher oder ungeduldig, diesen Tieren sollte der Groomer mit Einfühlungsvermögen und einer natürlichen Autorität gegenübertreten.

Doch auch ein großes Wissen über Rassen und deren fellspezifische Eigenheiten gehört zum Beruf des Groomers, denn ein Terrierbesitzer möchte vielleicht ein schön getrimmtes Fell, während der extravagante Pudelbesitzer eher einen klassischen Pudelschnitt verlangt. Vor allem bei Hunden, die auf Ausstellungen sollen, ist die genaue Kenntnis der standardgerechten Schur und des Rassestandards allgemein wichtig, um die Vorzüge des Hundes hervorheben oder seine Mängel kaschieren zu können. Hinzu kommt, dass der Frisör sich auch mit Anatomie und mit Hautkrankheiten beschäftigen sollte, damit er seinen Kunden bei gesundheitlichen Problemen beraten oder ihn an einen Tierarzt verweisen kann.

Leider ist auch der Beruf des Hundefrisörs oder Groomers, wie man heute eher sagt, nicht geschützt. Im Prinzip kann jede Person sofort mit der Arbeit beginnen. Im Interesse des Tieres ist allerdings unbedingt eine Ausbildung in einem renommierten Hundesalon zu empfehlen. Es werden auch Ausbildungen in privaten Fachschulen angeboten. Diese kosten ab ca. 1.800,-- Euro, sind aber in der Regel gut investiertes Geld. Auch eine Mitgliedschaft im Bundesverband der Groomer oder die Fachgruppe Heimtierpflege im Salon im ZZF ist vorteilhaft, denn diese bieten zahlreiche Fortbildungsmöglichkeiten, ebenso wie einige Hersteller von Schermaschinen und –geräten. Die regelmäßig stattfindenden Schermeisterschaften sind eine zusätzliche Möglichkeit, Qualifikationsnachweise zu erringen und auf deren Grundlage seine Preise festzusetzen.

Wichtig für diese wie auch für jede andere Selbständigkeit sind ein wenig Unternehmergeist und buchhändlerisches Geschick sowie ein gewisses Grundkapital. Für einen Salon mit entsprechender Einrichtung sollten ungefähr 15.000,-- Euro eingeplant werden. Der mobile Service ist evtl. etwas günstiger, falls man denn schon ein entsprechendes Auto besitzt. Zur Ausrüstung zählen z.B. höhenverstellbare Tische, Badewanne, Fön, Schermaschinen, Kämme, Bürsten, Pinzetten, Verbrauchsartikel, etc. Zudem sollten die Kosten für Miete, Werbung und Versicherungen nicht unterschätzt werden.

Persönliche Erfahrungen
von Marina Hennig, Marinas Beauty Dogs, Köln

Für mich ist wirklich ein Traum wahr geworden, denn ich habe mein Hobby zum Beruf gemacht und dabei auch noch das Gefühl, den Tieren etwas Gutes zu tun. Gerne gebe ich meinen Kunden auch einige Pflegetipps, wofür die meisten sehr dankbar sind, da gerade Ersthundebesitzer doch recht wenig über die Pflege ihres Hundes Bescheid wissen. Wenn ich merke, dass meine Kunden meine Vorschläge annehmen und umsetzen, macht mich das wirklich glücklich.

Leider sind jedoch nicht alle Hunde so gepflegt, wenn sie in meinen Salon kommen. Ich kümmere mich dann nicht nur um verfilztes Fell, sondern kontrolliere und säubere gegebenenfalls Genitalbereich, Ohren und Krallen. Denn ein in der Pflege vernachlässigter Hund ist durch schlimme Verfilzungen oft nicht nur in der Bewegung eingeschränkt, es können sich auch Parasiten und Ekzeme ausbreiten. Ich begrüße es sehr, wenn die Besitzer bei der Behandlung ihres Tieres dabei bleiben, denn so können sie eine Menge lernen und ich kann sie direkt auf eventuelle Pflegemängel aufmerksam machen. Außerdem ist es auch nicht immer einfach, einen fremden Hund zu motivieren, denn meistens müssen die Vierbeiner bis zu zwei oder sogar drei Stunden Behandlung über sich ergehen lassen.

Hundesalon Marinas Beauty Dogs
Marina Hennig
Berliner Str. 861, 51069 Köln Dünnwald
Tel. 0221/58 47 78 74, www.marinas-beauty-dogs.de

Hundefotograf/-in

Fotografie von Hunden bedeutet Arbeiten auf Augenhöhe. Daher sollte man recht beweglich sein und beachten, dass 95 % der Aufnahmen auf dem Bauch liegend gemacht werden.

Auf einen Blick

Formale Qualifikation erforderlich:
Nein – »Fotograf« ist aber eine geschützte Berufsbezeichnung (D/CH/A)

Ausbildungsmöglichkeiten:
Fotograf, Lehrberuf mit Abschlussprüfung bei der Handwerkskammer

Versicherungen:
Berufshaftpflicht, Rechtschutz

Vollerwerb / Nebenerwerb:
Kann als Nebenerwerb ausgeführt werden

Räumliche und materielle Voraussetzungen:
Technisches Equipment wie Kamera, diverse Objektive, Blitzlichter, Softboxen, PC, Software für Bildbearbeitung, Drucker etc., für die Wintermonate oder bei schlechtem Wetter sollte zumindest für Portraitaufnahmen ein Studio vorhanden sein.

Körpereinsatz zahlt sich aus. Ein Hundefotograf ist mit vollem Körpereinsatz bei der Sache. Denn nicht selten wird das Foto auf dem Bauch liegend und mit angewinkelten Armen geschossen. »Hundefotografie ist Arbeiten auf Augenhöhe«, erklärt Anja Kiefer von Hundeimpressionen.

Fotograf darf sich in Deutschland, Österreich und der Schweiz nur nennen, wer eine entsprechende Ausbildung absolviert hat, beispielsweise eine dreijährige Ausbildung in einem Fotostudio oder ein Fotodesign-Studium. Man kann sich natürlich selber Kenntnisse über die Fotografie aneignen, jedoch ist es dann nicht erlaubt, den Begriff »Fotograf« zu verwenden.

Die Arbeit als Hunde- oder Tierfotograf erfordert in hohem Maße Einfühlungsvermögen, Sachkenntnisse im Umgang mit Tieren, Freude am Umgang mit Menschen und daraus resultierend viel Verständnis für beide Seiten. Zudem benötigt man ein großes technisches Wissen in den Bereichen Fotografie und Bildbearbeitung. Neben dem eigentlichen Aufgabenfeld der Fotografie, welcher bestimmt der schönste Teil der Arbeit ist, gehören auch Aufgaben wie Bildbearbeitung, Archivierung, Buchhaltung, Kundenbetreuung und vor allem Werbung / Marketing zur täglichen Arbeit.

Diesen Beruf im Vollerwerb auszuüben ist eher unwahrscheinlich. Im Nebenerwerb ist er dagegen gut vorstellbar, jedoch sind die Kosten für die Erstausstattung recht hoch. »Um sich im Bereich Fotografie selbständig machen zu können, ist ein Startkapital von ca. 8.500 Euro notwendig. Das technische Equipment stellt nur die Hälfte des benötigten Kapitals dar. Die laufenden Marketingkosten wie Homepage, Visitenkarten, diverse Werbemaßnahmen und Betriebskosten wie Auto, Telefon, Internetverbindung etc., sind nicht zu vergessen.« so Anja Kiefer. »Auch eine gewisse Grundausstattung mit Fotoprodukten, die zu Musterzwecken dienen, ist notwendig.« Somit kommt eine große Summe an Kosten auf einen zu. Wer jedoch bereits eine recht gute Kamera besitzt und auch schon das ein oder andere Objektiv, hat schon mal einen Großteil der Kosten gespart. Möchte man ein Studio eröffnen, liegt es nahe, genügend potenzielle Kunden im Umfeld zu haben. Jedoch sollten auch Wald, Feld und Wiese nicht allzu weit entfernt sein, denn die schönsten Aufnahmen entstehen einfach in der Natur.

Viel Geduld und Sachkenntnisse sind gefragt. Nicht jeder Hund lässt sich so einfach fotografieren. Wer dies schon mal versucht hat, weiß wovon wir hier sprechen. Also heißt es Geduld haben, sich immer wieder auf den Boden legen, egal wie nass die Wiese auch ist.

Den Hund immer wieder ansprechen, ihn beruhigen oder animieren. Dazu kommen dann auch immer noch die Wünsche der Hundebesitzer, die ihren Hund vielleicht lieber vor dem Baum fotografiert haben möchten oder vielleicht doch lieber liegend in der Wiese oder besser noch im Sprung über eine Hürde. Hier wird deutlich, dass der Fotograf sehr geduldig sein sollte und viel Verständnis für Mensch und Hund aufbringen können muss, er darf die Flinte also nicht so schnell ins Korn werfen, sondern sollte immer wieder Neues ausprobieren.

Persönliche Erfahrungen
von Anja Kiefer, Hundeimpressionen

Das langjährige Training und die Ausbildung meiner eigenen Hunde und die Freude an der Fotografie brachten mich auf die Idee, beide Hobbys miteinander zu verbinden. Dass ich dieses Hobby tatsächlich zu einem Nebenverdienst ausbauen könnte, wurde erst zu einer fixen Idee, nachdem zahlreiche Hundebekannte mich um »schöne Bilder« ihrer Vierbeiner baten und ich feststellte, dass es bei uns im Umfeld nur sehr wenige Angebote »in Sachen Hund« gab. Daraufhin erstellte ich mir einen kompletten Businessplan, was mir durch mein Studium der Kommunikationswissenschaften, Schwerpunkt Marketing und PR, leicht fiel. So konnte ich bereits im Vorfeld prüfen, ob eine Selbständigkeit im Bereich Hundefotografie sich überhaupt rechnet.

Es ist natürlich manchmal schwierig, laufende Kosten wie Krankenkasse und Versicherungen zu bezahlen, vor allem, da man im Krankheitsfall oder auch bei schlechtem Wetter einen Verdienstausfall hat. Was ebenfalls zu bedenken ist: eine gute digitale Spiegelreflex-Kamera ist heute bereits für »kleines Geld« zu bekommen. Oftmals haben Jugendliche eine bessere Ausrüstung als man selbst, das gilt für die Kamera ebenso wie für PC Programme (Studentenversionen kosten nur einen Bruchteil). Diese Schwemme von begeisterten »Ich mach das für umsonst«-Jugendlichen bedeutet schnell das Aus für den professionellen Jungfotografen. Daher sollte zumindest ein weiteres Standbein vorhanden sein, auf das man bauen kann. In meinem Fall sind das Eventmanagement und Marketingdienstleistungen.

Um sagen zu können, dass man vom Fotografieren »überleben« kann, braucht es mindestens drei Jahre. Danach sollte man Revue passieren lassen und sich gegebenenfalls auch eingestehen, ein gut bezahltes Hobby zu haben – aber oft eben nur ein Hobby!

Hundeimpressionen
Anja Kiefer, M.A.
Am Sonnenberg 9, 53501 Grafschaft
Tel. 0177/7505775,
www.hundeimpressionen.de

Filmtiertrainer/-in

Als Filmtiertrainer beschäftig man sich mit der Ausbildung und Vermittlung verschiedener Tierarten, unter anderem auch von Hunden, für das Film- und Fernsehgeschäft.

Wir alle kennen Lassie, Kommissar Rex, Hachiko und Co. Hinter allen im Film so einfach wirkenden Szenen steckt jede Menge harter Arbeit. »Viel Geduld und Einfühlungsvermögen für Mensch und Tier sind für diese Arbeit erforderlich«, sagt Marion Albers von der Tieragentur b4animals.

In Deutschland, Österreich und der Schweiz gibt es für den Beruf des Filmtiertrainers keine anerkannte oder zwingend erforderliche Ausbildung. Daher ist es umso wichtiger, sich durch fundierte Kenntnisse in den Bereichen Hundetraining und Tierpflege sowie durch professionelle

Auf einen Blick

Formale Qualifikation erforderlich:
- Als Vermittlungsagentur: nein
- Als Trainer und vor Ort anwesende Person, z.B. bei Shootings, Filmaufnahmen, etc.: ja.

Hier ist bei gewerblicher Ausübung zwingend eine Bescheinigung gem. § 11 Tierschutzgesetz (Sachkundenachweis) erforderlich, zusätzlich muss eine amtstierärztliche Überprüfung der Unterbringung der Tiere erfolgen (Genehmigung zur gewerblichen Zurschaustellung von Tieren).

Empfehlenswert:
Sehr gute Kenntnisse im Bereich Hundetraining, hilfreich ist auch eine Ausbildung als Tierpfleger, Tierarzthelfer o. Ä.

Ausbildungsmöglichkeiten:
- Ausbildung zum professionellen Tiertrainer im kalifornischen Moorpark College, USA
- Praktikum beispielsweise bei Renate's Filmtierranch möglich
- Filmtiertrainer Joe Bodemann bietet eine Ausbildung zum Tierpfleger an

Versicherungen:
Berufshaftpflicht, Tierhalterhaftpflicht

Vollerwerb / Nebenerwerb:
Fast immer Nebenerwerb, nur wenige Ausnahmen

Räumliche und materielle Voraussetzungen:
Geeignete Unterbringung für die eigenen Tiere sowie Pkw mit entsprechenden Boxen für die Hunde

Weiterbildung von den Mitbewerbern abzuheben. Wichtig ist zudem, ein Gespür für das Arbeiten mit dem Tier sowie für den Umgang mit Menschen zu besitzen, was insbesondere heißt, ruhig und ausgeglichen agieren zu können.

Das Arbeiten mit dem Hund oder auch mit anderen Tieren lernt man am besten bei guten Hundetrainern und in Weiterbildungsseminaren. »Es wird teilweise immer noch mit Strafe statt mit Bestätigung gearbeitet«, kritisiert Marion Albers, »und das wirft ein sehr schlechtes Licht auf diese Branche.« Mit viel Liebe und Geduld, Konsequenz und positiver Verstärkung bewirkt man in der Ausbildung der Tiere deutlich mehr als mit Bestrafung, ist die einhellige Meinung erfolgreicher Hundetrainer. Neben einer großen Tierliebe gehören auch Flexibilität, Kreativität, gutes Zeitmanagement, eine schnelle Auffassungsgabe sowie die Bereitschaft zu reisen zu den wichtigsten Eigenschaften eines Filmtiertrainers. Wer sich nicht nur mit heimischen Tieren beschäftigt, sondern auch noch Exoten mit in der Kartei hat, muss sich zudem mit dem Artenschutzgesetz auseinandersetzen.

Gute Beziehungen sind auch in dieser Branche das A und O. Neben persönlichen Empfehlungen, die natürlich Ihre beste Werbung sind, sollten Sie auch frühzeitig versuchen, Kontakte zu Foto- und Filmschaffenden zu knüpfen.

Als Filmtiertrainer reicht es jedoch nicht nur, über die nötigen Kontakte zur Filmbranche zu verfügen. Auch ein fundiertes Wissen über die Filmproduktion ist unerlässlich, da man so bereits beim Lesen eines Drehbuchs entscheiden kann, welche Szenen überhaupt machbar sind und welche nicht. Außerdem ist es wichtig, am Set den Überblick zu behalten, auf Gefahren zu achten und keine halsbrecherischen Tricks zuzulassen. Der Filmtiertrainer muss in der Lage sein, Situationen richtig einzuschätzen und immer im Sinne des Hundes zu handeln. Soll der Hund z.B. auf oder über ein Hindernis springen, so muss darauf geachtet werden, dass er nicht ausrutschen kann. Diese und viele weitere Gefahrenquellen müssen dem Filmtiertrainer sofort ins Auge springen.

Die meisten Trainer besitzen mehrere Hunde. Neben einer großen Kartei mit verschiedenen Hunderassen ist es üblich, dass der Trainer selbst verschiedene Rassen oder mehrere Hunde der gleichen Rasse sein eigen nennt. Er ist dafür verantwortlich für Ersatz zu sorgen, sollte sich der »Hauptdarsteller« einmal verletzen oder gar zum geforderten Zeitpunkt keine Lust haben. Ein Drehtag ist sehr zeitintensiv und nicht planbar. Daher muss der Trainer in der Lage sein, seinen Hund zu motivieren und auch nach langer Wartezeit die nötigen Tricks abrufen können.

Die richtige Unterbringung am Set ist ein weiteres Thema. Das Auto, in dem die Tiere transportiert werden, muss über ausreichend Platz verfügen, sodass der Hund auch mal eine längere Zeit im Auto verbringen und sich ausruhen kann. An heißen Tagen muss natürlich eine Alternative als Ruheraum geschaffen werden. Doch nicht nur die Betreuung der Tiere am Set muss gewährleistet sein, in der Regel bleiben auch immer Tiere zu Hause, die ebenfalls versorgt und eventuell beschäftigt werden wollen. Denn ein Filmtiertrainer ist nicht selten mehrere Tage, wenn nicht sogar Wochen unterwegs. Dabei sollte auch auf den Standort geachtet werden. Eine gute Verkehrsanbindung, das heißt Nähe zu Autobahn und Flughafen, ist essentiell, um die Fahrtwege möglichst kurz zu halten.

Wenigen Filmtiertrainern ist es bis jetzt gelungen den Beruf in Vollzeit auszuüben, also seinen Lebensunterhalt mit diesem Beruf zu sichern. Wichtig ist es daher, sich in der recht kleinen Branche zu etablieren und vielleicht zunächst zu versuchen einen der beliebten Praktikumsplätze bei einem Filmtiertrainer zu ergattern. Wichtig ist auch zu wissen, dass die Hunde- oder Tierwelt in Wirklichkeit doch sehr klein ist, das heißt irgendwie kennt doch jeder jeden und Aussagen über Mitbewerber dürfen nicht unvorsichtig getroffen werden. »Leben und leben lassen ist meist das bessere Motto«, weiß Marion Albers.

Persönliche Erfahrungen
von Marion Albers, b4animals

Eigentlich war es ein Zufall, der mich auf den Weg des Tiertrainers brachte. Schon lange übte ich mit meinen Hunden zahlreiche Tricks und Kunststücke. Auf einer Messe traf ich dann auf einen Tierfotografen, der für die Kunden ein kleines Fotoshooting anbot. Dort reihte ich mich in die Schlange der Wartenden ein und als wir dann endlich an der Reihe waren, wurden meine Hunde sozusagen »entdeckt«. Seit diesem Tag sind einige Jahre vergangen und so manche Aufträge an meine Hunde sowie später auch die Hunde meiner Agentur erfolgt. Inzwischen decke ich mit den mir anvertrauten Hunden eine große Bandbreite an Aufträgen ab, von kleinen Fotoshootings für Werbeaufnahmen bis hin zu großen Spielfilmproduktionen. So ist zuletzt der Traum, mein Hobby zum Beruf zu machen, den sicher viele Leute träumen, für mich zur Realität geworden. Nun verbringe ich einen Großteil meiner Zeit damit, meine eigenen, sowie meine Agenturhunde zu trainieren, besuche Weiterbildungen zum Thema Verhaltenstraining bei Tieren und knüpfe ständig unzählige Kontakte in der Werbe- und Medienwelt. Dabei habe ich den Beruf lange Zeit lediglich nebenberuflich ausgeübt. Ganz viel Mut und etwas Wahnsinn gehören wohl dazu, um schließlich den Absprung in die reine Selbständigkeit zu wagen.

b4animals, Marion Albers
Schwieringhauser Str. 20
44359 Dortmund
Tel. 0171/8320079
www.b4animals.de
www.trickdog-vermittlung.de

Blindenführhundeausbilder/-in

Der Beruf des Blindenführhundeausbilders ist zwar mit hohen psychischen und körperlichen Anforderungen verbunden, für viele jedoch ein absoluter Traumjob.

Auf einen Blick

Formale Qualifikation erforderlich
🇩🇪 Sachkundenachweis §11 Tierschutzgesetz
VDAK (Verband der Angestellten-Krankenkassen) -Zulassung § 126 SGB V
IK-Nummer bei der Arbeitsgemeinschaft Institutionskennzeichen beantragen (wichtig für Zahlungsverfahren der Kostenträger)

🇨🇭 Höhere Fachprüfung (Eidgenössisches Diplom). Informationen s. Serviceteil.

🇦🇹 Kein anerkannter Beruf.

Behördliche Genehmigungen (D):
Abnahme der Betriebsstätte durch das Veterinäramt

Empfehlenswert:
Praktikum, Erfahrungen als Hundetrainer oder beispielsweise im Rettungshundebereich

Ausbildungsmöglichkeiten:
Private Ausbildungen bei einzelnen Blindenführhundschulen

Versicherungen:
Betriebshaftpflicht, Unfall, Firmenrechtsschutz, Tierhalterhaftpflicht

Vollerwerb / Nebenerwerb:
Meistens Vollerwerb, da die Ausbildungshunde mit im Haushalt leben und die Tätigkeit zu zeitintensiv ist, um als Nebenerwerb ausgeübt zu werden.

Räumliche und materielle Voraussetzungen:
Genügend Platz für die Ausbildungshunde, am besten eigenes Haus mit großem Grundstück. Geeigneter PKW oder besser Kleinbus, Blindenführhundausstattung.

Blindenführhunde auszubilden ist ein ehrenhafter Wunsch und so mancher Hundehalter träumt von der tagtäglichen Arbeit mit Hunden, die später einmal einem sehbehinderten Menschen das Leben erleichtern. Doch Blindenführhunde auszubilden ist nicht immer einfach, weiß Tanja Kohl von der Hessischen Blindenführhundschule Blickpunkt. Um selbst einmal Führhunde ausbilden zu können, sollte man sich zunächst nach einem Praktikum umsehen.

Anschließend empfiehlt Tanja Kohl eine mindestens einjährige Ausbildung bei einer langjährig bestehenden Blindenführhundschule, um alles für den Beruf Wesentliche zu lernen.»Wenn man sich danach selbständig macht und die ersten Hunde selbst ausbildet, rate ich unbedingt dazu, die Ergebnisse der eigenen Arbeit von einem unabhängigen Prüfer überprüfen zu lassen, bevor man sich der offiziellen Gespannprüfung stellt«, rät Tanja Kohl. Vorteilhaft ist natürlich, wenn man bereits viel Erfahrung im Umgang mit Hunden und besonders in der Hundeausbildung hat. Noch wichtiger findet Tanja Kohl allerdings, dass man Erfahrungen im Umgang mit Menschen hat und am besten eine Ausbildung im sozialen Bereich.»Viele vergessen gern, dass sie es in diesem Beruf mindestens genauso viel mit Menschen zu tun haben wie mit Hunden«, weiß sie.»Ein gewisses Einfühlungsvermögen, Geduld und Fingerspitzengefühl sowie Menschenkenntnis und der richtige Umgangston sind unerlässlich, wenn man in diesem Beruf erfolgreich sein möchte.«

Als Nebenjob bietet sich der Erwerb als Führhundeausbilder nur bedingt an, da man meist mehrere Hunde betreut, die in der Regel während der Ausbildungszeit auch beim Ausbilder mit im Haushalt leben. Die Ausbildungshunde können also nicht einfach vor oder nach der Arbeit trainiert werden, denn die Tiere wollen auch bewegt, gepflegt und versorgt werden. Zudem ist es wichtig, bei der Ausbildung der Hunde flexibel zu sein. Beginnt man anfangs zu Tageszeiten, an denen nicht besonders viel Ablenkung herrscht, steigert man nach und nach das Niveau und fährt später auch zur Hauptverkehrszeit in die Großstadt.

Wichtig sind auch Standort und räumliche Voraussetzungen. Ideal ist es, wenn man ein großes Haus mit Garten besitzt, in dem kleinere Übungseinheiten abgehalten werden können und die Hunde einerseits gut untergebracht sind und andererseits auch Platz zum Toben haben. Wie bei allen selbständigen Tätigkeiten, bei denen fremde Hunde zeitweise im eigenen Haushalt untergebracht sind, wird das Gelände gegebenenfalls vom Amtsveterinär kontrolliert. Außerdem ist der Standort wichtig. Die Tiere sollten möglichst jede Art von Umgebung kennenlernen. So wohnen die Ausbilder meist in ländlicher Umgebung, jedoch in der Nähe einer Kleinstadt sowie einer Großstadt. So kann das Übungsgelände öfter gewechselt und dem Niveau des Hundes angepasst werden. Zu bedenken ist auch, dass die Blindenführhundeschule von den Kunden, also sehbehinderten Menschen, mit öffentlichen Verkehrsmitteln gut erreichbar sein sollte.

Geeignete Hunde für die Ausbildung zu finden und anzukaufen, ist oft eine langwierige und kostspielige Angelegenheit. Viele sind nicht ausreichend wesensfest oder haben eine mangelhafte Grunderziehung. Deshalb ist es grundsätzlich von Vorteil, mit erfahrenen Züchtern zusammenzuarbeiten. Viele Ausbilder entscheiden sich jedoch auch dafür, eine eigene Zucht aufzubauen. Dies nimmt zwar ebenfalls viel Zeit in Anspruch, jedoch können die Welpen genauestens beobachtet und sorgfältig auf ihre spätere Aufgabe vorbereitet werden.

Zu bedenken ist auch der bürokratische Aufwand, den man als Blindenführhundschule leisten muss, denn der Kontakt mit den Kostenträgern, also den Krankenkassen oder unter Umständen auch Versicherungen, ist nicht immer einfach. Im Idealfall wendet sich der Sehbehinderte an Ihre Blindenführhundschule, woraufhin Sie ihm einen Kostenvoranschlag aushändigen, welchen der Sehbehinderte dann zusammen mit einem Rezept seines Augenarztes bei der Krankenkasse einreicht. Nach einigen Wochen erhalten Sie in der Regel die Bewilligung durch die Krankenkasse und können sich gemeinsam mit Ihrem Kunden auf die Suche nach einem geeigneten Hund machen.

In Österreich ist die diesbezügliche Situation etwas anders: Hier werden die Kosten für einen Blindenführhund nicht wie in Deutschland von der Krankenkasse übernommen und es gibt keine Rechtstitel für die Kosten. »Der Ausbilder hat keine Garantie, dass er sein Geld für den Hund auch bekommt«, weiß Maria Gerstmann von der Ilztaler Reha-Hundeschule und rät Interessenten für den Beruf, sich vorab genau mit den strengen Prüfungsrichtlinien vertraut zu machen, die das Bundesministerium für Soziales in Österreich für die Abnahme fertig ausgebildeter Hunde vorgesehen hat. »Nur wenige Hunde bestehen die Prüfung tatsächlich, sodass es in Österreich kaum möglich ist, von der Führhundeausbildung zu leben«, so Maria Gerstmann.

Wurde ein Hund erfolgreich ausgebildet, kommt es zur Übergabe des Hundes an den neuen Besitzer und die Einarbeitung des Teams. Hier sind Einfühlungsvermögen und Verantwortungsbereitschaft des Trainers gefragt, da es wesentlich ist, dass der Sehbehinderte lernt, seinem Hund zu vertrauen und die Anweisungen der Blindenführhundschule ernst zu nehmen. Abschließend sollte unbedingt eine Gespannprüfung erfolgen, das heißt, der Sehbehinderte und sein Hund werden auf ihre Zusammenarbeit hin geprüft, denn nur so können Qualitätsstandards eingehalten werden. Da die Übergabe eines Blindenführhundes zudem einen Werkvertrag bildet (vgl. §§ 631 Abs. 1, 641 Abs. 1 BGB) und mit der Gespannprüfung erfüllt wird, ist die erfolgreiche Gespannprüfung gleichzeitig das jurisitsche Mittel, um die Qualität des ausgebildeten Hundes zum Zeitpunkt der Übergabe nachzuweisen. Mit dem bezahlten Kaufvertrag allein kann dieser Beweis bei später entstehenden Klagen nicht erbracht werden, weshalb die Gespannprüfung, selbst wenn sie nicht gefordert wird, unbedingt erfolgen sollte.

Schließlich erfolgt anschließend an die bestandene Gespannprüfung eine Mitteilung an die zuständige Krankenkasse, die daraufhin den vereinbarten Betrag überweisen sollte. Bedenken Sie aber, dass Sie bis dahin alle Kosten für den Hund vorfinanzieren müssen und vertrauen Sie auch nicht darauf, dass die Kasse immer automatisch zahlt. Kontrollieren Sie stattdessen regelmäßig Ihre Rechnungen und fragen Sie gegebenenfalls nochmal nach!

Wichtig ist letztendlich auch immer der persönliche Idealismus. Denn es gibt auch schwere Zeiten. »Nicht alle, die einen Blindenführhund haben möchten, sind automatisch liebe und nette Menschen«, so Tanja Kohl. »Wir hatten leider einmal einen Fall, in dem der von uns ausgebildete Hund von seinem blinden Besitzer massiv gequält wurde. Das hat uns sehr belastet und wir waren froh, als wir den Hund letztendlich wieder dort herausholen konnten.« Solche negativen Erlebnisse werden aber mehr als aufgewogen, wenn man sieht, wie vertrauensvoll und sicher blinde Menschen mit einem guten Blindenführhund zusammen den Alltag meistern.

Persönliche Erfahrungen
von Tanja Kohl, Hessische Blindenführhundschule Blickpunkt

Ich war schon immer fasziniert von den Leistungen eines Führhundes und der Hilfe, die er seinem blinden Besitzer leistet. Nach einem Praktikum in einer Blindenführhundschule und anschließender Ausbildung eröffnete ich zusammen mit meinem Mann Andreas vor zehn Jahren unsere eigene Blindenführhundschule in Bad König im Odenwald. Seitdem haben wir über einhundert Blindenführhunde in ganz Deutschland abgegeben und beschäftigen inzwischen auch einen Angestellten. Wir haben mit einem Einzelunternehmen als Rechtsform begonnen und nach vier Jahren in eine GmbH umgewandelt – würde ich heute noch einmal beginnen, würde ich sofort von Anfang an die GmbH als Rechtsform wählen.

Ich liebe meinen Beruf, weil mir die Ausbildung der Hunde sehr viel Spaß macht und man sehr viel von den Hunden zurückbekommt – und weil ich immer noch eine Gänsehaut bekomme, wenn ich sehe, wie ein gut geschultes Team von Hund und Halter zusammenarbeitet. Mein schönstes Erlebnis war, als eine junge, blinde Frau sich zum ersten Mal traute, alleine zu verreisen, nachdem sie einen Führhund von uns bekommen hatte. Jedem, der sich für diesen Beruf interessiert, kann ich nur raten, sich so gut wie nur möglich aus- und weiterzubilden, da es noch keine verbindliche Ausbildung für den Beruf und leider auch viele schwarze Schafe gibt. Auf keinen Fall sollte man ohne praktische Erfahrungen einfach mal loslegen und einen Hund ausbilden wollen. Wir raten außerdem unbedingt zu einer Mitgliedschaft im Verein Deutsche Blindenführhundschulen e.V., um den Austausch mit Kollegen, eine Interessenvertretung und einen gewissen Qualitätsstandard zu sichern.

Hessische Blindenführhundeschule Blickpunkt
Tanja Kohl
Römerstr. 50, 64807 Dieburg
Tel.: 06071/9213188
www.mein-blindenfuehrhund.de

Zusatzinfo: Assistenzhunde

Assistenzhunde für Menschen mit Handicap sind auch bei uns seit mehreren Jahren zunehmend ein Begriff: Sie werden dazu trainiert, zum Beispiel am Rollstuhl zu laufen, heruntergefallene Gegenstände anzureichen, Türen zu öffnen oder bestimmte Knöpfe zu betätigen. Dann gibt es noch die Signalhunde für Gehörlose, die ihre Besitzer mit einem speziell trainierten Signal auf bestimmte Geräusche wie z.B. das Klingeln des Telefons aufmerksam machen oder sogar Hunde, die eine drohende Unterzuckerung oder einen bevorstehenden epileptischen Anfall ihrer Besitzer wahrnehmen und davor warnen können. Auf diesem Gebiet ist aber noch sehr viel Pionierarbeit zu leisten und es gibt keine geregelte Ausbildung. Möchte man in dieser Richtung tätig werden, sollte man sich vor allem über zwei Dinge sehr klar werden: Zum einen darüber, dass man hier Mensch und Tier gegenüber eine sehr hohe Verantwortung trägt und zum anderen über die Tatsache, dass die Kosten für Assistenzhunde nicht wie die für Blindenführhunde von den Krankenkassen übernommen werden. Und den Betrag, den man realistisch für einen fertig ausgebildeten Hund verlangen müsste, können die wenigsten Kunden aus eigener Tasche aufbringen. Die Ausbildung eines solchen Hundes verlangt sehr viel Fachwissen und Können und sollte nicht leichtfertig versucht werden. Ein guter Hintergrund, am besten eine langjährige Erfahrung als Hundetrainer, ist unumgänglich. Adressen von Organisationen, an die Sie sich für mehr Informationen wenden können, finden Sie im Serviceteil.

Reisebüro / Reiseveranstalter/-in

Urlaub mit Hund wird immer beliebter, wichtig ist es jedoch, seine Objekte und die vermittelten Angebote genau zu kennen.

Wer einen oder mehrere Hunde hat, der weiß, dass es nicht einfach ist, mit den lieben Vierbeinern in Urlaub zu fahren oder Ausflüge zu unternehmen. Jedoch wird das Verreisen mit Hund immer beliebter. Und hier kommen die Reiseprofis wie Astrid Krauß, www.auszeitmithund.de, und Rabea Ali, www.hundewandern.de, ins Spiel.

Für das Reisebüro sowie für den Reiseveranstalter gilt: eine fundierte Ausbildung ist sehr wichtig. Hier empfiehlt sich eine Ausbildung als Reiseverkehrskauffrau/-mann, Touristikfachwirt oder Hotelkauffrau/-mann. So lernt man während der Ausbildung nicht nur den Umgang mit den Kunden, also das richtige Führen von Verkaufsgesprächen, sondern ein Großteil der Ausbildung beschäftigt sich auch mit Buchhaltung, Abrechnung und Reklamationen. Nach der Ausbildung

Auf einen Blick

Formale Qualifikation erforderlich:
Nein

Empfehlenswert:
Ausbildung in der Touristikbranche z.B.:
- Reiseverkehrskauffrau /-mann
- Hotelkauffrau /-mann
- Reiseleiter bzw. Wanderleiter
- Tourismusfachwirt /-in
- Touristikmanager /-in

Versicherung:
Berufshaftpflichtversicherung, als Reiseveranstalter zusätzlich: Kundengeldabsicherung

Vollerwerb / Nebenerwerb:
Ein »Hunde-Reisebüro« wird sicherlich eher im Nebenerwerb geführt, wobei als Reiseveranstalter der Vollerwerb angestrebt werden kann.

Räumliche und materielle Voraussetzungen:
Büroeinrichtung, Touristiksoftware, evtl. Ladenlokal

ist es sinnvoll, erstmal einige Erfahrung zu sammeln und eventuell noch die ein oder andere Zusatzausbildung zu absolvieren. Hier bietet sich der Reiseleiter oder Wanderleiter an. Wenn man dann den Schritt in die Selbständigkeit wagen möchte, ist zu überlegen, ob als Reisevermittler mit einem Reisebüro oder als Reiseveranstalter. Wir möchten Ihnen hier beide Varianten vorstellen.

Der Reisevermittler, wie der Name schon sagt, beschäftigt sich mit der Vermittlung von Reisen, sprich im Fall eines »Hunde-Reisebüros« hauptsächlich mit der Vermittlung von Hotels, Pensionen, Ferienhäusern und -wohnungen. Sehr gute Kenntnisse über die zu vermittelnden Unterkünfte sind der Schlüssel zum Erfolg. Das heißt, man sollte möglichst viele Unterkünfte persönlich besuchen und testen. Dies ist jedoch mit einem hohen zeitlichen und finanziellen Aufwand verbunden. Der Reisevermittler sollte die Bedürfnisse seiner Kunden kennen und dementsprechend beraten können. So ist es für Hundebesitzer natürlich wichtig zu wissen, ob es ein eingezäuntes Gelände vor Ort gibt oder eine Freilauffläche in der Nähe ist. Wie sieht die Futtersituation aus, muss der Kunde sein Futter mitbringen oder wird der Hund vor Ort verpflegt? Besteht die Möglichkeit einer Hundebetreuung, wenn man mal einen Ausflug ohne seinen Hund machen möchte? Werden Seminare rund um das Thema Hund angeboten, beispielsweise durch eine vor

Ort ansässige Hundeschule? All diese Fragen und noch viele mehr sollte der Reiseveranstalter beantworten können.

Des Weiteren stellt sich die Frage, ob ein Ladenlokal oder ein Online-Reisebüro sinnvoller ist. Man sollte bedenken, dass ein Vermittler eine Provision von maximal 10 % des Reisepreises erhält. Wer sich dann ausrechnet, was nach einer Beratung, die auch schon mal mehrere Stunden dauern kann, noch übrig bleibt, wird sicher zustimmen, dass man damit kein Ladenlokal und den eigenen Unterhalt finanzieren kann. Jedenfalls nicht, wenn man sich »nur« mit der Vermittlung von Reisen mit Hund beschäftigt. Heute wird ein Großteil der Reisen über das Internet gebucht, auch eine Beratung kann problemlos telefonisch erfolgen, daher bietet sich ein Online-Reisebüro, welches im Nebenerwerb geführt wird, an.

Nun kommen wir zum **Reiseveranstalter**. Dieser hat die Aufgabe Leistungen einzukaufen, daraus ein rundes Paket zu schnüren und dieses dann an die Kunden oder Reisebüros weiter zu verkaufen. Neben dem Spaß am Umgang mit Mensch und Hund und Kontaktfreudigkeit sind Organisationstalent, Kreativität und Verhandlungsgeschick gefragt. Der Veranstalter kauft Unterkünfte ein z.B. Ferienwohnungen, Hotel- oder Pensionszimmer, dazu kommen dann vielleicht noch Ausflugspakete wie eine Wanderung mit Hund oder ein Tagesausflug zu einer Sehenswürdigkeit (hier muss natürlich für die Hundebetreuung gesorgt werden). Oder er organisiert geführte Wanderungen mit anschließender Einkehr in einem hundefreundlichen Café oder Restaurant für einen geselligen Abschluss am Abend. Wie Sie aus diesen Beispielen erkennen können, sind Organisation und Kreativität bei diesem Beruf sehr wichtig. Kontingente müssen gebucht und bei Nichtverkauf rechtzeitig zurückgegeben werden, ansonsten entstehen sehr hohe Kosten. Außerdem müssen Angebote formuliert werden. Es ist eine gute Idee, dafür einen eigenen Reisekatalog zu erstellen wie z.B. www.hundewandern.de. Am wichtigsten ist es allerdings, den Geschmack der Kunden zu treffen, denn es nützt das schönste Reiseangebot nichts, wenn es nicht gebucht wird.

Wichtig ist für den Reiseveranstalter auch, dass erhaltene Kundengelder für den Fall abgesichert werden, dass infolge von Insolvenz oder Zahlungsunfähigkeit des Veranstalters Reiseleistungen ausfallen oder dem Reisenden zusätzliche Aufwendungen entstehen (vgl. §651 k BGB). Ein Verstoß gegen diese Absicherungspflicht stellt eine Ordnungswidrigkeit dar, die mit einer Geldstrafe von bis zu 5.000 Euro geahndet werden kann. Zudem liegt ein Rechtsbruch im Sinne des § 4 Nr. 11 UWG vor, der zu einer wettbewerbsrechtlichen Abmahnung oder einer einstweiligen Verfügung (§ 12 I, II UWG) durch einen Konkurrenten oder eine klagebefugte Person führen kann. Die übrigen Voraussetzungen entsprechen denen eines normalen Reisevermittlers. Berufserfahrung, Kenntnisse über Objekte und Ausflugsziele sowie ein ansprechender und informativer Internetauftritt sind wichtiger als das eigene Ladenlokal.

Persönliche Erfahrung
von Rabea Ali, *Hundewandern*

Wandern ist die schönste und natürlichste Art der Erholung, nicht nur für Menschen, sondern auch für den Hund. Jeder Hund läuft auf unseren Wanderungen überwiegend ohne Leine, so kann er seinen Bedürfnissen, im wahrsten Sinne des Wortes, freien Lauf lassen. Während der Hund sich mit großen und kleinen Artgenossen vergnügt, kann der Mensch sich mit Gleichgesinnten austauschen.

Angefangen habe ich als Reiseveranstalter für Hundewanderungen nebenberuflich. Für 2 ½ Jahre wollte ich meine Unternehmensidee erst einmal auf dem Markt testen und danach entscheiden, wie es weitergehen sollte. Die Entscheidung wurde mir allerdings abgenommen, denn die Resonanz auf mein Angebot war so positiv, dass ich mich sogar entschloss, meine Festanstellung bei einem Reiseveranstalter zu kündigen und mich ganz auf die Wanderungen mit Hund zu konzentrieren. Meine fundierte Ausbildung kam mir dabei natürlich zur Hilfe, trotzdem hat es enorm viel Einsatz verlangt, die ganzen Touren zu planen, mein kompetentes Team zusammenzustellen und immer wieder nach Hotels zu suchen, die bei der Aussicht auf eine Gruppe mit bis zu 20 Hunden nicht gleich das Weite suchen.

Als ich angefangen habe, war ich mit meinem Konzept die Erste auf dem Markt und konnte diese Marktlücke toll nutzen. Doch schnell kamen andere Mitbewerber und ahmten oft mein ganzes Konzept samt Wanderungen nach. Manche haben sogar versucht, meine Wanderleiter abzuwerben. Im ersten Jahr war das wirklich schwer, doch ich habe mich nicht entmutigen lassen und weitergemacht. Manchmal muss man sich gegen unfaire Wettbewerber tatsächlich auch juristisch durchsetzen. Letztendlich zählt aber die eigene Authenzität, eine ordentliche Marketingstrategie und ein strukturiertes Unternehmen. Dann kann man sich auch am Markt behaupten und das schönste Hobby der Welt – gemeinsame Freizeitunternehmungen mit seinem Hund – mit seinem Job verbinden.

Rabea Ali
Lagesche Str. 32, 32657 Lemgo
Tel. 05261/6601994
Fax 05261/6601995
www.hundewandern.de

Tierbestatter/-in

Beistand im Trauerfall und Hilfe bei der Trauerarbeit gehören genauso zu den Aufgaben eines Tierbestatters wie die Vorbereitungen zur Beisetzung oder die Einäscherung.

Auf einen Blick

Formale Qualifikation erforderlich:
Nein

Auflagen des Kreisveterinäramts beachten!

Empfehlenswert:
Ausbildung als Tierpfleger oder Tierarzthelfer

Ausbildungsmöglichkeiten:
Informationen und Seminare zum Beruf des Tierbestatters:
Bundesverband der Tierbestatter e.V.
www.tierbestatter-bundesverband.de

Versicherungen:
Berufshaftpflichtversicherung

Vollerwerb / Nebenerwerb:
Beides möglich

Räumliche und materielle Voraussetzungen:
Autos, in denen Tiere transportiert werden dürfen (genehmigungspflichtig), Geschäfts- und Beratungsraum, Büro mit entsprechender Einrichtung, Kühlraum mit Truhen, Transportschalen, Trage zum Transport schwerer Hunde, Urnen, Verbrauchsartikel

Jeder von uns hat schon einmal ein geliebtes Haustier verloren und weiß um den Schmerz und die große Lücke, die ein treuer Begleiter hinterlässt. Die Aufgabe des Tierbestatters liegt nicht allein in der würdevollen Beisetzung oder der Organisation einer Einäscherung, vielmehr sind die Gespräche mit den Kunden und die Unterstützung in der Trauerarbeit Hauptbestandteile der Arbeit.

Eine fundierte Ausbildung zum Tierbestatter gibt es nicht, anders als bei der Humanbestattung. Daher ist es umso wichtiger, dass der Tierbestatter sich im Vorfeld über die verschiedenen Möglichkeiten der Beisetzung informiert. Für den Kunden ist die Beratung sehr wichtig, er kennt sich in diesem Bereich wenig oder gar nicht aus und ist auf die Beratung angewiesen. Eine falsche oder nicht sachgemäße Beratung könnte fatale Folgen für Ihr Unternehmen haben.

Wer sich entschließt, den Beruf des Tierbestatters auszuüben, sollte vorab mit dem zuständigen Kreisveterinäramt die Auflagen klären. Der Amtstierarzt wird mit Ihnen gemeinsam besprechen, welche Voraussetzungen erfüllt werden müssen, um ein Gewerbe in diesem Bereich anzumelden. Wichtig sind zunächst geeignete Kühlräume, in denen die verstorbenen Tiere aufbewahrt werden und entsprechende Truhen sowie Tische für die Vorbereitung zur Beerdigung. Alles muss gut zu säubern und zu desinfizieren sein.

Die Auflagen zur Ausübung dieses Berufes sind regional verschieden, auch was die Bestattung auf Tierfriedhöfen und die Einäscherung in Krematorien betrifft.

Ein oder eventuell sogar mehrere geeignete Fahrzeuge mit entsprechenden Transportbehältern sollten angeschafft werden. Zu beachten ist jedoch, dass sowohl die Fahrzeuge als auch die Behälter und Folien, die Sie zum Transport der toten Tiere verwenden, genehmigt werden müssen. Dabei kann Ihnen jedoch der Amtstierarzt weiterhelfen. Die Behälter der Tiere müssen wiederum leicht zu reinigen und zu desinfizieren und in verschiedenen Größen vorhanden sein.

Welche Voraussetzungen sind sonst noch notwendig?

»Derjenige, der die Tiere beim Kunden abholt, sollte schon kräftig sein und anpacken können. Nicht immer ist einer der Kunden in der Lage das verstorbene Tier, das schon mal 50 kg und mehr wiegen kann, mit bis ans Auto zu tragen«, berichtet Ursula Kugel, Aaron Tierbestattung.

Ein Tierbestatter sollte über sehr viel Einfühlungsvermögen verfügen und gut mit Menschen umgehen können. Eine unsensible Bemerkung oder ein unsachgemäßer Umgang mit dem verstorbenen Haustier können den Tierbesitzer sehr kränken. »Man sollte geduldig, mitfühlend und nie in Eile sein. Die besten Voraussetzungen hat man, wenn man selber schon sein Haustier beerdigen musste«, sagt Ursula Kugel. »Dann weiß man, was die Menschen fühlen und kann dieses Mitgefühl dann auch vermitteln. Man darf nicht zu aufdringlich sein und nur an den Gewinn denken, das Tier muss immer im Vordergrund stehen. Nur wenn sich der Kunde gut aufgehoben fühlt und dies auch zum Ausdruck bringt, hat man seinen Job gut gemacht.«

Insgesamt ist also festzuhalten, dass besonderes Einfühlungsvermögen, eine kompetente Beratung, Kraft und die Bereitschaft, rund um die Uhr erreichbar zu sein, die wichtigsten Voraussetzungen für diesen Beruf sind. Relativ hohe Investitionskosten und eine große Planungsunsicherheit machen eine Unternehmungsgründung in diesem Bereich jedoch etwas schwierig.

Persönliche Erfahrungen

von Ursula Kugel und Peter Gerlach, Aaron Tierbestattung

Begonnen hat alles mit unserer eigenen Hündin Dhana. Nach längerer Krankheit haben wir uns Gedanken gemacht, was passiert, wenn sie plötzlich stirbt. Wir haben im Internet recherchiert und bei uns im Rhein Lahn Kreis keinen Bestatter gefunden. Nach vielen Telefonaten und Nachfragen bei anderen Tierbesitzern setzte sich immer mehr die Idee durch, eine eigene Tierbestattung zu eröffnen und anderen Tierbesitzern, die in der gleichen Lage sind wie wir damals, zu helfen und diese zu betreuen. So haben wir im Juni 2008 in Dausenau angefangen, 2009 in Koblenz unseren Beratungs- und Ausstellungsraum eröffnet und sind seit 2011 auch in Bad Kreuznach zu finden, wo wir für die nahe Zukunft auch einen Waldfriedhof für Tiere planen und hierzu momentan noch die behördlichen Genehmigungen einholen.

Rückschauend würden wir im Vorfeld viel mehr planen und von Anfang an einen Unternehmensberater, so wie wir es heute machen, in Anspruch nehmen. Wir haben uns stark von unserem Bauchgefühl leiten lassen, was auch gut war, aber aus heutiger Sicht hätten wir beispielsweise die Fahrzeugaufschriften, die Flyer, unsere Website und Visitenkarten von Anfang an auf einen Nenner bringen müssen. Auch die Finanzierung würden wir heute anders anpacken.

Sorgen macht uns, das der Beruf nicht planbar ist. Man kann nie kalkulieren, wie viel man am Ende des Monats auf dem Konto hat. Manchmal melden sich viele Kunden in kurzer Zeit, manchmal die ganze Woche niemand. Das wird jedoch wieder ausgeglichen, wenn Kunden sich beim Abschied bedanken und uns sagen, wie sehr wir ihnen geholfen haben. Dann weiß man, dass man alles richtig gemacht hat.

Aaron Tierbestattung
Ursula Kugel und Peter Gerlach
Lahnstr. 1, 56132 Dausenau
Tel. 02603/943383,
www.aaron-tierbestattung.de

Serviceteil

Ausbildungsmöglichkeiten für die vorgestellten Berufe

Achtung:
Die nachstehend aufgeführte Adressliste erhebt keinerlei Anspruch auf Vollständigkeit und stellt keine Empfehlung des Verlags oder der Autoren für die einzelnen Ausbilder dar, auch wenn wir natürlich bei der Recherche darauf geachtet haben, nur die wichtigsten und bekannt seriöse Ausbilder aufzuführen. Erkundigen Sie sich aber stets bei den Ausbildern oder Instituten selbst, machen Sie sich ein Bild von Qualität und Umfang der angebotenen Ausbildung und überlegen Sie, ob diese zu Ihren Zielvorstellungen passt. Manche Ausbilder bieten auch Schnupperseminare an, bevor man sich für eine längere und kostenintensive Ausbildung verpflichtet.

Da Anschriften schnell veralten, haben wir unter http://kynosverlag.blog.de einen Blog eingerichtet, unter dem dieser Serviceteil ständig aktualisiert und erweitert wird. Auch für Kommentare und Erfahrungsberichte ist hier Platz. Wenn Sie sich für diesen Block anmelden, werden Sie automatisch über alle Aktualisierungen informiert.

Ausbildungsangebote zum Hundetrainer

Verbände
- IBH – Internationaler Berufverband der Hundetrainer www.ibh-hundeschulen.de
- BHV – Berufsverband der Hundeerzieher/innen und Verhaltensberater/innen e.V. www.bhv-net.de
- PDTE – Pet Dog Trainers of Europe www.pdte.org
- GTVT – Gesellschaft für Tierverhaltensmedizin und -therapie e.V. /www.gtvt.de

Österreich:
- VÖHT – Verein österreichischer Hundeverhaltenstrainer/innen www.voeht.at - hat umfassende Qualitätskriterien und arbeitet nach modernen, positiven Methoden
- ÖKV – Österreichischer Kynologenverband, Dachverband für das Hundewesen, www.oekv.at

Schweiz: Schweizerische Kynologische Gesellschaft (SKG), www.skg.ch

Ausbildungsinstitute

BHV / IHK Potsdam:
Bildungszentrum IHK Potsdam
Breite Straße 2 a – c, 14467 Potsdam
Ansprechpartnerin: Kerstin Poloni
Tel.: 0331 2786 279, Fax: 0331 2786 288
Homepage: www.potsdam.ihk24.de
E-Mail: poloni@potsdam.ihk.de
Ausbildungsform: Hundefachwirt IHK
Dauer: 14 Monate
Kosten: 4.570 Euro (Stand Sept. 2011)
Bestimmte Methode: Training durch positive Verstärkung nach den Erkenntnissen moderner Lerntheorie
Zertifizierung möglich: ja, bundesweit anerkanntes Zertifikat »Hundeerzieher und Verhaltensberater IHK / BHV«
Vermittlung: Theorie an der IHK in Potsdam, empfohlen werden zusätzliche Praktika in den Ausbildungsbetrieben des BHV

Canis – Zentrum für Kynologie:
Hauptstraße 18, 35708 Haiger
Telefon: 02773 747467 (nur Mo. – Fr. 08:00 – 12:00 Uhr), Telefax: 02773 747468
E-Mail: info@canis-kynos.de
Homepage: www.canis-kynos.de
Ausbildungsform: Hundetrainer
Dauer: 3 Jahre
Kosten: 9.800 Euro (Stand Sept. 2011)
Bestimmte Methode: hauseigene Trainingsphilosophie
Zertifizierung möglich: ja, durch die Tierärztekammer Schleswig-Holstein
Vermittlung: Theorie im Fernstudium, Praxis vor Ort

ATN – Akademie für Naturheilkunde:
Bandwiesstrasse 5, CH - 8630 Rüti
Tel.: 0041 (0) 5524 63909, Fax: 0041 (0) 5524 63856
Homepage: www.atn-ag.ch
E-Mail: atn@atn-ag.ch
Ausbildungsform: Studium der Hundepsychologie, drei Spezialisierungen möglich: Hundeverhaltensberater, Hundetrainer oder Hundegesundheitstrainer
Dauer: abhängig von der Ausbildungsform
z.B. Hundeverhaltensberater: 23 Monate

Kosten: abhängig von der Ausbildungsform
z.B. Hundeverhaltensberater: 2.875 Euro (Stand Sept. 2011)
Bestimmte Methode: nein
Zertifizierung (möglich): nein
Vermittlung: Theorie im Fernstudium, Praxisseminare vor Ort

Schweiz: Hier dürfen nur vom Bundesamt für Veterinärwesen anerkannte Personen oder Institute Ausbildungen zum Hundetrainer anbieten. Eine Liste der zugelassenen Ausbilder und rechtliche Informationen finden Sie unter BVET – Hunde ausbilden
www.bvet.admin.ch/tsp/02222/02230/02529

Ausbildungsangebote zum Filmtiertrainer

Ausbildung zum professionellen Tiertrainer im kalifornischen Moorpark College, USA:
EATM PROGRAM Moorpark College, Judy Arnold
7075 Campus Road, Moorpark CA 93021 USA
E-Mail: gwhiz@vcnet.com
Internet: www.moorpark.cc.ca.us (konzentriert sich stark auf Nicht-Heimtiere)

Praktikum beispielsweise bei Renates Filmtierranch möglich:
Telefon: 089 1507010
Internet: www.filmtierranch.de

Filmtiertrainer Joe Bodemann bietet eine Ausbildung zum Tierpfleger an:
Joe Bodemann
Telefon: 05304 7036
Internet: www.joebodemann.de

Sonstige Filmtierschulen:
www.filmtiertrainerverband.de

Filmtierschule Zimek, Inh.Tatjana Zimek
Tel.:07275 918529 Mob.0171 6572243
E-Mail: animalcrew@t-online.de
Internet: www.filmtierschule-zimek.de

Walter Simbeck
Telefon: 08657 797
Internet: www.filmtiere-simbeck.de

Ausbildungsmöglichkeiten zum Blindenführhundetrainer

Deutschland:
Derzeit noch keine geregelte Ausbildung – möglichst um Praktika und Ausbildungen in bereits bestehenden Blindenführhundeschulen bemühen!

Mit aktuellen Informationen können u.a. weiterhelfen:

Verband »Deutsche Blindenführhundschulen e.V.«
Stierberg 32, 94065 Waldkirchen
Tel.: 08585 969986-4
www.dbfhs.de

Lichtblicke e. V.
Goethestraße 1, 66299 Friedrichsthal
www.verein-lichtblicke.de

Schweiz:
»Blindenführhundeinstruktor/in« ist hier ein anerkannter Beruf mit geregelter Ausbildung und einheitlicher Prüfungsordnung (eidg. Diplom). Weitere Informationen beim Schweizerischen Zentralverein für das Blindenwesen (SZB) www.szb.ch

Österreich:
Keine geregelte Ausbildung. Da es auch keinen eigenen nationalen Dachverband der Blindenführhundeausbilder gibt, sollten sich Interessenten an die International Guide Dog Federation www.igdf.org.uk wenden, die nach hohen Standards arbeitet und Praktika oder Ausbildungen vermitteln kann.

Ausbildungsmöglichkeiten für Hundefrisöre/Groomer

1. Verbände:
Bundesverband der Groomer: www.bundesverband-der-groomer.de
Berufsverband deutscher Groomer: www.beepworld.de/members88/berufsverband
Fachgruppe Heimtierpflege im ZZF: www.fachgruppe-heimtierpflege.de

2. Auflistung aller Scherschulen, die eine Ausbildung zum Hundefrisör anbieten:
www.hundesalon.org/ausbildung-hundefriseur.php

Groomer Academy - Fachschule des Berufsverbandes der Groomer
Träger für Erwachsenenbildung
Postanschrift: Pf 400261, 44736 Bochum
Schulanschrift: Blumenstr. 33 b, 44791 Bochum
Tel.: 0234 629436-3
Internet: www.groomer-academy.de
E-Mail: bg-ev@email.de
Ausbildungsform: Betriebswirt/in in Hundepflege
Dauer: 36 Unterrichtstage
Kosten: 2.557 Euro (Stand Sept. 2011)
Zertifizierung möglich: ja, freiwillige Prüfung für Zertifizierung vom Berufsverband der Groomer
Vermittlung: 36 Tage Vollzeitunterricht

Schweiz: SVBT - Schweizerischer Verband für die Berufsbildung der Tierpflege,
www.tierpfleger.ch

Österreich: Informationen zu Aus- und Fortbildungsmöglichkeiten bei der Austrian Grooming Association, www.a-g-a.at

Ausbildungsmöglichkeiten zum Ernährungsberater

Es gibt keine geregelte Ausbildung, jedoch bieten sehr viele Hundetrainer, Hundeernährungsberater, Tierheilpraktiker oder Tierärzte Seminare an, beispielsweise unter:

Tagesseminare Ernährungsberater Hund
www.hundewelten.de, »Zertifizierter Ernährungsberater Fachrichtung Hund EBH«

Wochenseminare bei Heidi Herrmann
http://tierernaehrungsberater.de/uber-mich

Österreich: Seminarreihe (vier Wochenenden) zur Hunde-Ernährung bei der Gesundheitsakademie Wien, www.gesundheitsakademie.at

Ausbildungsmöglichkeiten für Betreiber von Hundepensionen/Dogwalker

Dogument
Inhaberin: Nadin Matthews
Gut Pettluis 1, 24635 Daldorf

Tel.: 04557 986806
Internet: www.dogument.de
E-Mail: info@dogument.de
Ausbildungsform: nach einjähriger Basisausbildung Spezialisierung im Bereich Dogwalking möglich
Dauer: 6 Monate
Kosten: 2.190 Euro (Stand Sept. 2011)
Zertifizierung (möglich): ja, freiwillige Dogwalkinglizenz
Vermittlung: Theorie im Fernstudium, Praxis in fünf dreitägigen Modulen

Canis – Zentrum für Kynologie
Ab 2012 ebenfalls Ausbildung zum Dogwalker möglich

Schweiz: Fachspezifische, berufsunabhängige Ausbildung beim vom BVET anerkannten Ausbildern für Betriebe unter 19 Betreuungsplätzen, Anschriften siehe www.bvet.admin.ch
oder
für Betriebe ab 19 Betreuungsplätzen: Dreijährige Ausbildung zum Tierpfleger/in EFZ in einem Betrieb der entsprechenden Fachrichtung mit 1 Tag Berufsfachschule pro Woche mit eidg. Fähigkeitszeugnis, Informationen zur Ausbildung beim SVBT – Schweizerischer Verband für die Berufsbildung in Tierpflege, www.tierpfleger.ch

Österreich: Lehrgang »Tierhaltung und Tierschutz« zur Vorbereitung auf die Prüfung laut Tierhaltungs-Gewerbeverordnung für Betreiber von Hundepensionen, Adressen von Anbietern bei den WIFIs (Wirtschaftsförderungsinstituten)

Ausbildungsmöglichkeiten zum Hundephysiotherapeut

1. Verbände
1. Verband für Tierphysiotherapie e.V. (www.tierphysiotherapie.de)
BVFT Berufsfachverband für Tierheilpraktiker, Tierphysiotherapeuten und Tierverhaltenstherapeuten www.bvft-online.de
Bundesverband zertifizierter Tierphysiotherapeuten www.bzt-ev.de
Arbeitsgemeinschaft Deutscher Tierphysiotherapeuten www.deutsche-tierphysiotherapeuten.de

Schweiz: Schweizerischer Verband für Tierphysiotherapie SVTPT
www.tierphysiotherapie.com

Österreich: ÖGVPT (Österreichische Gesellschaft für Veterinär-Physiotherapie) www.kleintierphysio.at , Ausbildung in 680 Unterrichtseinheiten (2 Semester)

2. Institute

IfT – Institut für Tierheilkunde:
Inhaber: Michael Haas
Ernst-May-Allee 14 b, 68519 Viernheim
Tel.: 06204-913364, Fax: 06204-969546
Internet: www.ift-info.de
E-Mail: post@ift-info.de
Ausbildungsform: Tierphysiotherapie, Tierosteopath, Tierheilpraktiker, Tierakupunkteur, Tierpsychologie, Pferdepsychologie, Hundepsychologie, Tierhomöopath
Dauer: 24 Wochenenden
Kosten: 3.795 Euro (Stand Sept. 2011)
Bestimmte Methode: nein
Zertifizierung (möglich): ja, nach BVFT (Berufsfachverband für Tierheilpraktiker, Tierphysiotherapeuten und Tierverhaltenstherapeuten
Vermittlung: Theorie im Fernstudium, Praxis in Wochenendseminaren oder Blockseminaren

ATM – Akademie für Tiernaturheilkunde:
ATM GmbH
Achtern Dieck 6, 24576 Bad Bramstedt
Tel.: 04192 899558, Fax: 04192 8209
Internet: www.atm.de
E-Mail: atm@atm.de
Ausbildungsmöglichkeiten: Physiotherapie für Hund und/oder Pferd, Tierphysiotherapie mit chiropraktischen Methoden, Tierphysiotherapie in Verbindung mit Tierheilpraktikerausbildung
Dauer: Physiotherapie für den Hund: 24 Monate
Kosten: Physiotherapie für den Hund: 3.960 Euro (Stand Sept. 2011)
Bestimmte Methode: nein
Zertifizierung (möglich): eventuell anschließend Mitgliedschaft im Fachverband niedergelassener Tierheilpraktiker möglich – aber nicht automatisch
Vermittlung: Wochenendseminare, Blockseminare, Video, Fachpraktische Seminare, Praktika

DAHP – Deutsche Ausbildungsstätte für Hundephysiotherapie nach Blümchen/ Woßlich
Homepage: www.dahp.de1

1. Ausbildungszentrum Nord: Hundekrankengymnastik nach Blümchen
Inhaber: Katrin Vosswinkel (geb. Blümchen)
Im Winkel 61, 32278 Kirchlengern
Tel.: 05223 180218 oder Büro Herford 05223 7893320 Fax. 05223 180744
Internet: www.hundekrankengymnastik.com

E-Mail: katrinbluemchen@t-online.de
Ausbildungsmöglichkeiten: Hundekrankengymnastik
Dauer:12 Monate
Kosten: 3.480 Euro (Stand Sept. 2011)
Bestimmte Methode: nach Blümchen
Zertifizierung (möglich): nein
Vermittlung: Fernstudium inklusive 4 Praxisblöcke

2. Ausbildungszentrum Süd: Hundekrankengymnastik nach Woßlick
Inhaber: Jochen Woßlick
Spöcker Weg 66
76351 Linkenheim
Telefon: 07247 948370
Fax: 07247 207888
Internet: www.hundekrankengymnastik.de
E-Mail: info@wosslick.de
Ausbildungsmöglichkeiten: Hundekrankengymnastik nach Woßlick
Dauer: 12 Monate
Kosten: 3.480 Euro (Stand Sept. 2011)
Bestimmte Methode: nach Woßlick
Zertifizierung (möglich): nein
Vermittlung: Fernstudium inklusive 6 Praxisblöcke

Ausbildungsmöglichkeiten für Tierheilpraktiker

1. Verbände
Verband deutscher Tierheilpraktiker: www.tierheilpraktiker.de
THP – Ältester Verband der Tierheilpraktiker Deutschlands: www.thp-verband.de

Schweiz: Berufsverband der TierheilpraktikerInnen der Schweiz
www.tierheilpraktikerverband.ch

2. Ausbildungsinstitute
ATM - Akademie für Tiernaturheilkunde
ATM GmbH
Achtern Dieck 6, 24576 Bad Bramstedt
Tel.: 04192 899558, Fax: 04192 8209
Internet: www.atm.de
E-Mail: atm@atm.de

Ausbildungsmöglichkeiten: Tierheilpraktiker mit verschiedenen Schwerpunkten
Dauer: 24 Monate
Kosten: 5.067,50 Euro (Stand Sept. 2011)
Zertifizierung (möglich): eventuell anschließend Mitgliedschaft im Fachverband niedergelassener Tierheilpraktiker möglich – aber nicht automatisch
Vermittlung: 22 Wochenendseminare, 5 Blöcke zu je 5 Tagen, 3 Fachpraktische Seminare, 5 Praktika, 6 Wochenendseminare zur Wahl in verschiedenen Studienorten, 30 Tests und umfangreiches Lernmaterial

Sanara Fachschule
Inh.: Sylvia Ebbinghaus
Westenhellweg 52, 44137 Dortmund
Tel.: 0231 5330070
Internet: http://sanara-fachschule.com
E-Mail: ebbinghaus@sanara-fachschule.de
Ausbildungsmöglichkeiten: Tierheilpraktiker mit verschiedenen Schwerpunkten
Dauer: 24 Monate
Kosten: 3.150 Euro (Stand Sept. 2011)
Zertifizierung (möglich): ja, Prüfung wird vor dem Bundes- und Dachverband der Tierheilpraktiker Deutschlands abgelegt
Vermittlung: 28 Wochenendseminare

Paracelsus – Heilpraktikerschulen
Deutsche Paracelsus Schulen für Naturheilverfahren GmbH
Pastor-Klein-Str. 17, 56073 Koblenz
Tel.: 0261 95252-0, Fax: 0261 95252-11
Internet: www.paracelsus.de
E-Mail: info@paracelsus.de
Ausbildungsmöglichkeiten: Tierheilpraktiker
Dauer: Wochenend- und Abendstudium: 24 Monate; Heimstudium 9 oder 18 Monate
Kosten: Je nach Schule verschieden
Zertifizierung (möglich): nein, aber Prüfung wird vom Verband deutscher Tierheilpraktiker durchgeführt
Vermittlung: Wochenendstudium, Abendstudium oder Heim-Kombistudium

Über die Autorinnen

Susanne Pilz

Hunde begleiten die Autorin Susanne Pilz seit nunmehr 20 Jahren. Sie ist Bürokauffrau und hat die Ausbildereignung (IHK) für diesen Beruf. Als Inhaberin der Kölner Hunde-Akademie kennt sie die Anforderungen der Unternehmensgründung in der Hundebranche aus eigener Erfahrung.

Besonderer Dank der Autorin gilt den Dozenten der Kölner Hunde-Akademie, deren Vorträge als Leitfaden für das Manuskript dienten. Dank gilt ebenso ihrer Familie und ihren Freunden, die sie beim Schreiben unterstützten und nicht zuletzt ihren Ausbildern, die sie mit Freude lernen ließen und somit ein erfolgreiches Berufsleben vorbereiteten.

Martina Schöps

Martina Schöps ist seit mehreren Jahren mit einer eigenen Hundekeks-Bäckerei selbständig und hat die Höhen und Tiefen der Unternehmensgründung selbst erlebt. Für den Praxisteil hat sie mit Kollegen anderer Berufszweige gesprochen, die ihre persönlichen Erfahrungen beigesteuert haben.

Sie bedankt sich an dieser Stelle bei allen Kollegen, die sie tatkräftig und auskunftfreudig bei der Arbeit an diesem Buch unterstützt haben. Ein großer Dank geht ebenfalls an die Familie, die unermüdlich hilft, wo sie nur kann. Dankeschön auch allen Mitarbeitern des Kynos Verlags für die gute Zusammenarbeit und hervorragende Betreuung.

Natürlich belohnen...
www.SCHOEPS-FEINKOST.de

SCHÖPS

Feine Hundekekse mit der extra Portion Fleisch. Ohne Zusatz von chem. Konservierungsmitteln, kein Zucker, kein Salz und keine künstlichen Aromen. Reine Lebensmittelqualität, keine Abfälle oder Füllstoffe. Offene Deklaration aller Zutaten.